HITLER'S ARMIES

A HISTORY OF THE GERMAN WAR MACHINE 1939-45

第三帝国陆军图文史

从崛起到覆灭，用图片和文字记录二战德国陆军发展轨迹

纳粹德国的地面力量

[英] 克里斯·麦克纳布（Chris McNab）◎著　沈立波◎译

金城出版社
GOLD WALL PRESS
·北京·

图书在版编目（CIP）数据

第三帝国陆军图文史：纳粹德国的地面力量 /（英）克里斯·麦克纳布（Chris McNab）著；沈立波译. —北京：金城出版社有限公司，2023.12（2025.10重印）
（二战文史眼丛书 / 朱策英主编）
书名原文：Hitler's Armies: A History of the German War Machine 1939-45
ISBN 978–7–5155–2515–0

I. ①第… Ⅱ. ①克… ②沈… Ⅲ. ①德意志第三帝国－陆军－史料 Ⅳ. ①E516.51

中国版本图书馆CIP数据核字（2023）第182283号

第三帝国陆军图文史
DISANDIGUO LUJUN TUWENSHI

作　　者 [美] 克里斯·麦克纳布
译　　者 沈立波
策划编辑 朱策英
责任编辑 李凯丽
责任校对 李晓凌
责任印制 李仕杰
开　　本 710毫米 × 1000毫米　1/16
印　　张 32
字　　数 490千字
版　　次 2023年12月第1版
印　　次 2025年10月第4次印刷
印　　刷 小森印刷（北京）有限公司
书　　号 ISBN 978–7–5155–2515–0
定　　价 168.00元

出版发行 **金城出版社有限公司** 北京市朝阳区利泽东二路3号　邮编：100102
发 行 部 (010) 84254364
编 辑 部 (010) 64214534
总 编 室 (010) 64228516
网　　址 http://www.jccb.com.cn
电子邮箱 jinchengchuban@163.com
法律顾问 北京同清律师事务所　（电话）13001187977

编者提示

本书内容所涉及的度量换算：

1英里=1.6公里	1磅=0.45公斤
1码=0.9米	1英尺=0.3米
1英寸=25.4毫米	100英尺/每秒=30.48米/秒

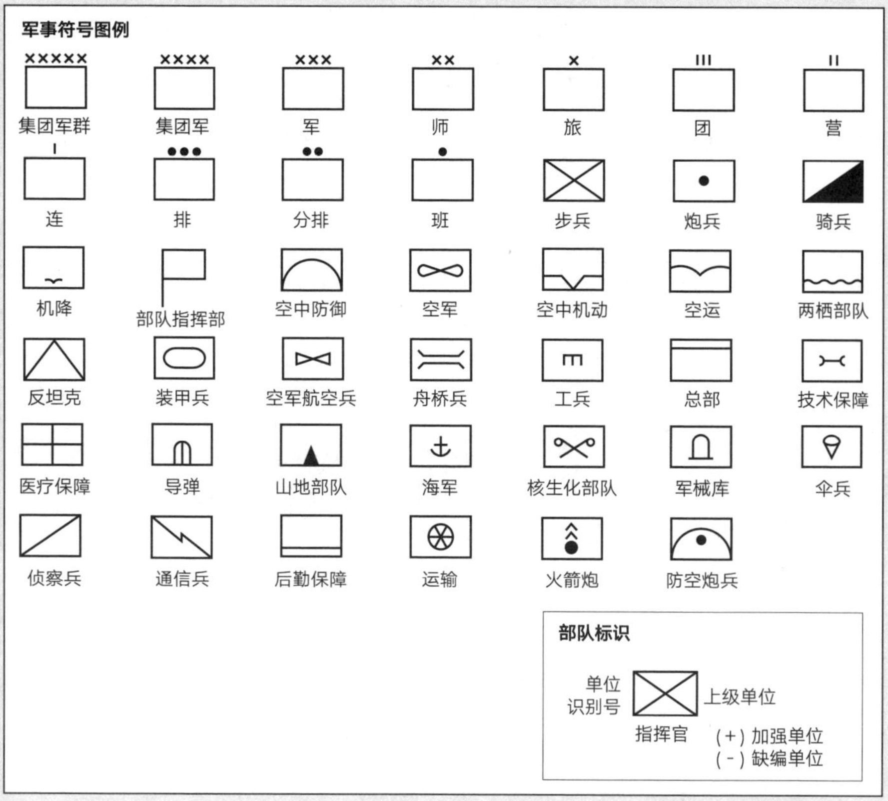

目录
CONTENTS

HOF

引言：卷土重来

希特勒的纳粹德国国防军（Wehrmacht，字面含义为“防御力量”）诞生于最为晦暗的经济低谷期。当第一次世界大战（后文简称“一战”）硝烟散去，1919 年 6 月，作为战胜方的协约国通过《凡尔赛条约》向德国强加了一系列的限制性措施。除此以外的其他条件中，条约指出到 1920 年 3 月 31 日，德国陆军总员额不超过 10 万人，其中 4000 人为军官。条约详细规定了陆军编制：由 21 个三营制步兵团编成（包括 21 个附属的训练营在内），每个团只能编制 1 个迫击炮连；同时，按比例编配若干数量的骑兵部队，加上 7 个三营制的炮兵团，野战工程、信号、摩托化和医疗营各 7 个，总共 7 个师。

从 1914 年打到 1918 年的 3.4 万名军官和近 800 万德国陆军将会被削减到无足轻重，再也没有展开军[1]级作战行动的希望。对一心复仇的法国来说，最重要的是，德国没有了越界深入的威胁。而且，一系列限制的好处是，德国士兵必须服役至少 12 年、军官 25 年，这样德国人无法编组预备役。战胜国的设想是，通过限制措施后，德国的武装力量再也无法强大到威胁欧洲的和平。

德国人要面对的困难局面不仅仅是武装力量的大幅裁减。战争结束时，绝大多数人普遍感到由衷的宽慰，但人们也强烈地感受到了与冲突相伴而生的政治动荡，尤其是在德国。战争结束时德国人罢免了德国皇帝威廉二世（Kaiser Wilhelm II），并努力寻找一种有能力、有声望让德国走上复苏之路的政府构成形式。这个国家在经济和军事上都破产了。尽管美国努力支撑这个被严重削弱的国家起到了一定程度的帮助作用，但德国的政治动荡一直持续到20世纪30年代中期。

德国的邻国和先前敌人的恐惧加剧了这种政治上的不确定性。在德国西面，驻扎着法国的100万军队；东面是波兰，在德国人的传统观念里被认为是威胁，特别是波兰30个步兵师和10个骑兵旅的优势兵力。从地理上讲，东面的但泽走廊把仍然是德国领土的东普鲁士从德国分隔开来；在西部的莱茵兰，战胜方协约国坚持永久非军事化，且占领达15年之久。除了以上条件和其他负担之外，还有一个沉重的赔款问题。在这一点上，法国人强烈坚持。

1920年4月2日，德国汉斯·冯·塞克特（Hans von Seeckt）将军成为德国裁军后军队的总司令，并面临着将其改编为《凡尔赛条约》规定的10万国防军（帝国陆军）的任务。1926年10月7日之前，他一直担任这一职务。尽管个人偏爱骑兵，但他构想并颁布了一种原则，奠定了德国军事作战思想和行动的基础，直到第二次世界大战（后简称“二战”）结束。

冯·塞克特在一战期间曾在许多参谋岗位任职，最后成为第3军的参谋长。1919年他担任了5个月的总参谋长，战争结束后，立即花费大量时间评估以机枪、铁丝网、大炮和坦克为主导的作战理念。他意识到德国陆军已是一支过时的军队，不能像一战那样参加未来的任何战争。

无论冯·塞克特的政治观点如何，他的行为都将从根本上影响德国军事。为了避免一战中过时的围城战术再次带来巨大损失，他意识到军事战略必须以机动性为基础。毫无疑问，他和英国陆军的黑格（Haig）元帅一样，渴望在突破敌人前线战壕后，让骑兵突入敌人后方。然而，他同时更敏锐地认识到，一旦敌人有时间挖战壕巩固防御，这种突破就难以实现。他注意到擅长机动攻击的突击部队在1918年取得了成功。他所强调的是，如果这些突破要保持势头，就必须为这种突破提供及时补给，然后在人员、武器、食物，包括战争需要的所有其他前提条件方面提供保障。

没有希望的开始。在 20 世纪 20 年代和 30 年代早期，德国陆军的军事投入潜力有限。图中，1931 年，一支 MG08 机枪小队伴随两辆仿制坦克的卡车开展编组训练，深入检验新兴的联合作战理论。

他教导的实质是，“战术取决于武器装备之间的协同配合”，而下一场战争会是一场“策略性调动”。

与许多参谋军官不同的是，冯·塞克特经常四处视察。他是在斯特拉斯堡的一所中学而不是在军事学校接受教育，这可能使他获得了比传统军事学习更灵活的思维。1920—1926 年，他的工作成果是出版了一本小册子《战斗与指挥》(*Führung und Gefecht*)，其中强调了战斗中机动的重要性。他想要建立一支够应付敌人突袭的军队。这支新式军队的真正力量在于机动性，而数量庞大的骑兵分遣队、身体条件良好的步兵、整编摩托化或机械化部队、机枪和大炮为机动性提供保障。当然，德国防卫军[2]的士兵已经是久经沙场、经验丰富的战士。他所要做的，就是训练他们，发挥他们的机动性。

冯·塞克特的工作是如此重要，以至于从1923年开始，德国陆军开始以他发表的理论作为训练和演习的基础。尽管在演习中投入地面的实际人数很少，但他军事理论的基本要素成为德国战略和战术思想的基础。现在的重点是对突发事件的快速反应，以及为反击敌人而采取决定性行动的日常准备。1923—1926年的训练和演习表明，运动战的概念也正在成为德国陆军的标准思维，一直向下延伸到班排一级。

1933年，冯·塞克特尽管在希特勒和纳粹党（NSDAP，即国家社

西班牙内战期间，德国机械化部队秃鹰军团穿过西班牙。在1939年入侵波兰之前，德国参与西班牙内战，获得了一个检验战术和技术的绝佳机会。

会主义德国工人党）掌权时退休了，但他留给德国陆军的遗产并没有丢失。1933 年 1 月 30 日，希特勒在德国总统保罗·冯·兴登堡（Paulvon Hindenburg）挑剔的眼光中当选德国总理。希特勒打算扩充军队以达到他在欧洲的扩张主义目标，而军队自然高兴。高级将领们认为希特勒是可以控制的，然而事实远非如此。

自一战之前，因征兵的原因，德国被划分为若干军事区[3]。每个军事区都为军队招募和训练士兵，每个军事区都有相应的军指挥部、兵营和德国防卫军所需的训练区域。希特勒上台后明确表明，军队要从原来的 7 个师扩编到 13 个军共 36 个师。军队最初的反应完全是始料未及的，因为他们要深入评估如此大规模扩张所带来的大量后勤问题。然而，他们很高兴摆脱《凡尔赛条约》的限制，因为可以恢复 1918 年以前军队在德国社会中享有的荣耀地位。

每一名德国男性都有义务在军队服兵役，尽管这一条政策被《凡尔赛条约》严格禁止。1935 年 3 月 16 日，希特勒颁布了《德国武装力量扩充法》，恢复征兵，将军队扩编到先前确定的 36 个师。1935 年 5 月 21 日，第二部法律明确了在武装部队（即德国国防军）服兵役的义务，几乎没人可以例外。尽管希特勒仍在建立纳粹党的权力基础，但这些法律加强了他和军队之间的关系，因为这意味着，冯·塞克特所提倡的需要创建和训练的小型专业化力量迎来了新兵，并在国内社会和整个世界军事界占据更为重要的地位。

从 1934 年 8 月 2 日，所有德国士兵宣誓："我向上帝作出神圣的誓言：我将永远无条件地服从德意志帝国和人民的领袖、国防军最高指挥官阿道夫·希特勒。作为一名英勇的士兵，我随时准备为这条誓言献出我的生命。"此时，希特勒已经明确建立了一个独裁政权，修订后的誓词有力地表明，德国武装力量现在处于新的管理体制之下。

在希特勒大规模重整军备的支持下，国防军迅速扩张。德国军队就像"绝境重生"，摆脱了因一战战败引发的重重灾难和《凡尔赛条约》的种种限制，再次崛起成为欧洲大陆上占主导地位的军事力量之一。1939 年 9 月 1 日，当德国入侵波兰时，其军队员额达到 318 万人，最终扩编到

950 万人。到 1945 年 5 月 8 日至 9 日，在西线和东线无条件投降之日时仍有 780 万人。这与希特勒最初接手时的 10 万兵力有天壤之别。希特勒错误认为，正如后来被证实是错误的一样，作为一名战略指挥官，他的政治手腕和独一无二的才华是天作之合。他对德国国防军在二战中作战行动的影响愈来愈大，最终被证明是一场灾难。本书审视了希特勒的陆军部队从 1939—1940 年的胜利到 1945 年最终毁灭的发展过程。不可否认的是，德国建立了第一流的军事组织系统，受到了所有参战人员的尊敬。在战争的头 3 年里，它几乎无懈可击；在战争的最后几年，它仍然保持着顽强的防御。本书旨在展示的是，德国陆军和相关单位，比如武装党卫军和纳粹德国伞兵，是如何赢得声誉，以及这在多大程度上是合理的。

注释

[1] 书中涉及军队建制的三个概念 army group、army 和 corps，分别译为“集团军群”“集团军”和“军”，以便理解。本书注释均为译者所加，后同。

[2] 此处的德国防卫军（Reichswehr），区别于前面的德国国防军（Wehrmacht）。本书对这两个词的概念没有深入的论述，总体说来，德国军队在 1919—1935 年为德国防卫军，在 1935—1945 年为德国国防军。纳粹德国国防军包括陆军（Heer）、海军（Kriegsmarine）和空军（Luftwaffe）。一战结束时，德意志帝国的军队几乎完全解散。士兵独自或是结伴返回德国。很多士兵后来成为半军事自愿组织自由军团（Freikorps）的成员。1919 年 3 月 6 日，魏玛共和国颁布法令，建立了临时国防军，包括临时国家陆军（Vorläufige Reichsheer）与临时国家海军（Vorläufige Reichsmarine）；9 月 30 日，军队被重新组织为“过渡性军队”（Übergangsheer），直到 1921 年 1 月 1 日政府按照《凡尔赛条约》规定建立德国防卫军为止。

1933—1934 年间，时任德国总理阿道夫·希特勒秘密开始了德国防卫军的扩充。1935 年 10 月 15 日，纳粹德国正式将德国防卫军更名为德国国防军。

[3] military district（Wehrkreise），指希特勒上台对国家军事化后，把全国划分为若干军事区域，主要负责征兵、训练等工作。

1939年，一列身着德国陆军典型制服的行军纵队。在行军中，他们戴着野战帽[1]，而不是悬挂在腰带上的M1935式钢盔。

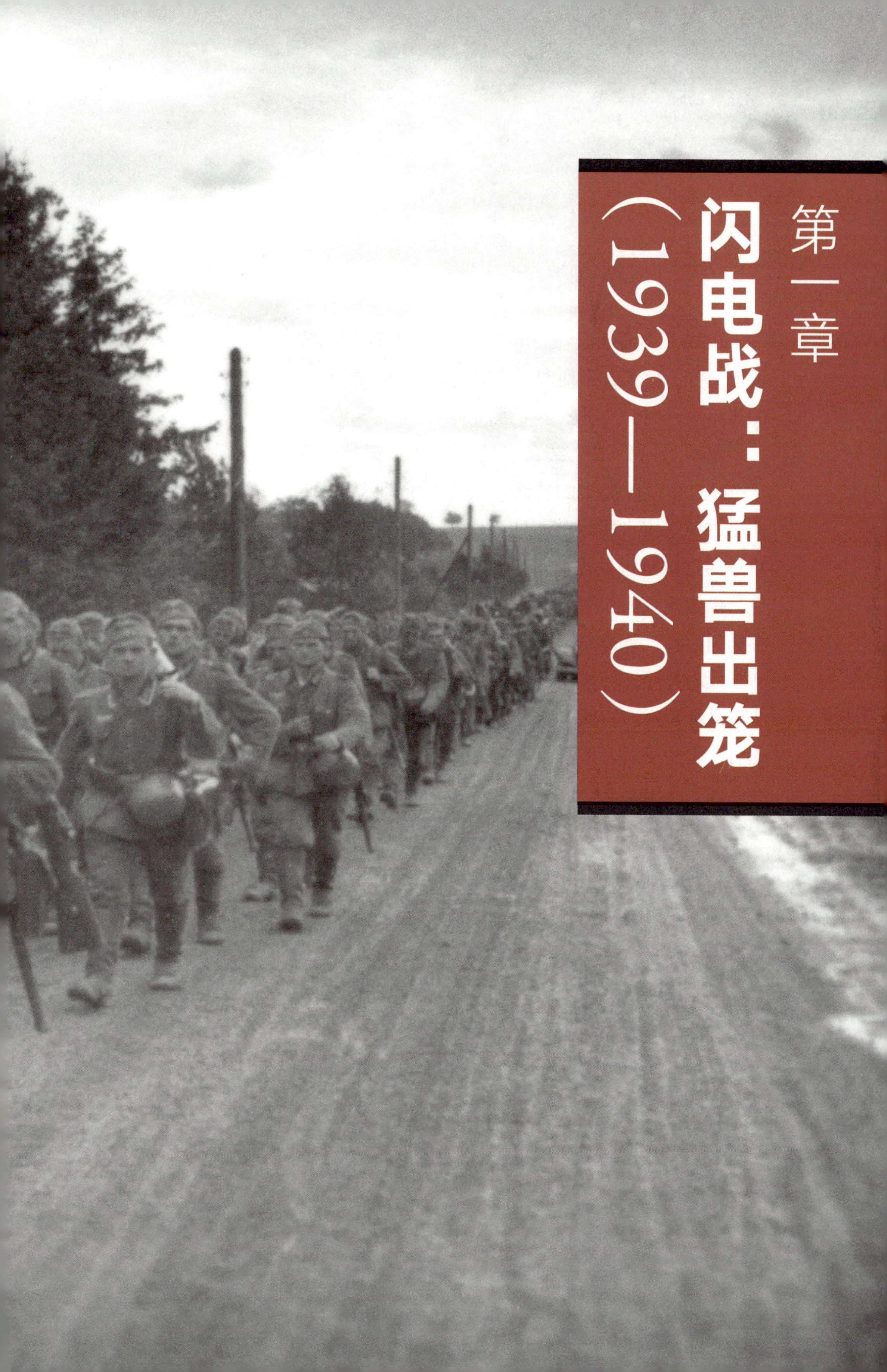

第一章 闪电战：猛兽出笼（1939—1940）

1939 年 9 月 1 日—1940 年 6 月 25 日的闪电战时期，国防军 10 个月近乎全胜。除了大不列颠，德军击败了所有敢于反击的国家，并在接下来的 2 年里，他们几乎坚不可摧。

德国当时的战略结合了两个理念：普鲁士将军冯·莫尔特克[2]在 19 世纪 50 年代提出的传统“决定性行动”和 20 世纪 20—30 年代海因茨·古德里安（Heinz Guderian）开创的“装甲概念”。“决定性行动”使用步兵进攻敌人的退路，将其困在口袋里。然而，古德里安主张集中坦克、机械化步兵和德国空军俯冲轰炸机，在对方防线上打开一个缺口，并穿插到后方，摧毁关键指挥中心，迫使敌人士气和抵抗能力全面崩溃。这两种战略都要求德国成为侵略者，这一立场符合第三帝国的仇外主义和扩张主义意识形态。德国有着出其不意和选择战斗时间、地点和条件的重要优势。它的反对者把希望寄托在中立、外交技巧和静态边境防御上，他们在心理上不愿参战，也不愿为战争做准备。

右页图为：1934 年的一名步兵，穿着当时标准的野战夹克和裤子。腰带装备包括子弹袋，每个子弹袋可以容纳 15 发 7.92 毫米 Gew98 步枪（右手）子弹。他的靴子是 1934 年试验性的带扣靴子，后来并没有大量装备部队。1. 德国三色徽章（盾形帽徽），最初出现在头盔的左侧，国徽被引入后，移至右侧。2. 头盔上的国徽，设计在头盔的左侧，白色。3. M1916 式头盔。4. 制式夹克的配套国徽。5.1936 年年底前的臂章军衔样式（“∧”或“∨”形）：（i）上级步枪列兵（Oberschütze）；（ii）豁免兵（Gefreiter）；（iii）高级豁免兵（Obergefreiter）；（iv）高级资深豁免兵（Oberstabsgefreiter）。6. 第 30 步兵团步兵的肩章。7. 侧边帽[3]。8. 一战的标配毛瑟 Gew98 步枪。9. 刺刀，固定于焊接在枪口下方的枪管安装柱上，图中也展示出黑色皮质刀鞘。10. 容量 5 发的步枪弹匣。11. 鲁格 P08 手枪。12. 从后面看到的腰带套件。13. 24 型柄式手榴弹和（13a）训导手册。14. 过渡性靴子，外面有 3 个扣。因为它容易进水，在茂密的灌木丛中很不方便，很快就被抛弃了。15. 一支军用手电筒和电池。注意彩色装置，二者是可互换的。（Adam Hook © Osprey）

3
1
2
7
5
i
ii
iii
iv
8
9
4
12
6
30
10
12
11
14
15
13a
13
Die Handgranate 24
Allgemeine Schießlehre
Das Gewehr 98

波兰和西线

1939年8月26日，国防军开始为入侵波兰的“白色方案”进行秘密的局部动员，一直到9月3日展开全面动员。9月1日，军队终于开始行动。这支由151.2万人组成的入侵部队分组为两个集团军群，共53个师(37个步兵师、4个机械化师、3个山地师、3个轻型师、6个装甲师)，并在3条战线上展开进攻。北方集团军群（Army Group North)，由费多尔·冯·博克（Fedor von Bock）上将率领第3和第4集团军，从德国东北部和东普鲁士东部进攻。南方集团军群（Army Group South)，由格尔德·冯·伦德施泰特（Gerd von Rundstedt）上将率领第8、第10和第14集团军，在斯洛伐克第1和第2师的支援下，从德国东南部和斯洛伐克北部推进。

波兰陆军部署位置太过靠近德国边界，以至于9月17日苏联红军的7个集团军（41个师或师级相当规模部队）攻击波兰后方时，波兰陆军已经从翼侧被包围。在受到4条战线的威胁下，人数上被远超的波兰军队于9月27日正式投降，并于10月6日停止一切敌对行动。

波兰是德国陆军的第一次重大胜利，验证了德国战术理论和战前训练体制是正确的。随后8个月的“假战争”(Phoney War)，英法两国军队摆出了许多姿态，但几乎没有采取有效行动。尽管如此，希特勒担心盟军可能会通过挪威和丹麦进攻德国，于是决定先发制人，入侵军事上弱小的中立国家，由尼古拉斯·冯·法尔肯霍斯特（Nikolaus von Falkenhorst）陆军准将（General der Infanterie）指挥，发起了“威瑟堡行动”(Operation Weserübung)。1940年4月9日，对丹麦发起攻击。缺乏经验的丹麦军队，仅有2个步兵师共6600名士兵，其战略地位无足轻重，在经过4个小时的有限抵抗后被迫投降。

同日，第21军下辖的第3山地师、第69步兵师和第163步兵师，从挪威登陆，后来得到第2山地师、第181步兵师、第196步兵师和第214步兵师的增援，第40特种装甲营提供象征性的装甲力量支援。他们大约总共有10万人，与挪威军队的6个步兵师（其9万人中只有2.5万人被

花战

希特勒的政治伎俩，以及英法两国不愿冒险战争，使德国军队在1939年9月之前获得了5次不流血的胜利。希特勒的军队通过军事行动吞并邻国领土，也就是我们熟知的布鲁门克里格战争（Blumenkrige Wars），亦称花战（Flower Wars），是从当地的德裔人经常为了欢迎德国军队而抛出鲜花引喻而来。

1936年3月7日，来自第5、第9、第15、第16步兵师的3万部队穿过莱茵河，占领了西岸非军事化的萨尔地区。接着，1938年3月12日，第8集团军（下辖第7、第13军和第2装甲师）的20万部队入侵并兼并奥地利，并于1938年4月将其分割编组为国防军的第17、第18军事区，吸收奥地利陆军后编组为第44和第45步兵师、第4轻型师、第2和第3山地师。

陆军最初预计将部署5个集团军（分别为第2、第8、第10、第12、第14集团军）39个师入侵捷克斯洛伐克，但由于1938年9月签订《慕尼黑协定》，邻近德军的第4、第7、第8、第13、第17、第18军的下属部队于1938年10月1日—10日兵不血刃地占领了苏台德边界地区。随后苏台德地区被编入德国的第4、第7、第8、第13和第17军事区。1939年3月15日，这些部队占领了波希米亚—摩拉维亚（Bohemia-Moravia）的剩余地区，并于1942年10月被命名为波希米亚（Böhmen）军事区和摩拉维亚（Mähren）军事区。最后，1939年3月23日，第1军所辖部队强占了立陶宛西部梅梅尔区，并编入第1军事区。

WL-48103

动员起来）交战。挪威方面，得到了盟军远征部队相当于2个步兵师力量的支援。然而，德军展示出了日益增长的信心和能力，迫使盟军撤离，1940年6月9日挪威投降。

法国和低地国家

希特勒现在已经建立起强大的进攻势头，试图达成对西欧的统治。为执行代号为“黄色方案”（Case Yellow）的西线攻势，德国陆军集结了91个师275万人，分3个集团军群。A集团军群，由冯·伦德施泰特上将指挥，下辖第4、第12和第16集团军，同时包括冯·克莱斯特（von Kleist）装甲集群在内，穿过比利时进入法国；B集团军群，由冯·博克（Von Bock）上将率领，下辖第6和第18集团军，进攻荷兰和比利时；而C集团军群，由威廉·里特尔·冯·勒布（Wilhelm Rittervon Leeb）上将领导，下辖第1和第7集团军，在马其诺防线牵制法国部队。这些部队共计75个步兵师，包括第22空降师在内，还有1个空降师、4个摩托化师、1个山地师、1个骑兵师和10个装甲师，另外还有42个师作为预备队。

1940年5月10日，德军发起进攻，当时突击队和阿勃维尔（Abwehr，德国军事情报组织）在荷兰和比利时早已活跃起来。B集团军群下辖的第18

1936年，德国重新占领莱茵兰期间，德国摩托车部队在车队中间混编一辆指挥车。这辆Kfz15型指挥车同时也是一种通信车辆。它的长轴距不利于越野机动。

1939年9月，德国入侵波兰。德军主力集团军编队的推进路线用蓝色标绘。

集团军的 9 个师，外加机降和伞降部队，向中立的荷兰发起进攻，迅速打垮了经验不足的荷兰军队。25 万荷兰人组成 10 个训练不足的步兵师，尽管出人意外地组织起顽强的防御，但鹿特丹遭受轰炸后于 5 月 15 日投降。5 月 10 日，第 16 集团军攻陷卢森堡，后者 82 人的“志愿连”组织了令人同情的有限抵抗。同日，A 集团军群联合 B 集团军群第 6 集团军，开始从中立的比利时推进，在对埃本—埃梅尔要塞（Fort Eben-Emael）的

1940 年法国境内。德军开展公开机动行动，当时法国和比利时部队（以蓝色标绘）试图阻击德军的攻势。

在 1940 年 4 月入侵斯堪的纳维亚期间，头盔上带有三色徽章的德军准备部署到挪威。背景中的大船是重型巡洋舰“海军上将希佩尔”号（*Admiral Hipper*），为免遭敌方舰艇攻击提供火力支援和防护。

冒险空袭下一马当先。60万比利时军队在英国和法国部队的支援下，最初展开了激烈的反击。然而，在冯·克莱斯特指挥的强大的装甲集群的持续推进下，德军从侧翼穿插通过了被认为无法通过的阿登高地地区。在德国人持续不断的攻势面前，比利时的军心动摇并展开撤退。5月28日，比利时军队投降。

5月16日，A集团军群和B集团军群挺进法国。这一次将是对他们素质和勇气的最终挑战。他们的当面之敌是432万强大的法国军队，总共87个师，而且得到了9个英国步兵师、1个捷克斯洛伐克步兵师和4个波兰步兵师的支援。一支由9个装甲师组成的部队，包括冯·克莱斯特装甲集群、第15装甲军，以及海因茨·古德里安指挥的包含大德意志摩托化步兵团[4]的第19装甲军（6月1日改名为古德里安装甲集群），在色当突

在1939年9月入侵波兰期间，海因茨·古德里安（左，戴着钢盔）与希特勒进行会谈。古德里安给希特勒留下深刻印象，他的装甲战争和诸兵种通信理论在入侵波兰时被证明似乎是有效的。

破了法国第1集团军群，于5月22日抵达英吉利海峡海岸。进攻编队包括了几乎所有的德国装甲部队，把尾部的后勤补给和步兵支援部队远远甩在后面，冯·伦德施泰特担心容易遭盟军反击，因此5月23日下令暂停向前推进。这使得盟军有机会从5月27日至6月4日的几天时间，从敦刻尔克撤出33.8226万人的英国、法国和比利时部队。

6月5日，B集团军群沿着法国英吉利海峡海岸和大西洋海岸推进，6月22日在波尔多停了下来。而A集团军群冲破法国中部，C集团军群强行推向马其诺防线。6月25日，法国军队签署了停战协议。比利时的奥伊彭和马梅迪区域被兼并，并入了第6军事区，卢森堡和洛林被并入了第12军事区，阿尔萨斯被并入了第5军事区。法国北部、西部和东部被占领后，剩下法国中部和南部，由法国陆军元帅贝当领导，作为一个名义上独立的法国政权而存在。

对闪电战的定论

尽管在闪电战时期德国武装力量恢复了声誉，但弱点也开始显现。前期的成功证实了希特勒自诩为天才的信仰，也使得他手下的职业将军们相形见绌。国防军最高统帅部和陆军总司令部[5]相互猜忌，并且由于希特勒对二者的同时控制而愈发严重，引发权力的分裂。丹麦和挪威的战役是由国防军最高统帅部打下的，波兰和西线战役是由陆军总司令部打下的。克莱斯特装甲集群的经典闪电战战术取得了耀眼的成功，而步兵在挪威的行动并不果断。然而，部队的迅速推进客观上造成了大量敌军避免被俘，他们日后自行组织为游击队，这对德国占领当局造成了持续不断的威胁。

军队架构

作为国家首脑，希特勒名义上同时兼任了国防军最高统帅。1938年2月4日，他又亲自担任国防军总司令这一显要职务，迫使该职位的前任宠臣陆军元帅维尔纳·冯·布隆贝格（Werner von Blomberg）退休。马屁精

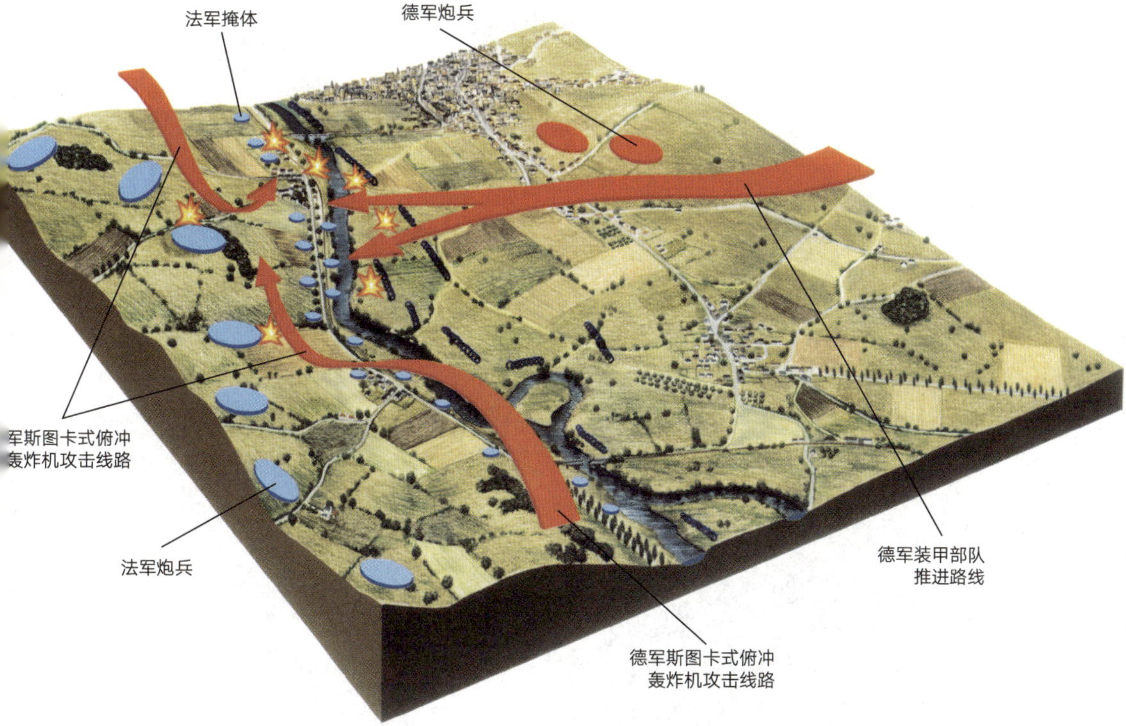

1940 年 5 月 13 日 15 时 00 分，第 19 装甲军在古德里安的指挥下，下辖的第 10 装甲师穿越色当附近的默兹河。

将军威廉·凯特尔（Wilhelm von Keitel，后晋升为陆军元帅）担任国防军总参谋长。在这位总参谋长的协助下，希特勒一直担任国防军总司令的职务，直到 1945 年 4 月 30 日自杀。

德国国防军分为三个军种——陆军、海军和空军。陆军是规模最大的军种，平均约占国防军总兵力的 75%，1939 年 9 月时为 270 万人，到 1945 年 5 月时达到最高兵力 550 万人。

陆军总司令由瓦尔特·冯·布劳希奇（Walther von Brauchitsch）陆军上将（后来的陆军元帅）担任。直到 1941 年 12 月 19 日，希特勒解雇并接管其职务，由炮兵上将弗朗茨·哈尔德（Franz Halder，后晋升为陆军上

西欧战场的三位领导人。（从左到右）海因茨·古德里安少将、格尔德·冯·伦德施泰特陆军元帅和爱德华·迪特尔（Eduard Dietl）上将。只有一张公开的照片显示，古德里安穿着他所创建的装甲部队特殊的黑色车辆制服。（Angus McBride © Osprey）

将）担任陆军总参谋长（Chief of the Army General Staff）。1939 年 12 月 1 日正式成立的武装党卫军，严格地说，从来不是国防军的一部分，但它受到陆军总司令部的控制（参见第三章）。

就军队最广泛的组织结构而言，1937 年德国划分为 13 个军事区，编号为 1 至 13。从 1939 年起，这些成为替补集团军的基地。为了使野战集团军得到源源不断的兵源补充，每个军事区的训练基地[6]、学校和训练单位最初为 1 个军补充人员和装备，后来发展到为野战集团军的 5 个军补充，以保持野战集团军得到持续不断的人力资源补充。1938 年 8 月—1942 年 10 月，随着德国以邻国为代价扩张其领土，其军事区不断扩大，新组建了 6 个军事区。他们为战争提供大量兵源，其中许多并非德国人，甚至不是同情德国发动对外战争的人。

在 1939 年 8 月 26 日战争爆发之前的动员中，军队被分成两部分，分别是对外作战的野战集团军（德语：Feldheer；英语：Field Army），以及留在德国做支援的替补集团军（德语：Ersatzheer；英语：Replacement Army）。野战集团军由三种类型的部队组成。第一类，战斗部队，包括参谋机构（武装部队统帅部和陆军总部，总参谋部，集团军群、集团军和军级单位的参谋机构）、步兵部队（线列步兵 [line infantry]，摩托化步兵，轻型步兵和山地步兵）、突击队和军法单位、机动部队（骑兵，装甲兵，机械化步兵，侦察兵和反坦克单位）、炮兵、工兵、信号和野战宪兵。第二类，补给部队，由运输、医疗、兽医和警卫部队，以及军事警察和野战邮政官组成。第三类，保安部队，由后方指挥官、二线的本土步枪兵营和战俘营地组成。此外，还有其他官员（包括随军牧师）、乐队指挥军官和技术人员。

最大的战时野战集团军单位没有固定的组织。一共有 5 个陆军集团军群：2 个集团军群（北方和南方集团军群）参加波兰的战役，3 个集团军群（A、B、C 集团军群）参加西线的战役。每个集团军群由 2 到 3 个集团军组成，总人数约 40 万人。陆军共有 14 个集团军，每个集团军由 3 到 4 个军编成，大约 20 万人；从 1940 年 6 月起，组建了 2 支加强装甲军，或称为 2 支装甲集群，每个装甲集群下辖 3 个摩托化军。陆军一共有 33 个军，每个军下辖 2 到 5 个步兵师，大概有 6 万人；还有 7 个摩托化军，各有 2 至 3 个装甲师和摩托化师；还有 1 个军（也就是第 15 军）有 3 个轻型师。另外，1 个骑兵师和 4 个山地师归各自的集团军直接指挥。

1939—1940 年间，共组建了 143 个步兵师，其质量取决于他们组建的波次。除了在和平时期第 1 波次建立的久负盛名的 35 个师（序号 1—46 系列）之外，还有来自被占领的波兰和捷克斯洛伐克的年长老兵、未经训练的预备役人员、新兵，他们仓促集中起来组建新师，以及第 10 波次（序号 270—280 系列）的 9 个替补师。每个步兵师有 16977 人，由 3 个步兵团和以下师支援部队组成：1 个四营制炮兵团；1 个下辖骑兵中队、自行车中队和支援中队的侦察营；1 个反坦克营；1 个工兵营；1 个信号营；以及师属勤务分队，编制最多可到 10 辆（匹）的摩托化和马匹运输纵队；1 个医疗连、1 个摩托化野战医院和兽医连；1 个宪兵分队和 1 个野战邮局。

1 个步兵团编制有 3049 人，下辖 3 个步兵营，1 个多达 180 人的步兵炮连和 1 个多达 170 人的反坦克连。再往下，1 个营编制 860 人，下辖 3 个步枪连和 1 个多达 190 人的机枪连（实际上起支援作用）。1 个步枪连编制多达 201 人，下辖 3 个步兵排。每个多达 50

受到纳粹宣传机器的精心控制，在 1936 年德国重新占领莱茵兰期间，热情洋溢的人群向德国骑兵部队致意。外国对重新占领的软弱反应助长了希特勒扩张生存空间的野心。

工兵单位

德国陆军统称其各类工兵单位为工兵队，包括工兵部队、建筑部队、铁路部队（同时负责修建和运营铁路）和技术部队。工兵部队在西方被称为战斗工程师。他们首先被认为是突击部队，其次是建筑工人，其中最为我们所熟知的是黑色工兵队，因为制服的手臂上黑色的兵种色。这使他们有别于白色工兵队，后者是分配到步兵团的战斗工兵排。因为从事的工作种类繁多，他们还以“全能女佣”所著称。师属工兵营是前线部队的基本工兵单位，被认为是支援作战行动所必需的关键单位。行军中，他们排除人工障碍和天然障碍，修复桥梁。此外，他们还通过便携式桥接、浮箱摆渡、突击艇和充气艇，协助跨越水面障碍。进攻时，他们作为专业的突击部队，突破障碍，通过爆破、火焰喷射器和烟雾的方式，进攻加强的防御阵地。防御中，他们建造防御工事和掩蔽所，建立障碍，布设雷场，埋设饵雷陷阱，清除火场，设置伪装，保持补给线畅通。撤退时，他们布设地雷和陷阱，设置应急障碍，摧毁桥梁。工兵营被用作临时步兵的情况并不少见，特别是在战争后期，作战师被迫在比正常防线更宽的地方进行防御而人手不足时。

人的步兵排，下辖1个轻型榴弹发射器（light-grenade-launcher）小组和4个步兵分排（section）[7]，每个步兵分排编制10人。

1个摩托化师下辖的所有部队都是装甲部队或者摩托化部队。1940年初，摩托化师缩编至2个摩托化团，编制总员额14319人。1个山地师编制14131人，下辖编制多达6506人的2个山地团，外加作战支援部队和后勤保障部队，所有单位都具有山地作战的能力。

关于陆军的坦克部队，1个多达14373人的装甲师下辖1个装甲旅（2个装甲团各1700人，每个团下辖2个营）和1个多达4409人的摩托

1940 年，一个工兵班及其所支援的步兵排对法国的一座碉堡发动了攻击。掩护分队利用运河河堤做掩护，用火焰喷射器和机枪向掩体开火。在马路的另一边，突击分队是由工兵班的剩余人员组成的发烟小组支援的。突击分队正在利用机枪提供压制性火力，发烟分队正准备点燃发烟罐。爆破人员伴随掩护分队从掩体的另一侧进入，攻击射击孔和碉堡门。75 毫米步兵炮和 80 毫米迫击炮开始从后方向树林开火，以压制那里的法国连队坑道。德国的作战理念是运用小规模突击队，最大限度地利用现有的掩护和烟幕强化形成的隐蔽效果，使用强大的火力压制目标和其邻近的掩护阵地，从而迅速挫败抵抗，持续保持攻击之势。(Carlos Chagas © Osprey)

德国工兵修理卡车的悬挂。工兵的职责范围从诸如车辆维修的后方保障服务，到执行进攻爆破的前线行动。

化步枪旅（下辖1个步枪团和1个摩托车营），其余的作战支援部队和后勤保障部队都是装甲化或者摩托化的。1939年10月—1940年1月期间，1个多达10000至11000人的轻型师有1至4个编制多达638人的装甲营，1至2个编制多达2295人的摩托化骑兵团，之后改编为第6到第9装甲师。第1骑兵师编制多达16000人，下辖4个编制多达1440人的骑兵团（每个团编制2个骑兵营），1个骑兵团（每个团编制1个骑兵营，1个自行车营）和1个自行车营，还编有其他的机械化或者摩托化的后勤保障单位和技术保障单位。

军衔和职责

德国陆军军衔结构体系建立于1920年12月6日。军官分为4组：将官、校官、尉官和候补军官[8]。相比之下，士官（Non-Commissioned Officer，NCO）被分为3组：技术士官，设立于1937年9月23日，为要塞工兵（Fortress Engineer）和后来的兽医队（Veterinary Corp）的高级教员；高级士官，称为“剑穗士官”（sword-knot NCOs）；初级士官，或称“无剑穗士官”（NCOs without the sword-knot）。为了区分服役12年后再入伍的士官，1938年9月14日引入了参谋军士长（Stabsfeldwebel）军衔，最初授予一战老兵。连队行政军士长（Hauptfeldwebel）[9]不是一个军衔，而是一种职务任命，于1938年9月28日引入，这是一个连队的高级士官，编制在连部，绰号“矛”。通常，上士（Oberfeldwebel）的地位高于参谋军士长。其他接受这项任命的士官，会被任命为代理连队行政军士长（德语：Hauptfeldwebeldiensttuer；英语：acting company sergeant major），但通常会迅速晋升到上士。

军衔等级还包括所有列兵和高级豁免兵，后者作为经验丰富的列兵，在德国军队中所占比例比其他国家军队都大。

大多数军衔都有可替换的军衔名称。有些军衔，比如在医疗队里，分化出的专业军官，就没有战场指挥权。其他的军衔，比如骑兵上尉（Rittmeister）或者上级猎兵（Oberjäger），保持使用传统的名称。几乎所有军官拥有的军衔都具有实权实责，而不存在英国表征性的军衔制度，因此与英国同等军衔相比，德国军官和士官往往具有更高的指挥权。例如，一名中尉担任连长，并不罕见。当1个典型的步枪连的第1排由一名少尉指挥时，第2排和第3排通常由一名上士或者中士（Feldwebel）[10]指挥。步兵中晋升到士官（Unteroffizier）军衔的上士或中士，需要依据本单位的组织编制表，这也是一个有能力士官的正常晋升次序。所有其他士官和更低军衔的士兵授衔的依据是资历。上级列兵（Obersoldat）军衔一般授予没有能力晋升到豁免兵的士兵，而资深豁免兵（Stabsgefreiter）则是不能胜任士官的“兵油子”。

1940 年 4 月，德军在挪威南部和中部的作战行动图。

德军在西欧战役中的人物。1. 第 36 步兵团的一名中士；2. 波兰战役结束后第 3 装甲团的一名年轻坦克乘员；3. 第 12 工兵营的一名豁免兵，在法国战役期间为对抗英法反击而采取的被称为“装甲走廊”的防御战中表现积极；4. 德国空军的一名上士飞行员。（Darko Pavolvic © Osprey）

征兵和训练

为了准备战争，急剧扩编的德国陆军需要新兵。德国军事区要求使用警方掌握的登记名单（列出所有德国国民、他们的地址和年龄以及外国人和犹太人），开始征召所有年满 20 岁的男子。政府当局和军队部门独立工作、协同努力，确保这一进程完全融入德国生活，并通过广播不断提醒，德国军人的职业是光荣的。各种宣传赞扬士兵的生活，导致越来越多的平民（从童年起）接受军事类训练。

纳粹党的全面影响尤其体现在新成立的希特勒青年团（Hitler Youth）和帝国劳工团（German Labour Service）。任何一个达到相当年龄的人都无可避免地会成为其中一名成员，这两个组织（以及许多其他组织——也许唯一的例外是德国少女联盟）在精神上都是准军事的。基础训练主要包括徒步训练、识图、野战技能和轻武器射击训练。参加帝国劳工团是希特勒青年团和军队服役的中间阶段。许多人参军时有充分的理由记得他们在帝国劳工团内的努力，因为过往的经历使他们在身体上和精神上都为军队训练做好了准备。

每一个有义务服兵役的个人，在他适龄征兵的那个夏天都会接到提醒。受提醒者会收到一封信，信中包含了报到地点的基本细节。九月时发来第二封信，告诉他报到时间，以及需要携带的文件：在希特勒青年团和帝国劳工团的成员卡和工作记录被指定为重要文件。

基地训练

训练场以严厉著称，这是当之无愧的，但训练目标是由一战的经验决定的。大多数训练新兵的士官都是一战参加过堑壕战的老兵，他们非常清楚，如果在疲劳、饥饿、寒冷或潮湿方面缺乏经验，就打不好仗。严格的训练可以使他们为前线的残酷现实做好准备。而且，冯·塞克特要求这支职业军队必须机动，这意味着士兵不仅仅是在吃饱睡好的情况下才能出动，而且必须时刻做好准备。因此，士官把受训新兵逼到了近乎崩溃的地步。他们的座右铭很简单：平时多流汗，战时少流血。

德国陆军新兵在步兵训练期间进行突击科目训练。由于希特勒青年团对体育的重视，德国青年男子往往以良好的体能和积极的竞技态度接受基础训练。

新兵面临16周的入伍训练，这很可能是同时期所有军队中最为有效的基础训练。基础训练的目的是把无知的新兵变成服从的军人。然而，冯·塞克特的影响仍然存在，每一个德国士兵也接受了在环境需要的情况下发挥主观能动性的训练。德国军队并不倾向于拿破仑的格言，即每个人的背包里都有元帅的指挥棒，而是每个人都可以而且应该至少站在自己任职岗位的上一级的角度展开行动。新兵们不断地被告知，他们的誓言正是他们生命的本质，士兵的荣誉在于他们对人民和国家的无条件个人承诺，直至死亡。

新兵的基地训练计划完备，每天每一个小时的训练都有明确目的。一开始是让士兵穿上制服，在操场上集中反复操练，指导他们如何穿好各种制服，如何保持干净，以及如何保持自然、合体、舒适。更进一步的训练包括步枪射击、手枪射击、手榴弹投掷、刺刀训练、冲锋枪（submachine gun，SMG）射击和机枪（machine gun，MG）射击，加上持续不断的野战演习，这些结合起来便锻造出优秀的士兵。

新兵还要学习地图判读、军事写作和军事报告、野战技能、目测距离、目标说明和步兵陆上作战的方方面面。他们观看武器和火力效能相关电影，还有越野跑、防空保护、反坦克作战和伪装的电影。他们需要学习为自己挖战壕，后来学习使用支援武器。

这些科目的训练目的，是让新兵在陆战中成为一名在其班排编成内能够生存下来的士兵，并且能够有效地战斗。新兵们被赋予期望：聪明机灵、尊重长者，并成为父母和邻居的骄傲。经过16周的新兵训练后离开基地，带着对诸兵种联合作战方式方法理解的不断深入，转向继续参加更多实兵训练，最初是连级，后来是营级和团级。

训练计划

新兵第一次到所属建制团集合时往往是从居住地来的，而且他们已经认识了同一个营的一些战友，甚至是同一个团的战友。然而，在训练的头16周里，友谊只限于他们身边的伙伴。他们按分排来分配房间，并见到他们的分排长。而这位分排长，是一名豁免兵，将是他们在执勤时应该学会敬畏的指挥官。

副排长是一名中士，在他们以后的课程中还会经常出现，而排长则会简短地露个面，给他们讲讲德国陆军及其在德国社会中的地位。根据官方规定，他们现在禁止附属于任何政党，这意味着不管喜欢与否，纳粹党的成员必须与无党派成员交朋友。

训练计划在一定程度上取决于士兵训练所在的基地。一些训练基地和训练区因几乎近似虐待的严酷纪律而名声在外；其他的，尽管没有那么紧张，但同样有教育意义。新兵分配到分排居住 16 周，在此期间也同时负责打扫房间卫生。随后，他们会配发一系列个人制服装备，按规定严格理发，并在晚上 6 时左右就餐。饭后，他们第一次接受关于德国陆军及其传统和精神，以及他们所属团的传统和精神的思想讲座。他们还被告知如何穿制服，并被提醒打包收拾好所有的便服以便第二天全部寄回家里。他们现在已经是士兵，开始接受军事纪律的约束；他们还受到教导，在进出门时要敬礼；同时还受到提醒，对任何比他们高阶的陆军战友都应保持尊重——这意味着他们遇到的几乎每一个人都应受到尊重。

一个典型的训练日从早上 5 时开始，新兵们几乎是被负责兵营训练的下士和老兵从床上扔出去的。然后，新兵们必须在早饭前撤去被子，收拾好他们的储物柜，洗脸、剃须，并穿戴整齐。许多早晨还要完成跑步训练，并且不断增加距离和速度，回来后再洗澡并穿好制服。

早餐从早上 6 时 45 分开始，是咖啡和面包，对新兵们来说早餐 15 分钟的吃饭时间是相对自由的。然而，这顿饭往往是没有的，特别对正在参加训练以纠正前一天错误的新兵们而言。新兵们很快就意识到，饥饿、疲倦和个人不适几乎没有什么意义，他们必须随时做好一切准备应付突发命令。

这种训练的合理性一再得到证明，甚至在战争的最后几年，所有同他们作战的人都觉察到了普通德国士兵的韧性和耐力。一名士兵写道：“在后来的行动中，我们一次又一次地意识到这种训练对我们是多么的宝贵。‘平时多流汗，战时少流血’，这条老生常谈后来经常被证实。不过，我们当时还不知道，所以我们诅咒和辱骂每一个人、每一件事。”

工兵战士的带锁墙柜是他所有衣物、装备以及少数允许使用的个人物品的储藏室。各单位的具体设置各有不同，但每个储藏室放置井然有序，并随时准备接受检查。1. 头盔和背包存放在柜子最上面；2. 最上层隔板的主隔间整齐地叠放着衬衣、衬裤、袜子、长睡衣和毛衣，还有野战帽；3. 吊杆上挂着训练服、作战服和军种外衣和裤子，还有一件大衣；4. 主隔间的门上挂着单兵装备套件，还有一条毛巾；5. 鞋子和靴子存放在柜子下面和底部。在主隔间的左边是 7 个小隔间，从顶部到底部依次放着；6. 尖顶大盖帽[11]；7. 一天所需的面包、餐具（盘子、汤碗、碟子、杯子，这一隔间有门）；8. 个人物品和贵重物品（这一隔间有门且上锁）；9. 洗漱用品（剃须刀、刀片、剃须棒、牙刷、牙粉、肥皂、梳子）；10. 手册、书籍、书写所需的工具和材料；11. 清洁材料（皮革抛光、鞋和清洁刷、清洁布）；12. 防毒面具、餐具和帐篷帆布（遮蔽具）；13. 照片和个人信件可能被允许附在左边隔间门的内侧。（Carlos Chagas © Osprey）

德国新兵穿着当时的白色制服，这种颜色极不实用。他们出现在步枪靶场，Kar98k 步枪放在架子上等待他们去射击。注意防毒面具，在战争初期毒气仍然是一种令人恐惧的可能发生的事情。

听课是每天训练的一部分。（要是谁瘫坐在座位上，更有甚者睡着了，谁就倒霉了。）授课主题的范围从士兵职责的阐释到他的战友，到士兵和国家，以及纳粹体系中不同等级地位的人员构成。授课中除了战斗训练的基本内容外，其他战斗知识少有涉及，德国人的方法是对他们应该在战场上掌握的技能，组织现场实地演示。

每天分为上午训练和下午训练，一个典型的上午训练可能包括一堂讲座和操场训练。下午训练可能会有 1 个小时的体能训练和射击练习。射击是训练的基础，一名士兵描述道："所以，该到射击场去了，而射击场本身就在几英里远的地方。至少有 1000 人，而且射击持续不断。"

12 时 30 分开始的主餐——午餐时间，给了这些新兵们片刻的安宁。尽管有时新兵们发现"这里的午餐是 11 时。你来晚了，所以，训练的时间又到了"。

13 时 30 分，无论新兵们在干什么，所有人都在操场上集合，接受检查，听取与他们有关的所有通知。这种检阅最初是由副排长组织的，后来又上到更高一个层级由连队的士官长组织，再后来由排长、副连长、连长组织。

士兵们在训练中很少见到军官，因为他们在战斗中会接受其他人指挥，他们必须首先学会在分排和排一级生存下来，而不需要军官出来抚慰。

晚上时间安排用于清洁制服、个人装备，保养步枪、机枪，然后是打扫房间卫生。晚餐从 18 时 30 分开始，更进一步的活动能把白天的工作延伸到晚上，然后是通宵达旦的训练。

兵营训练

德国陆军区分兵营训练和野战训练。野战训练包括操场训练，以及战场技能、武器训练、识图及战场上生存所需的其他技能。兵营训练包括个人卫生清洁（这是着重强调的）、武器保养，以及不可避免的擦地板、铺床和一般内务的琐碎杂事，这些都是军队关心的。然而，兵营训练在分排内部创造了友谊的纽带，这种友谊一直持续到战斗中。

新兵们配发到一切需要的个人装备，以便穿着得体地履行各种职责。不用说，每个人都有保持自身和所有个人装备清洁的责任，并使其个人装备得到妥善保管。重新发放衣服和个人装备是可以的，但在过渡期间，只有训练或演习造成的损坏才会授权调换所需物品。

靴子必须小心保养，因为靴子损坏或者不合脚会导致自己在行军中掉队，甚至可能造成可怕的后果。当然，因靴子不合脚而造成的脚伤是一种严重违规行为。

每天早上新兵们还不得不收拾干净床铺，让它们透透气。汗流浃背的士兵从来没有因个人卫生而闻名，尤其是如果他们也很累的话，而且在下午早些时候点名前，一张汗水浸透的床铺在中午过后需要重新铺设以透透新鲜空气。

尽管当时的德国陆军并不像其他国家军队那样崇拜“仪容”，但储物柜仍然受到整洁这一基本规则的制约。干净和整洁是最高的准则，但一般也不要求靴子像玻璃一样的一尘不染，或者床铺收拾得毫厘不差。

当时受训新兵穿的制服可能是所有制服中最尴尬的，因为它是白色的。一旦洗了很多次，它就会变旧成黄色、灰色，在接受检查时很难保持足够的干净。齐脚踝的短靴、腰带和侧边帽，构成受训新兵的全部服装。

新兵们很快就意识到，他们有责任保持自身和日常用具的清洁，同时完成分配给他们的打扫房间卫生的任务。

对错误的惩罚是迅速而有效的，几乎总是涉及体力要求很高的任务，使制服和个人装备变得更脏，从而使罪行更加严重。有趣的是，所有这些处罚也被视为训练的一部分，但擦亮垃圾桶和把草涂绿，不属于规定的惩罚范围。相反，新兵们会被要求全副武装长跑，或者练习战场机动，特别是在泥泞的水坑里匍匐前进，在溪水和河流中涉渡。在许多情况下，惩罚是非常苛刻的。一名士兵写道："我不得不穿上惩罚包……近 80 磅重……两个小时后，我的头盔被太阳晒得滚烫，到了最后，我需要拼命坚持从而防止跪下……我学会了一个好士兵不会双手插在口袋里穿过兵营操场。"

武器训练

向新兵展示服从意义的一种方法是在脚和步枪上进行严格的训练。在 16 周的训练期间，操场训练占了许多小时（平均每周 30 课时，其中包括检阅会操和饭前的队列行进）。然而，德国陆军的步枪训练并不局限于队列持枪，它还包括战术动作——装弹、退弹、保管和清洁。

步枪手的作用与当时的其他欧洲军队不同。在德国陆军中，步枪手在机枪压制敌方火力后，在战斗中对敌人发动最后一次的进攻。其他欧洲军队认为步枪手携带刺刀，是步兵的中心，把机关枪当作支援力量而不是主要武器。

新兵最初配发的 Gew98 步枪，是由坐落于内卡河谷奥伯恩多夫（Oberndorf）的毛瑟公司设计和制造的。一战的经验表明，对于实战来说枪体太长，因此它被缩短并改进了一个旋转螺栓，成为 Kar98k，服役于整个 1933—1945 年期间。这是一支 7.92 毫米口径的轻武器，重 3.89 公斤。子弹的弹道也得到了改进，枪口初速 762 米每秒。这件武器配备了装 5 发弹的弹匣，凹状准星，而且仍然装备了清洁杆 / 推弹杆，后来证明这在苏联冬天是非常必要的。随着时间的推移，部分步枪被半自动武器和冲锋枪所取代。

不管当时还是现在，对每支军队来说很普遍的一项训练是步枪清洁。

MG08 水冷式机枪在发挥防空作用（顶部）；MG13 向上大角度对飞机射击（左下）；用手把压弹盒压进弹匣的图示（右下）。（Adam Hook © Osprey）

德国步兵新兵在士官的监督下接受步枪训练。从卧姿到立姿，新兵必须在所有的射击姿势下达到枪法熟练。武器是 7.92 毫米口径的 Kar98k，这是整个战争期间标准的德国陆军步枪装备。

无论武器当天是否射击，每天都必须精心保养。这就意味着要擦掉武器上的所有污垢，擦拭枪管内膛并轻微注油，外加螺栓、后膛、托弹板、弹簧、保险和瞄准器。

每个士兵的左臀部携带有刺刀。有时这种做法作用虽有限，但作为战斗用刀还是很方便的（同时也用作开罐），因此从来没有被抛弃。二战中，冲锋枪、机枪和手榴弹等自动武器的扩散限制了刺刀在战场中的使用。冲锋枪更适合近距离战斗，而通常情况下机枪射程太远，它们阻止了肉搏战；手榴弹在清理房屋的行动中特别有效，在这种狭窄空间内刺刀限制了步枪的使用。然而，后来在苏联，近距离战斗在许多情况下比较普遍，只要刺刀不影响机动就总是安装在枪管上并使用。对待刺刀必须像对步枪一样，每天都要用带油的柔软抹布擦拭干净，在任何时候都不能生锈。

德国陆军步兵分排是以机枪的火力为基础。一战期间，机枪在防御和进攻方面都证明了它的价值，冯·塞克特建议，每一个步兵分排都应编配一挺机枪以赢得局部交火，在防御中由若干名步枪手作为机枪的支援，在进攻中则作为攻击的一部分参与进攻。这一原则意味着现在的每个分排至少都有一个排的步枪兵火力，并能够在形势需要的情况下制造防御性、阻拦性或压制性火力（下文将对分排战术做更多说明）。

德国防卫军的第一批机枪非常笨重，而且难以携带。MG15（或者maxim08）是一种水冷式机枪，重达 19.28 公斤，还配有同样重的三脚架。该武器使用步枪口径，射击时由纤维弹带供弹。一战中，它在固定阵地上发挥了很好的作用，但最终被淘汰了，因为太过笨拙无法迅速移动。携带水以补充机枪的冷却水套也是负担，如果水供应有限，枪容易过热，所以德国陆军转而使用气冷式武器。顺便说一句，MG08 和后来的 MG08/15 机枪一直配发到 1940 年的二线师。

MG13 是围绕一战的 MG18 设计的，它是一种更轻的分排武器，安装在双脚架上，空气冷却，弹匣供弹。然而，它只是作为一种训练武器使用，因为下一代机枪 MG34 在 20 世纪 30 年代初就出现在图纸上。

MG34 是一种弹带式供弹的气冷式轻机枪，可以是双脚架或三脚架，在一件武器上整合了多种功能。它对步兵的防御和攻击都有用，可以作为局部防空武器，也可以对武器不做任何修改就变成一种持续火力的中型机枪。然而，稍作修改，它也可以安装在坦克上作为车载机枪，防御敌军步兵。

这种 7.92 毫米口径的机枪可以由容量 50 发的弹带，或者由容量为 75 发的弹鼓供弹。后来，弹鼓携带 150 发子弹，成对安装在弹药盒中。弹带是一个固定连接的设计，并且从弹药箱重新装弹非常快。这种枪的弹药携带人员都会拖着两箱弹药，每箱子弹至少 294 发。每个机枪手的腰带上都有一件工具和一个备用皮夹，里面除了容纳其他有用的物品外，还包括机枪的弹带启动机——一种可以在顶盖关闭的情况下让弹带持续供弹的装置，从而增加枪手的灵活性。弹带也可以连接起来，以提供更多子弹。这种设计在面对大规模步兵进攻时尤为有价值。

两名德国士兵小心翼翼地穿过城市地区，他们的 MP38 冲锋枪做好随时射击的准备。MP38 的主要弱点是单排弹匣，只能容纳 32 发 9 毫米子弹。在最初的型号中，如果用力碰撞，枪很容易意外走火。

一名德国机枪手带着 MG34 在桥上站岗，枪架在三脚架上，充当中型支援武器。MG34 是一种优秀的机枪，但昂贵的工程制造流程导致它被质量最好的 MG42 通用机枪所取代。

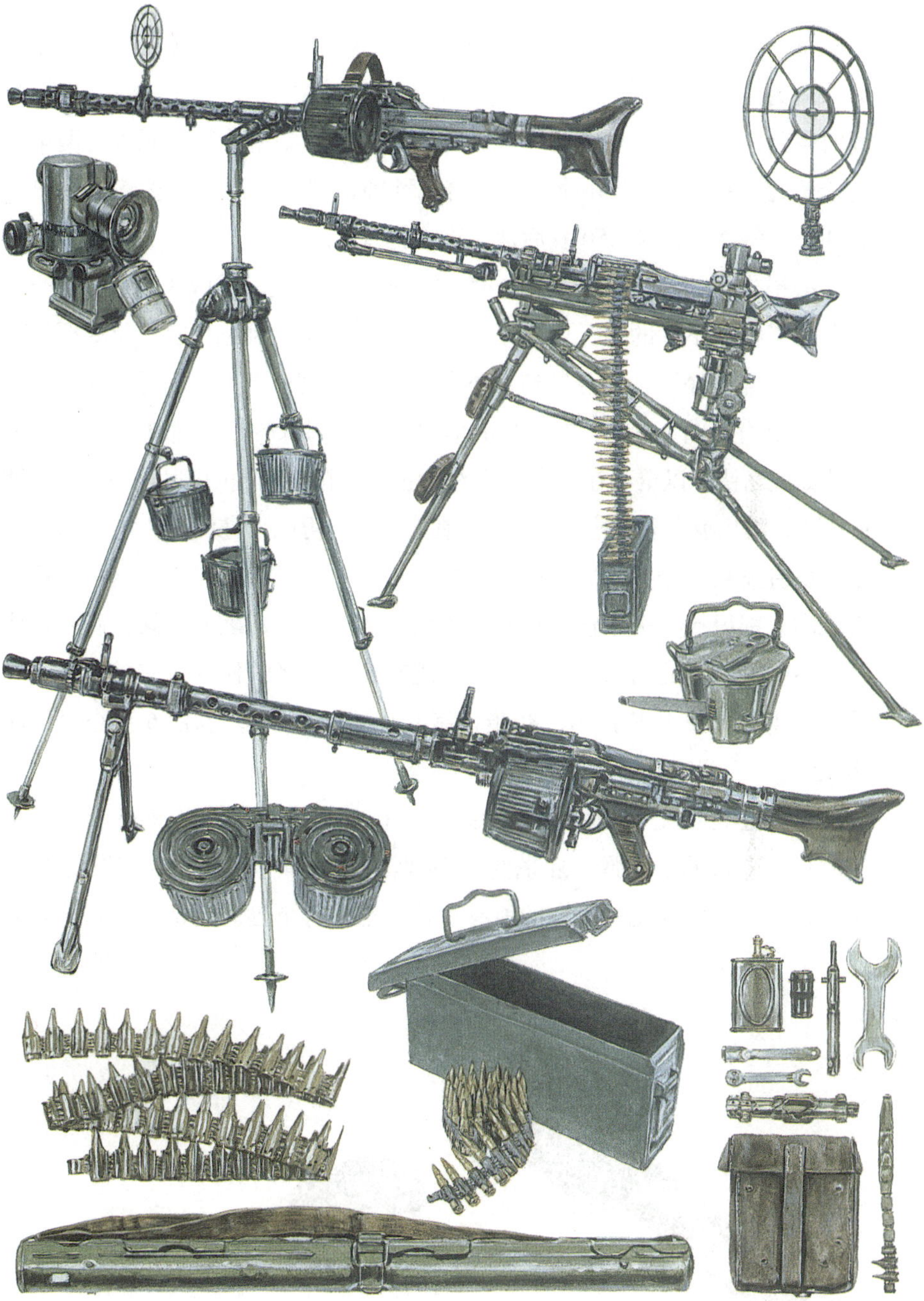

MG34 以各种组件安装在不同的底座配置的图示。刻度瞄准具（右上），是通过指示刻度进行瞄准。操作中，枪和瞄准具指向其中一个刻度，给出一个特定的方位，然后在瞄准具上进行校正，旋转枪身使视线回到初始刻度上。枪现在被调整至新的射击轴线上，经过调整高低射角后，就可以开火了。（Adam Hook © Osprey）

每个步兵分排被分成机枪组和突击组（步枪）。机枪组被视为分排的火力，为了确保机枪的持续使用，该组有一名机枪手（自身携带机枪），同时得到两名弹药运输员的保障，其中一人携带备用枪管（后来是两个备用枪管）。更换枪管十分简单，只需几秒钟，就可以用一个护垫握住热枪管卸下。每战斗射击 250 发后建议更换枪管。

从根本上说，MG34 是第一款真正的通用机枪（GPMG），它是一项出色的工程。不幸的是，这也正是它失败的原因，因为制造所需的严格的工艺流程容易停工，而且制造成本很高。在很大程度上，它最终被 MG42 所取代成为必然。然而，在二战的早期战役中，MG34 武器很有价值。它的射速如此之快，以至于在一个优秀的机枪手手中，这支枪可以轻易爆发足够的火力，防止敌人靠近德国人，而且在防御时，可以将进攻方打得粉碎。

所有新兵都会接受关于武器的初步训练，但任何表现出对这种机枪有天赋的人都得接受关于该机枪有关方面的额外训练。毫无疑问，有时这些被选中的人会视此为诅咒，因为他们现在还有更多的任务要完成，必须在战场上携带枪支及其弹药。初步训练共计 68 个小时，包括 6 个小时的靶场训练。

新兵还将接受使用手榴弹的指导。在一战中，德国陆军可能拥有那个时代最有效的手榴弹，后来变成 24 型柄式手榴弹，并一直配发到 1935 年。它的长柄使其比同时期的所有手榴弹都扔得更远、更精确。它的效果

一枚德国柄式手榴弹在这里与英国的卵形手榴弹并列。要操作德国装备，需把盖子从长柄上拧下来，露出一根连接在保险丝上的细线。一旦拉线，手榴弹延迟 4 秒或 9 秒钟后引爆。

声名远扬（后来用碎片套[12]加强），在许多当代的照片中都可以看到，尽管大多数都是摆拍的。这种武器简单易用，新兵只需要 3 个小时就能基本熟练地使用。

在手枪方面，德国陆军的经典随身武器是鲁格 P08 手枪。这种著名的武器是作为单兵武器配发给军官和所有机枪手的，也配发给司机、马夫，以及其他因工作原因无法携带步枪的人。雨果·博查特（Hugo Borchardt）和乔治·卢格（George Luger）的这项设计非常有趣，但没有什么特别的军事特征。像所有的手枪（包括后来的瓦尔特 P38）一样，它射程很短，要携带它是因为统一配发，而不是出于个人选择，这让人绝望。这种武器的训练时间为 6 个小时。

步兵迫击炮

每个步兵排均配发一门迫击炮，口径 50 毫米，能够发射高爆炸药、烟雾弹和照明弹。所有步兵都要训练如何使用，但在基础训练中仅开展技能熟悉训练。迫击炮的作用是以其高爆炸药为进攻中的步兵提供近程区域支援，并通过烟雾弹为进攻步兵的机动提供掩护。它还发射装有带延迟作用的降落伞照明弹，在夜间防御作战中具有很大价值。虽然高爆炸药的威力有限，但对士气有很好的正面影响，因此 50 毫米口径迫击炮在步兵排使用多年。第一批模型有一个极其复杂的水平校正机制（基于重型迫击炮），这会延迟迫击炮组的行动时间。这个问题后来被解决了，50 毫米口径迫击炮在排支援火力中发挥了很好的作用。

在一战中德国人观察到，在堑壕战中使用的许多武器都普遍存在问题，主要是太长、太笨重，无法在诸如战壕和建筑物内等封闭空间中广泛有效使用。因此，他们开发出了历史上第一批冲锋枪之一的 MP18，它作为一种易于携带和操作的“战壕扫帚”，与手枪子弹通用，全自动发射。冲锋枪的发展还在继续，到 1939 年，德国陆军已经采用 9 毫米口径的

MP38作为分排长的武器，并为此安排了一定时间的训练。它的表现非常优秀，能够在近距离内向目标输出大量火力，而且使用起来非常简单，易于分解和清理。此外，它使用的标准9毫米口径手枪子弹，而这种子弹在已经配发的鲁格P08和后来的P38手枪上广泛使用。这种武器的训练时间为10个小时。

然而，要生产一支MP38冲锋枪，需要通过既昂贵又缓慢的机械加工过程。因此后来紧接着以MP40对MP38进行合理化改造后进行大规模生产，在整个战争期间装备了几十万部队。

步枪技能训练贯穿德国陆军士兵的日常训练，士兵的枪法受到持续的检查。训练开始于“干”瞄准（武器中没有子弹，使用三脚架和瞄准检查圆靶），并在士官的严格监督下进行。一旦士兵学会了正确的握枪姿势和步枪瞄准的基本技能，士兵就会晋级到训练表中。根据训练表安排，每名受训新兵以不同的姿势发射几发子弹，身边有一名士官持续不断地纠正其动作以提高技术。

第一个射击姿势是卧姿托着步枪，接着士兵们坐姿练习射击。受训新兵逐渐发展到无依托射击，卧姿、跪姿、坐姿以及最困难的立姿。每发子弹都由连队的文书记录下来，只要有必要，各排士官总是愿意增加所需的训练。训练的实质是使每一个新兵都完全熟悉他的步枪及其在靶场上的能力。使用实弹进行野战射击的时间较晚，只有当受训新兵熟悉安全程序并能运用常识时，才能进行实弹射击。

在为期16周的训练中，总共有398个课时用于在操场上进行步枪操练和训练，还有234个课时用于射击，这意味着单就步枪而言，每名新兵平均每周近40节课。仅在这段时间，受训新兵就会在靶场打出300多发子弹。每个分排射击成绩最好的新兵，会得到集中指导练习MG34机枪，当然除了他们需要完成的其他训练科目之外。他们每周用于机枪训练的时间至少5个小时，其中包括装弹、退弹、排除故障、瞄准技术和火力计划。几个星期过去了，机枪分排和步枪分排逐渐整合成战斗分排[13]。

德国士兵还在室内课堂上学习有关弹道学的基本技术知识，学习步枪的部件构造及其飞出的子弹。他们学习发射何种子弹类型，以及目标

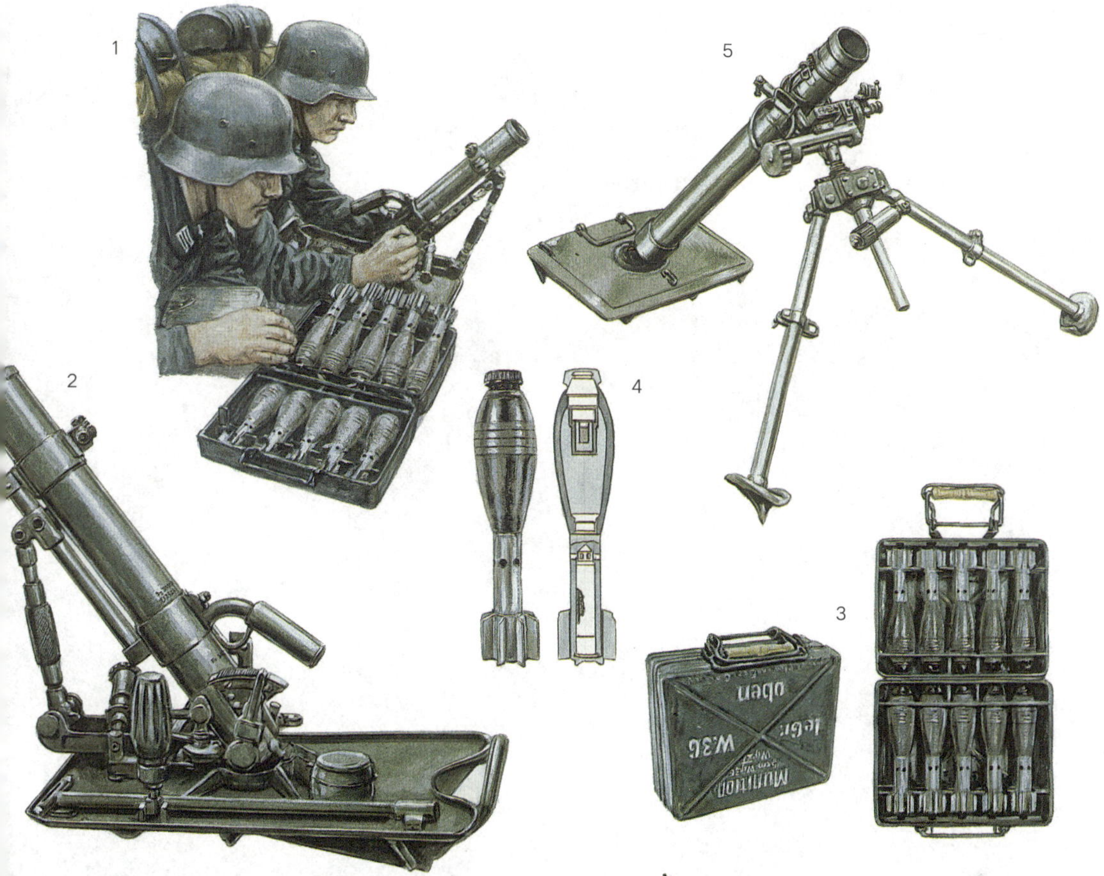

1. 50 毫米口径迫击炮和一个两人小组；2. 50 毫米口径迫击炮；3. 迫击炮弹箱及箱内物品；4. 一枚 50 毫米口径迫击炮高爆炮弹的截面，填充 800 克 TNT 炸药；5. 80 毫米口径的步兵迫击炮，这种威力更大的武器能发射一发 3.5 公斤重的炮弹，射程 1200 米。（Adam Hook © Osprey）

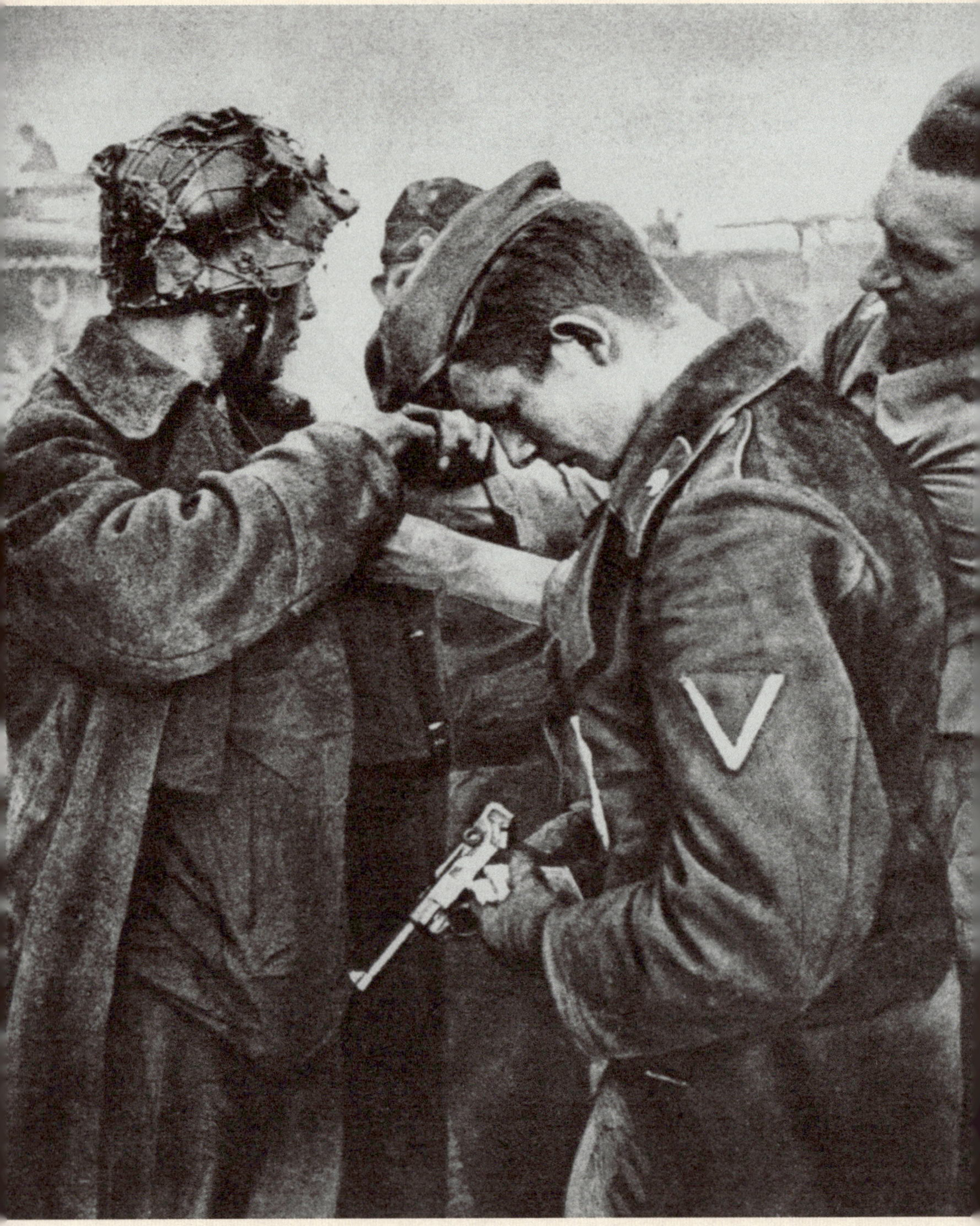

一名德国豁免兵（军衔由袖子上的 V 形臂章标示）检查鲁格 P08 手枪。鲁格手枪是利用肘节式[14]闭锁产生的后坐力操作的 9 毫米口径手枪，虽从一战前发展起来，但一直正式服役到 1945 年。

是什么。

德国陆军的步枪和机枪使用一种标准的7.92毫米口径无边框子弹，有多种型号。最基本的步兵子弹是重型尖头弹（sS[15]）子弹，简单的铅芯，全被甲子弹。还有一种SmK子弹，顶端是铅，下面是钢芯，也是全被甲子弹。第三种类型的子弹是SmKL'spur，这是一种曳光弹，轨迹类似于标准子弹。这在夜间射击中尤为重要，因为它的轨迹与同样发射的不可见的非曳光子弹的轨迹相同。第四种类型是燃烧弹，子弹内部以磷填充。更进一步的弹道方面的训练涉及迫击炮和其他火炮炮弹的一些细节。

其他训练

一旦自主训练的基本知识慢慢灌输给新兵后，他们就能够继续进行更高级的训练。例如，每个德国步兵都必须会使用地图。这反映了一个基本概念，即每个士兵都必须能够胜任其上级的工作。新兵接受使用指南针和地图方格的训练，能够给出8位数的坐标方格做参考，从地图中评估射击盲区（通过绘制一片区域），并学会如何通过地图标定方位然后导航。分队还必须能够识别和命名地形，然后评估在进攻和防御中，地形可能为他们提供的掩护范围。上述内容的教学方法，一部分是通过地图判读，一部分是通过实践练习。新兵必须能够在进攻和防守两方面找到最佳越野路线。他可以从地图上得到一些帮助，但频繁的实践练习让他明白，移动时寻求掩护是必需的。

目测距离的技巧也很重要。因为虽然在营级机关枪连有一个便携式测距仪，但每个士兵能够目测距离十分重要，这样才能发出有效的射击指令。前面提到的关于弹道学的课程有助于帮助步兵正确判定距离，以便使子弹弹道落点的有效“打击区”正好能够在敌人上方。

所有步兵还接受以下基础性教学内容：向营级及以上部队下辖的迫击炮小组，以及向团属炮兵发出射击指令。当炮兵观察军官不在现场时，所有的步兵单位除了固定的“SOS”射击任务外，可以从团属炮兵呼叫火力。线列步兵、迫击炮兵和炮兵之间在任何时候都配合默契，这意味着火力支援通常是有效和及时的。那些显示出对某一特定重型武器有一定天

1. 一个反坦克分排在训练他们的 37 毫米 PaK（35/36、L/45）型反坦克炮与牵引车连接。2. 一枚 37 毫米反坦克炮的炮弹。这种穿甲曳光弹整重 1.5 公斤。3. 行动中的火炮。a. 炮班的班长正在通过双筒望远镜观察；b. 火炮瞄准手在炮尾的左边；c. 装填手在炮尾的右边；在他们的后面是 d. 运弹员。（Adam Hook © Osprey）

分的新兵，且自身期待进一步训练的，当他有能力胜任该武器所需的职责时，会被调动到相关的排。

在 20 世纪 30 年代的德国新陆军中，步坦协同作战成为一项必需的训练内容。在为期 16 周的训练中，新兵们首先接触模拟坦克，后来才见到真正的坦克。然而，只有极少数的步兵团获得了深入掌握这种新式武器的机会，因为预期中装甲师将依靠自己独自行动，步兵只是在后面巩固坦克占领部队的领土。由于步兵没有得到足够的关注和投入，随着战争的进行，德国陆军开始承担后果：没有受到步兵保护的坦克容易受到反坦克武器的攻击，而步兵自身也无法独自突破防守严密的前线。

战场战术训练

战场战术训练是所有德国步兵技能训练的核心。在所有方面最首要的是，德国士兵要学会富有侵略性，他们受到的训练是：在进攻之前和进攻期间要开展高强度机动。在防御中，他们对敌人的态度同样是好战的。一旦一个排的每个人熟悉了步枪和轻机枪的用法，战场战术训练就开始了。战术训练始终强调通过实践来学习，只有少数几节室内课讲授步兵作战技能。所有教官都认为要获得这些技能最好在战场，而并非课堂上。

战场训练的设计尽可能逼近实战，一名德国军官评论说："我们在战斗训练中损失巨大，但这是不可避免的"，因为"机枪射出的子弹穿过进攻部队的头顶，安全边际很小，而迫击炮支援步兵的范围为目标周围的 50 码内"。

每位新兵都不断接受如何越野机动的训练，教练为他们的士官，其主要目的是确保士兵在战场发挥作用前能够生存下来。每个新兵只有知道自身如何在荒郊野外、树林和灌木林中移动，或者在建筑物密集的地区移动，才能学习分排机动战术。

战术演习占了训练时间的一半。在 6 个星期内，新兵们会参加实兵对抗演习，包括大到师级规模的诸兵种演习。德国人从一战中吸取了教训，当时他们发现训练不足的部队所取得的成就更少，遭受的损失更大。

战场上的士兵必须具有独立生存和战斗的能力。新兵们在野战技能的战术训练和战场上的生存训练方面都花费了大量时间。战场上，并不是每一顿饭都能保证通过餐具热气腾腾地送到前线，有时士兵们甚至经常自己动手做饭。艾斯贝特（Esbit[16]）个人餐具既可用于食物加热又可烧水冲咖啡。除非部队接受过谨慎使用灶火的训练，否则他们就会因自己的愚蠢行为招致敌方炮火或飞机空袭的惩罚。因此，新兵们需要学习为生火而挖堑壕，并确保在夜幕降临前火星完全熄灭，以避免敌人的地面或者空中侦察。他们还学习如何使用防水帐篷布制成的遮蔽具，为自己制作连身的防水工作服，以及如何建立一个风雨遮蔽所。这种技能在下雨或寒冷的时候尤其重要，因为如果不能保持干燥和相对温暖，部队很快就会失去士气和战斗精神。

机枪连

德国人的步兵团这一级战斗序列在各级都有支援分队。每个营的机枪连都有4对重机枪（heavy machine gun，HMG）和6具中型迫击炮。1939—1942年的重机枪是MG34，带三脚架和瞄准盘系统，这使得它能够承担间接瞄准的任务。通过使用地图标定和瞄准标杆，机枪可以与一个远程不可见的主要目标对齐，并可根据需要将火力对准目标。然后，更远的目标可以在图上随意标定，并由分排长或者连长记录在主图板上。所有的机枪手必须要做的是为预定计划的火力任务设置引导标杆，然后简单地通过瞄准盘瞄准，并根据需要调整高低角和方向角。

重机枪的主要任务是在进攻中射击。在步兵进攻中，单个分排的机枪处于移动中，而德国人认为更多向进攻突破点（主要攻击点就是分队尽最大努力集中于前线的突破位置）集火射击的机枪支援价值重大。这导致机枪连的队形在执行任务中，需要考虑子弹从前方进攻时穿过步兵的头顶，或者穿过进攻步兵编队的缺口缝隙。重型机枪手的训练特别精细，给了每一个机枪长和机枪手关于子弹穿越头顶和侧面射击时准确的安全边际，以避免击中前方的德国部队。

连队里所有的机枪手都要求有高水平的地图判定技能，同时也被要求在架设机枪前进行地形勘查，而且只要可能，还要勘查目标。在进攻中，他们会待在选择的位置，直到进攻成功，然后移动到选定的新位置，在那里将计划新的防御性火力任务（如果留在原地）或侦察下一个进攻火力计划。

机枪连的6门迫击炮口径是81毫米，发射一发3.66公斤炮弹，射程540至2400米，射速为每分钟10至12发。迫击炮发射高爆弹和发烟弹，高爆弹在集中火力攻击非装甲车辆（soft-skinned vehicle）和敌军阵地时，特别有效；在敌人机动和发起攻击时，对集中步兵的打击效果也十分具有杀伤力。

通信是德国人联合兵种战术的核心，因为该战术依赖于所有作战要素和指挥官之间的紧密协同，才能有效运作。图中武装党卫军单位的两人，正在操作一台重达 20 公斤左右的 Torn.Fu.b1 型野战无线电设备。

新兵们还要开展伪装的实地训练。在20世纪20年代，德国防卫军派出的演习检查官一次又一次地指出伪装的问题，甚至冯·塞克特也提出，他不赞同军队在个人伪装问题上采取较为随意的态度。10年后，在伪装问题上德国陆军仍然止步不前，即使在战争初期，许多观察家和战争亲历者也认为那是一个缺陷。只有当他们在苏联失去空中优势时，情况才真正得到改善。

德国陆军对其士兵满负荷长途行军的能力引以为傲。在训练的第一个16周中，距离和负荷得到增加，到第13周时，新兵们被要求以全战斗状态行军28公里，需要携带战斗弹药，这将增加9公斤的负重。他们在这次行军时，还要演练对队伍前方、后方和侧翼采取安全措施，而且还要执行前方侦察。这样的培训对他们在即将到来的未来几年里助益很大。不用说，长途行军也被用作对训练过错的另一种惩罚形式。

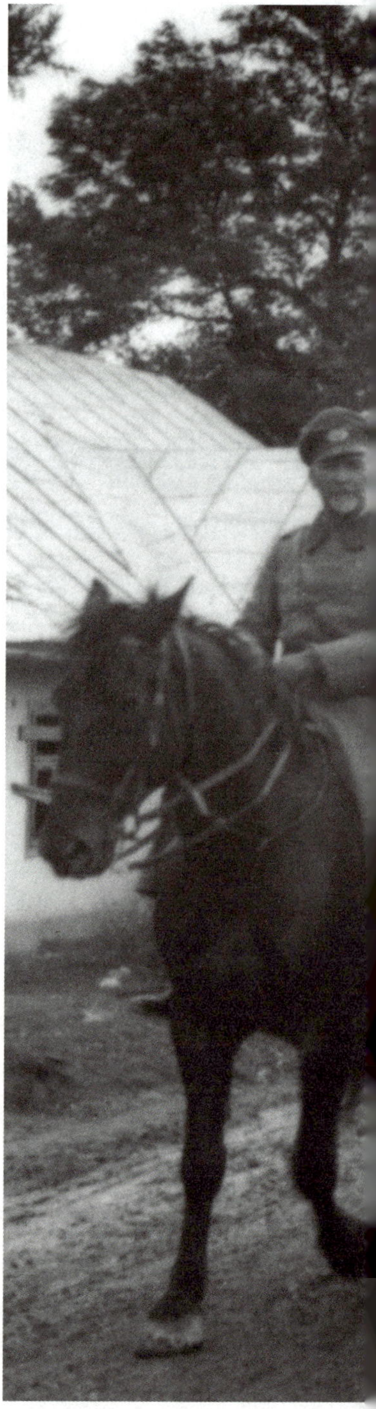

班战术

班是德国陆军最基础的组织结构，了解它是如何战斗的，对于理解更大编制的战术流程至关重要。德国陆军首要的进攻性班战术的设计初衷是，解决如何通过火力和机动向前推进，从而把敌人从阵地上赶走的问题。与此同时，班必须尽量减少伤亡而同时保持其战斗力和控制力。

除非战斗交火或者前进接敌，德国陆军规定步兵班保持隐蔽，但身处战场决不犹豫，否

1939 年，德国步兵纵队穿过波兰。正如图中所示，在战争初期，德国陆军距离全机械化还有很长的路要走，而且永远也不会完全实现这一目标。马力和脚力仍然是主要的运输工具。

则很容易成为明确的目标。尽管班的成员在战斗中各自随意开火，但机枪队和步枪队并不是独立的实体，而是班的一部分。战斗的胜利更倾向于能够迅速集中火力于目标的一方。通常情况下，部队应该控制开火距离在 600 米以内甚至更近。即使这样，也只会向大面积目标开火；一般情况下，对个体敌兵的射击距离在 400 米以内。

当在战场上运动时，德国步兵班有两种主要的队形。以松散的一路纵队编队前进，班长带头，紧接着是机枪手和副机枪手，后面跟着步枪手，最后是副班长殿后。对于沿单条路线运动来说，这种一列纵队高度实用，从前面看己方目标很小，同时也方便班长快速作出决定，根据需要引领方向。在某些环境中，机枪可以靠前部署，而班里的其余人员控制后方。在任何情况下，士兵们都要利用地形，保持在遮蔽物后方，在缺乏替代遮蔽物的情况下，迅速冲过空旷暴露的地区。正如威廉·内克尔（Wilhelm Necker）在后来的《今日德国陆军（1943）》[*The German Army of Today*（*1943*）] 中评论，对于“避免损失”来说，松散的队形十分重要，这样可以避免“聚集”在机枪周围，但同时必须保持“联系”。

通过一路纵队，步兵班能够轻易地部署成散兵线队形[17]。随着机枪定点部署后，步枪手可以带着他们的武器赶到右边、左边，或者分散在两边。其结果是步兵班人员相邻间隔五步左右，形成歪歪扭扭的一行，从而实现全方位的掩护。接敌前进是在一定范围内，只要班长实现了第一个目标并指定新目标后，从一个可见目标到另一个可见目标的运动过程。在抵抗激烈的地方，前进完全变成了充满火力和机动的结合，要么是全班整体参与，要么是机枪队趴下射击而掩护其他人员前进。然而，教范规定，只要地面和敌人的炮火威胁不大，步兵班的班长不要使用机枪。韦伯（Weber）的 1938 年《士兵指导手册》（*Instruction Book for Soldiers*）指出，在进攻中机枪开火的时机要“尽可能晚”。交火中的目的并不是简单地摧毁敌人，而是战胜他们——把他们打垮、使他们哑火、让他们的战斗力瘫痪，如此以确保近距离攻击的成功。

正如英国 1941 年出版的《作战行动中的德国步兵：微战术》

（*German Infantry in Action*：*Minor Tactics*）（基于1940年间对德国人战斗方法的近距离观察）描述的那样，进攻性班战术的最后阶段在于交火、前进、实质性进攻、占领阵地：

> **交火**。分排是火力单元，当不得不开火时，分排长通常只使用轻机枪。他指挥火力。当可以达到良好的火力效果而且有足够的遮蔽物时，步枪手就更早地参与交火。当进攻将要展开的时候，大多数的步枪手都应该位于正面一线并最后开火。除非分排长决定把全部火力集中到一个目标上，否则他们通常都是独立射击的。
>
> **前进**。分排以松散的队形努力向前推进。在分排内，轻机枪通常在进攻中打头阵。步枪手跟随在轻机枪后面形成的狭窄而纵深的队形越长，殿后的机枪掩护性射击穿越分排的距离越远。
>
> **进攻**。分排长抓住一切可能的机会来发动攻击而不是等待命令。他身先士卒，带领整个分排冲向前突入战斗。在进攻前和进攻期间，所有武器必须以最大火力把敌人吸引住。轻机枪首先在移动中射向目标，随着一阵呐喊，分排使用手榴弹、小型冲锋枪、步枪、手枪和土木工具，努力瓦解敌人的抵抗。进攻之后，分排必须迅速重组队伍。
>
> **占领阵地**。当占领阵地时，步兵班的步枪手以两人或者三人编组围绕在轻机枪周围，这样正好处于分排长的口令范围。

1941年德国步兵手册《步兵训练规定》（*Training Provisions for the Infantry*）额外增加了进攻阶段的重要信息，第一次提到征服敌人的“自信”使得德国士兵在近距离战斗中赢得成功。轻机枪的进攻姿势规定为，右手握住前握把，武器置于右臂下，贴近身体。左手紧紧抓住脚架的两个脚，以便控制枪口下压射击，或者准备一到达阵地位置就架设武器。

虽然手榴弹最好是从后面的遮蔽物扔出去，但也能在移动中投出去。

1940 年 5 月 10—11 日，一些参加了对比利时埃本—埃梅尔要塞空降攻击的伞兵在行动后拍摄的一张照片。在中间的人抓着一挺 MG34 通用机枪的枪口，子弹就悬挂在他脖子周围。

教范规定士兵左手抓枪，右手握手榴弹，在机会来临的瞬间使用控制步枪的左手手指拉出保险绳。在战场上只要有地方需要手榴弹雨，班长就会及时下达“手榴弹”（Handgranten）命令，以催促全班成员及时扔出去。

在防守方面，德国班战术强调与更大计划融合的重要性，以及点位高度分散的原则。一个班的防守正面是 30 米或者 40 米，这是一个班长在防御战斗中能够有效指挥的最大距离。最好避开比如单棵树或树冠等主要的地标，因为它们容易吸引敌人的火力。当挖掘阵地时，一名班成员站岗放哨，以防止地面或者空中的突然袭击。尽管在火力覆盖之下，但班与班之间仍然可能会有防守缺口。防守的关键是机枪的位置，通常会有几个可替换阵地，从开头的阵地算起，间隔可能有 50 米或更多。机枪能够覆盖更远的目标范围，而步枪兵可能被安排在更靠后方的阵地，主要关注的则是清除近距离和非常近距离范围内的敌人。

在通常的部署中，一个班的士兵会成对地出现在散兵坑、堑壕或者沟槽里，相互之间保持足以交流的距离。这些可以容纳两人的掩体之间会稍微分开，或者成梯队式部署，或者交错部署，这样可以降低敌人火力的打击效果。在敌人的进攻没有立即展开之前，工事构筑的第二阶段则是在主防线的后面构筑堑壕，在这里步兵班的大量人员在需要的时候可以秘密地保持在后方，直到需要出动时。完美伪装的有效补充是，避免出现吸引敌人侦察的任何明显移动。

防御性交火是由机枪在其有效射程之内首先发起，在敌人进攻之前步枪兵一直保持隐蔽，敌人发起进攻后则不予隐蔽，全力开火。当手榴弹落到阵地上时，士兵们的处理方式是，要么冲入掩体寻求掩护，要么捡起手榴弹再扔回去。很明显，第二种处理方式是特别危险的游戏，士兵需要冒着失去一只胳膊、一只脚甚或生命的危险。

一些班会被选派到主防线外面充当前哨。作为防守的“门铃”，以及观察员和监听站。这些前哨班会接收预先指令，明确遇到特定不测事件如何处理。比如，什么时候后退到主防线。由于预先计划的炮兵火力支援，吸引敌人注意力的大量假阵地，以及经过检查确定远离前线的安全路线，前哨变得更加安全。根据 1943 年英国出版物《德国陆军团属军官手册》（*Regimental Officer's Handbook of the German Army*），前哨点位通常位于近距离支援武器比如迫击炮和步兵火炮的射程范围之内，因此实际距离大概在距主阵地 2000 米范围以内。

根据韦伯的“教科书”，一个站立士兵理想的单兵射击掩体（德语：Sch*ü*tzenloch；英语：rifle pit）挖掘深度是 1.4 米左右。它的形状有点像唇形以便提供一个扶手；底部有一个深深的集水坑以实现某种程度上的排水功能；侧面设置一个小壁龛，以提供一个随手就能取用的小弹药所。需要时，步兵能够把可折叠的遮蔽具的一侧固定在掩体后方，这样的话，它拉开后能够盖住整个单兵掩体，既可以发挥隐蔽作用，又可以对抗恶劣天气。

1940 年，第 7 装甲师正在机动穿越法国的航空照片。这张照片清晰地展示了闪电战中联合兵种作战的几个关键组成要素：空中侦察和无线电通信、坦克作为主要打击力量、机械化部队部署和基于摩托化车辆的后勤保障。

战场上一个更为复杂的机枪手掩体由两名士兵挖掘，要努力扩大坑洞，同时用伪装网隐藏起来。这样挖出的机枪手阵地大约是单兵射击掩体的 4 倍，地面铺上非常合适的灌木丛或者以其他方式保持良好排水。在机枪掩体内壁上离敌人最近的方向水平向里挖出的洞，为战斗班组人员提供了可供掩蔽的散兵坑、弹药所和机枪存放处。机枪存放处字面意思为“机枪掩蔽所”，是一个长方形的腔洞，能在轰炸或者大雨来临时把机枪放置于内。关于“训练调整”，稍微简单一些的建议可以用相对较少的话来概括："深而窄"是对付炮兵和飞机的最好方法。（更详细介绍德国防御战术参见第四章。）

能够体现1939—1940年间德国人小分队战术效率的例子是，1940年5月德军入侵法国时，德军横渡默兹河。5月13日，在法国一连串地堡和据点形成的严防死守的抵抗下，德军部队试图强渡默兹河。最初是突击工兵取得了成功，这个成绩应该记在中士鲁巴斯头上。鲁巴斯的小队有11名工兵。在密集的火力下，每艘橡皮艇安排4个人，每次带3个人过河，他带队成功渡河。

在横渡中，他命令豁免兵波德斯塔斯，用另一个人的肩膀来稳定瞄准，使用机枪吸引最近地堡缝隙中的火力。鲁巴斯一到岸边，成功地摧毁了这个地堡，然后带领队伍进入到下一个地堡后面的射击死角。这一次他使用爆破装药，直接炸开了后墙。很快，法国防御者投降。他曾说："因此，这一成功鼓励我们冲向之前发现的两个更远的野战防御工事。"第一个地堡由豁免兵布劳蒂加姆负责攻击；鲁巴斯带着他的中士和两个豁免兵，占领了第二个地堡，这样第一排地堡被破坏了。然后，鲁巴斯到达了离河大约100米的铁路路堤。到这里后，他再次遭到猛烈的炮火袭击，由于弹药耗尽，他决定撤退，寻求增援部队和补充弹药，但因再次遭受猛烈的炮火，往回穿越时被迫中止。与此同时，法国人发动了一场进攻，布劳蒂加姆被打死，两名下士受伤。尔后，鲁巴斯的小分队发起反击，将其打退。不久后几名步枪兵和工兵成功渡河，鲁巴斯再一次向前推进，在第二排地堡间打开一个口子。到夜幕降临时，在第86团的步枪兵帮助下，鲁巴斯最后终于到达了瓦德林科特高地上的目标。这一天，在他11人的小队中，有6人死亡、3人受伤。他立即被授予铁十字勋章（德语：Ritterkreuz；英语：Iron Cross），同时被任命为少尉。

我们在这里看到了高度协作、个人勇气和实现战术目标的一致共识，这就是德国陆军在战争初期的战役中表现出色的原因。

排战术

除了班之外，德国步兵排（德语：Zug；英语：Platoon）随着时间的推移经历了相当大的变化。从1940—1943年底的组织结构中，步兵排有4个分排，1个排部和1个三人制的50毫米轻型迫击炮组，全排满编49人。1944年后期，这种编制大幅缩编到3个分排。因此，在战争的后期阶段，即使以满编来说，德国步兵排也只有33人，有1名军官和3名士官（或者4名）和29名其他军衔的士兵。而且，他们的火力惊人，有4挺轻机枪、7支冲锋枪和22支步枪。尽管从1944年后期开始，国民掷弹兵排[18]只编配3挺轻机枪，装甲掷弹兵排的编配则大得多，装甲步兵排满编的轻机枪数量是9挺。

德国军官接受的教育是，不行动和拖延是比行动选择失误更为严重的犯罪。在一个战术问题的两种解决方案中，两种方案都提供了同样成功前景的具体情况下，"那么必须选择更具进攻性的方案"。通常情况下，德国步兵排是以"箭头"形状编队向前推进，尽管也采用纵队和横队队形（按分排前后排列，类似于美国模式）。由排长陈述部署地域和目标，决定队形，并详细安排各分排的任务。攻击将在一定范围内实施，排长确定敌人防御的薄弱点，并决定打击的精确点位。在此之后，根据《作战行动中的德国步兵》描述：

> 假如第一波攻击成功了，即使只是突破了狭窄正面的一小段，进攻必须向前强行推进，突入敌人阵地深处。此刻，排长非常重要，他必须集中精力保持进攻势头。因此，在敌人抵抗薄弱的地方需要立即追击。在敌人阵地被完全渗透之前，过早地移动到侧翼是错误的。进攻分排的侧翼必须得到后方分队的保护。而进攻预备队的职责，则是摧毁任何残余的抵抗中心。

这些描述暗含着一种充满活力、暴力但却机智的战场行动。的确，在1939年和1940年战役中，德国步兵班排战术的力量是显而易见的，当时

1940 年，德国伞兵为对比利时埃本—埃梅尔要塞展开大规模进攻而进行部署，其中一人拿着可折叠的突击梯。要塞有些墙超过 4 米高，因此梯子是特别定制的，长度正好合适。另一人手持重达 21.32 公斤的 40 型火焰喷射器，这种武器能够在 1 秒内向 25 米范围内喷射 10 次。（Velimir Vuksic © Osprey）

德国工兵部队练习两栖攻击战术，提高技能，在波兰、西欧和苏联的水道上证明是有用的。注意船的前部和后部使用树叶伪装。

训练不足的欧洲部队被德国班排盖过风头或者击败。当然，在德国最初的成功故事中还有更为重要的因素，尤其是国防军的装甲编队，也是我们即将关注的方面。

部队对比

要判断德国陆军在战争初期的实力，把它与当时面对的第一个敌人——波兰进行对比具有启发意义。德国的优势在很大程度上得益于两国之间巨大的经济差距。虽然波兰将其国民生产总值的很大一部分用于武装部队，但它与德国的国防开支相比就相形见绌了。1935—1939 年期间，德国的国防预算总额约为 240 亿美元，比波兰同期 7.6 亿美元的国防支出高出 30 多倍。这种差异在空军和海军等技术含量较高的部门中最为明显。

就和平时期的实力而言，德国陆军的规模是波兰的 3 倍以上：大约是 60 万人：21 万人。德国的动员潜力也要大得多，有 51 个师的现役部队和 102 个师的战时部队。而波兰只能集合 30 个师，尽管理论上在一场旷日持久的冲突中还有 15 个预备师能够最终部署。

德国国防军把最优秀的师投入到波兰战役中，留下训练和装备不足的部队应付法国人。这两个集团军群共部署了下列师：37 个步兵师、1 个山地师、4 个摩托化步兵师、4 个轻型步兵师和 6 个装甲师，外加 1 个骑兵旅和各类边防部队、宪兵和其他准军事机构。对于入侵波兰，北方集团军群总计投入 63 万人，而且还有更为强大的多达 88.6 万部队的南方集团军群。

截至 9 月 1 日，波兰陆军部署了 23 个正规军步兵师、3 个预备役步兵师、8 个骑兵旅、3 个山地旅和 1 个摩托化旅，还有一些边防部队和其他准军事机构。就战斗力而言，德国国防军投入战场的部队相当于 559 个步兵营相对波兰的 376 个。这一比例为 1.5∶1，总体上是有利于德国的，不过，如果评估主要进攻正面双方的部队力量对比，那么德军就享有 2.3∶1 的优势。在野战炮兵方面，德国国防军部署了 5805 门火炮相对波兰的 2065 门，力量总体优势为 2.8∶1，主要进攻沿线为 4.4∶1。这种对比在装甲部队差距最明显，德国国防军部署了 2511 辆坦克相对波兰的 615 辆，坦克总体优势为 4.1∶1，主要进攻沿线是 8.2∶1。此外，这些数字对比低估了德国的实力优势，因为许多波兰编队只是部分动员起来，而德国部队在战役一开始就处于战时编制。

这两支力量之间最明显的质量上的不平等是国防军机械化程度更高。从 1935 年开始，德国已经组建了 6 个装甲师和 4 个轻型师，而波兰只是装备了 1 个机械化旅。一战中的德国陆军在使用坦克方面一直进展缓慢，但 1918 年同盟国坦克编队的战败使许多德国军官相信有必要拥抱这项新技术。因此，在20世纪20年代冯·塞克特改革德国防卫军期间，尽管根据《凡尔赛条约》规定德国禁止使用坦克，但德国却对机械化编队进行了广泛的试验。这一项目由冯·塞克特的继任者海因茨·古德里安继续实施，在1932年演习期间部署了一支摩托化部队。甚至步兵开始演练摩托化侦察。因此，当1933年希特勒主导德国开始重整军备时，德国军队已经为进一步的机械化奠定了基础。

与许多其他军队形成鲜明对照，德国国防军没有投入任何坦克力量为单独的营提供近距离步兵支援。与之相反，像古德里安这样的装甲支持者坚持认为，装甲部队应该集中到师级单位，单独遂行自己的作战任务。古德里安认为，这种编队有能力独自通过力量震撼和火力来战胜敌人的步兵防御。一旦敌人的主要抵抗防线被突破，装甲部队的机动性将

1940年6月5日，第25装甲团穿越法国乡村。右边和背景中的车辆是SdKfz222型轮式装甲车，1938年进入德国国防军服役，成为德国陆军的标准侦察车。

使他们有机会迅速利用突破，要么通过与友邻装甲部队协同，实施钳形机动从而包围敌人；要么通过迅速深入敌方领土，攻击关键的指挥和后勤节点。这些观点受到了一些年长的德国将军的批评，但却赢得了希特勒的个人支持。

事实上，在波兰的战斗经历为装甲力量运用的限制提供了一些残酷的教训。1939 年 9 月 1 日，波兰骑兵和德国装甲兵之间发生了一场极具戏剧性的交锋，当时沃尔尼骑兵旅在一个叫莫克拉的小村子遭遇德军第 4 装甲师。波兰在莫克拉的防御主要依靠两种类型的反坦克武器：反坦克枪（anti-tank rifle）和博福斯（Bofors）37 毫米反坦克炮。在下午围绕村庄的激战期间，德国的装甲连队设法突破了波兰的前线防御，几个连甚至冲到了远在村庄后面的仍在正常运行的铁路线。沃尔尼骑兵旅得到了第 53 号

1939 年在波兰的德国第 1 骑兵师的摩托车部队。摩托车是 BMW R75 型，由水平双引擎驱动，因其在不利条件下的可靠性而获得了赞誉。

这张 1940 年在法国的德军第 7 装甲师的照片显示，战役中轻型坦克所占比例很高。这类装甲在当年年底前大多被淘汰，并于 1942 年年底全部退役。

装甲列车“勇毅”号（*Smialy*）的支援，德国的装甲兵遭遇近距离的火力打击，几辆坦克很快瘫痪。这些装甲列车配备了两辆炮车，每辆车装备两门炮塔炮和几挺机枪。他们还编列了步兵突击连，配备特别的轮式装甲车，还有几辆小型坦克，平时配置在专门的平板车上，需要时可以下车，实施侦察或者发起进攻。

尽管反复进攻一整天，第 4 装甲师并不能驱离沃尔尼骑兵旅。因为在 1939 年，闪电战仍然处于婴儿期，德国的进攻表现说明了装甲师战术需要深入的改进和提高，特别是在步坦协同作战方面对预有准备的防御地区的进攻。在未来的战斗中，德国国防军将依靠他们的步兵师来实现突破，然后发挥装甲师的超机动性来利用这个突破，就像第 4 装甲师在几天后角逐华沙中所展示出的那样。

在莫克拉遭遇血淋淋教训的第 4 装甲师，在接下来的两天里捣毁了波

兰的战斗防线。随着脆弱不堪的波兰防线被撕开巨大的口子，第 4 装甲师能够发挥其机动性来实施本次战役最为成功的装甲任务之一，即利用突破，直奔华沙。战役开始一周后，第 4 装甲师到达华沙郊外，推进到通向华沙西南方的奥池奥塔郊区。

然而，德国还是有教训需要吸取的。随后的战斗突显了机械化部队在城市作战的问题。当第 4 装甲师到达奥池奥塔时，波兰人已经设法调集大量部队来保护首都。由于缺乏专门的反坦克武器，波兰人部署了 75 毫米野战火炮来覆盖关键的街道十字路口。1939 年，德国装甲兵还不是后来坚不可摧的钢铁堡垒，容易受到比轻机枪火力更强的武器的攻击。他们可能被 75 毫米野战火炮轰炸，然后一个眼冒金星的装甲兵，跌跌撞撞地穿过陌生街道，与一个躲在路障后面提前占好位置的野战火炮的对峙，其结果是不言自明的。许多装甲兵丧命，解决方法是使用步兵来

图中的三号坦克在法国战役中编配在德国装甲师，尽管 435 辆中有 100 辆装备了更大威力的 50 毫米火炮，但大多数还是装备 37 毫米加农炮。

定位和清除野战火炮。但早期的装甲师步兵太少，难以执行这样的任务，特别是在面对波兰步兵在房屋和路障后面阻击的时候。此外，第 4 装甲师推进太快，以至于德国步兵师落在后面数天的路程。在城市环境中，步坦协同作战也非常困难，因为步兵没有办法与坦克进行通信，除了营这一级外都缺乏无线电通信联络。在华沙的坦克运用经历使德国装甲部队指挥官相信，城市战斗最好还是交给步兵，这一教训仍然在当代装甲部队军官中产生共鸣。

撇开战斗教训不谈，装甲师是采用联合兵种战术的更广泛努力的一部分，它们实际上是坦克兵、摩托化步兵和摩托化炮兵的混合编队。装甲师的力量源于其能够利用三大兵种的优势来完成任务。装甲师最不被重视的优点之一是广泛部署的无线电。古德里安是一位信号军官，他认识到在协同快速机动中对无线电的需求。无线电通信是联合兵种行动中的关键性要素，因为它能使各编队相互通信并协同行动。其他欧洲军队没有将无线电如此成功地整合到指挥和控制体系中。德国人在他们的坦克中部署了很大比例的无线电装备，而部队指挥官乘坐的是一种带无线电装备的坦克，这种坦克名叫“指挥坦克”。1939 年服役的 215 辆指挥坦克中的大多数基于 PzKpfw I 型（后称一号坦克）底盘的无炮塔型，但其中 38 辆是基于更强大的中型坦克 PzBefWg III 型（后称三号指挥坦克）的底盘。

轻型师是德国努力使骑兵师机械化的一种尝试，它比装甲师更具争议性，因为包括格尔德·冯·伦德施泰特在内的一些将军们认为，如果在东欧作战，由于道路状况很差，马匹骑兵师仍然是需要的。不过，希特勒对马匹师比较反感，他解决的方法是取而代之以法国模式的重装骑兵，加装少量的装甲部件。这种类型的师更适合于发挥其传统骑兵的侦察和保障侧翼安全的作用。与装甲师相比，他们坦克更少，摩托化步兵更多。

就火力或者装甲方面来看，与 1939 年的坦克相比，战争后期使用的德国坦克型号进步很大。1939 年大多数是轻型坦克，包括装备在一号坦克底盘和稍微大些的 PzKpfw II 型（后称二号坦克）底盘上的机枪，构成了部队坦克总量的四分之三。而一号坦克底盘有时淘汰作为训练坦克使用，当然也并非全部如此。像 20 世纪 30 年代大多数军队一样，德国人认为机枪装备足以满足大多数任务的需要。坦克对坦克的战斗在二战之前几乎闻所未闻[19]。在此之前，坦克的主要任务被认为主要是打败敌人步兵。1936—1939 年，西班牙内战期间的战斗更清晰表明，必须更多地关注敌人坦克的威胁。在西班牙，德国秃鹰军团的一号坦克在对抗装备了 45 毫米火炮的苏联 T-26 型坦克时，机会渺茫。民族主义者们更喜欢使用缴获的苏联 T-26 型坦克，而不是武装薄弱的德国坦克。1939 年 9 月，一共有

二战开始前，纳粹和国防军最高指挥部的成员在纽伦堡阅兵场检阅大批一号轻型坦克编队。这些车辆只不过是轻型装甲机枪运输车，但它们展示了德国的战术创新，并摆脱了《凡尔赛条约》的桎梏。

1445 辆一号坦克在德国陆军服役。二号坦克设计更优，它的 20 毫米火炮可以穿透同时期波兰的任何坦克。然而，在对付战场防御工事的战斗中，这种武器对压制敌人反坦克炮或部队没有多大用处。二号坦克的数量庞大，几乎和一号一样多，1939 年 9 月时在役 1223 辆。

轻型坦克得到了少量中型坦克的支援。PzKpfw III 型（后称三号坦克）是一种新式中型坦克，装备了 37 毫米火炮。1940—1942 年的胜利岁月里，它将成为装甲部队的中坚力量，但 1939 年时只有 98 辆，每个装甲师编制 12 辆。更大的 PzKpfw IV 型（后称四号坦克）主要用来为轻型坦克提供火力支援，装备了短管 75 毫米火炮。1939 年服役了 211 辆，通常情况下每团编配 6 辆。总体来说，在 1939 年这些中型坦克的数量仅占装甲部队的 10%。德国还受益于吸收了捷克坦克部队，并把捷克坦克部队编入了两个轻型师。1939 年共有 196 辆 PzKpfw35(t) 型和 78 辆 PzKpfw38(t) 型坦克加入服役，大约占德国装甲部队的 10%。1939 年 9 月 1 日，总共 3466 辆可使用的坦克中，共有 2626 辆投入了波兰战役。

德国还有大量装备轮式装甲车的部队，包括 718 辆轻型轮式装甲车，比如 SdKfz221、222 和 223 型，以及 307 辆重型轮式装甲车，比如 SdKfz231 和 232 型。轮式装甲车被用于轻型的侦察单位、摩托化步兵的侦察单位和装甲师的侦察单位。

两军之间的反坦克防御是相似的。德国陆军使用了 37 毫米 PaK36 型反坦克炮，而波兰步兵则使用了瑞典博福斯许可制造的 37 毫米反坦克炮。从波兰的情况来看，反坦克炮配备到营一级的排里，总计每个师 27 门。从德国的情况看，反坦克炮部署到团一级的连里，每团 12 门。德国步兵师配备的反坦克炮数量略多于类似的波兰师，因为他们除了 3 个连的团属反坦克炮外，还有 1 个师属反坦克炮部队。德国和波兰军队都为连防御编配了反坦克枪。德国陆军使用了 PzB38/39 型，而波兰人则使用了 Wz35 型反坦克枪。这两种武器的性能相似，都能在 100 米处穿透大约 30 毫米的装甲，这对当时装甲薄弱的坦克来说是绰绰有余了（更多反坦克武器参见第二章和第四章）。

两军师与师之间火力差异最大的方面在炮兵。尽管德国的炮管总数

1939 年，德军 88 毫米防空炮在波兰作战。既可作为防空又可作为反坦克武器，88 毫米防空炮成为德国陆军炮兵的重要组成部分，各种型号的产量已超过 18000 门。

只略多一点（68：48），但实际的炮火实力是波兰师炮兵的两倍。德国国防军依靠 105 毫米 leFH18 型火炮作为主要的野战火炮，而波兰的火炮是基于法国 M1897 型火炮和可更换弹仓的苏联 02/26 型火炮而生产的 75 毫米野战炮。相比之下，德国的火炮更现代化、威力更大。为追求重火力，德国人使用新式的 sFH18 型火炮，而波兰人则是斯柯达 M1914/19 型 100 毫米榴弹炮、施耐德 M1929 型 105 毫米火炮（Schneider gun）和施耐德 M1917 型榴弹炮等三种火炮混编使用。而且，德国步兵师配备了 20 门 75 毫米和 150 毫米步兵炮用于直接支援，而波兰人则没有类似配备。

德国人的火力优势不仅在于炮管的数量和口径，还在于弹药供应和火力控制。由于更普遍地使用无线电，德国炮兵火力控制水平超过了波兰人一代，而波兰人仍然依赖于一战时的技术。此外，德国军队的摩托化程度更高，意味着国防军的战斗师携行弹药量更大，能够更及时地为炮兵连补充弹药。德国师携带大约230吨火炮弹药，这个数量对于缺乏卡车的波兰人来说则是天方夜谭。战斗中，尽管大量波兰卡车因德国斯图卡式俯冲轰炸机攻击而受损，但实际上对波兰步兵损毁最严重的是德国炮兵。这种打击效果，在军和集团军这一级更甚，因为德国国防军在大口径武器的数量和质量上均占优势。

虽然双方都以马作为主要的运输和补给手段，但德国国防军的步兵师比波兰部队的摩托化程度要高得多（尽管远未全面摩托化）。德国国防军步兵师配备战马5375匹、摩托化车辆938辆、摩托车530辆，相比之下，每个波兰步兵师配备战马6937匹、摩托化车辆76辆。这一差异反映出德国经济更为富有，德国在战前已经拥有约140万辆机动车辆，相比较之下波兰只有大约3.3万辆。

就指挥和控制而言，除了一个野战电话连外，德国每个师还有一个摩托化无线电通信连（motorized radio company），而波兰人几乎完全依靠野战电话。在一场机动占据更为重要地位的战争中，新的通信手段是德国胜利的一个重要因素。它不仅增强了在德国国防军在诸如炮兵火力方面的战

术优势，而且使得德军编队利用空中侦察的结果迅速机动并与邻近的德国友邻部队协同作战从而让波兰猝不及防成为可能。

训练制胜

虽然德国陆军在装甲车辆的数量上明显优于波兰，但是在1940年的西线战场中，这种优势并未继续得到体现。盟军的联合部队可以出动大约3000辆坦克来对付德军部署的大约2500辆坦克。然而同时，德国装甲兵仍然志得意满。这一定程度上归因于闪电战的性质——许多盟军的装甲编

在入侵法国期间，一辆PzKpfw38(t)型坦克伴随一支步兵部队机动。这辆坦克实际上只适合轻型侦察和支援任务，它的主要武器包括一门不相匹配的斯柯达37毫米火炮，而其装甲的最大厚度仅为25毫米（至少在早期型号中）。

队在战场上技不如人。盟军的战术、指挥结构和技术也存在缺陷。大约有1500至1700辆法国坦克从步兵师中被“分出去”；同时大约有700至800辆坦克被分配给其他编队。在技术方面，五分之四的法国坦克没有无线电。然而，从理论上讲最重要的是，盟军坦克乘员的训练和理论水平远远低于德国军队。

在接到征召通知并报到后，即将到装甲部队服役的士兵要接受基本军事训练，这是德国所有士兵的必经之路。即使对坦克乘员来说，基本的步兵训练也是必不可少的。假如一辆车被摧毁或者瘫痪了，乘员不得不自谋生路，而在这种情况下，他们中的许多人做得非常好。照片显示，穿着近身格斗服的士兵数量惊人地多，这种服装是对肉搏战的奖励。

在完成基本步兵训练后，新兵开始了装甲兵的专业训练。从一开始，古德里安就支持高度结构化训练。首先，个人将接受自己的单兵训练，然后各坦克乘员聚在一起开展小组训练。受训乘员将会参加分队训练，最后

一辆PzKpfw38(t)型坦克通过装甲列车运输到战斗前线。铁路网是二战期间德国陆军后勤保障的生命线。1939年德国国防军与波兰交战后，装甲列车被引入国防军的同类产品中，它们装备了各种野战炮和防空炮。

各级单位又会参加大规模的演习。

20 世纪 20 年代期间，古德里安全身心地投入到钻研坦克战术中。1931 年，他受命指挥柏林的第 3 机械化营，在那里他着手把理论付诸实践。他的运输分队利用硬纸板仿制了坦克上盖结构，安装在一辆轻型车的车身上，使其看起来像一辆坦克。因此，第一辆一号坦克从生产车间下线时，坦克乘员的训练至少早已在战术演习中就进行了。

最后，在 1933 年 11 月，随着位于文斯多夫一所新的训练学校——装甲部队学校的建立，装甲训练正式开始了。这所学校最终分裂后组建了两所新学校：一所是建立在卑尔根的装甲兵学校第一分校，专门训练坦克和反坦克人员；另一所是建立在波茨坦—克拉姆普尼茨的装甲兵学校第二分校，专门开展装甲掷弹兵[20]和装甲兵侦察部队训练。在战争后期，除了基本的坦克训练外，专业课程是组织豹式坦克乘员在埃朗根训练场教学和虎式坦克乘员在帕德博恩训练场教学。在战争的大部分时间里，坦克乘员的士官训练是由波兰占领区靠近华沙的野战士官学校组织的。

军官候选人培训是由位于柏林附近的格朗—格利尼克装甲部队候补军官学校负责的，特别的科目在格朗—格利尼克、奥尔德鲁夫和维施奥的装甲兵训练基地组织。高级军官候选人培训也是在格朗—格利尼克和维施奥的装甲部队候补军官学校组织的。坦克车长是从最优秀的训练有素的坦克乘员中挑选出来的，排的领导则从最优秀的坦克车长中选出。

西班牙内战爆发时，德国派出了大量的一号坦克部队支持其民族主义事业。随同坦克前往西班牙的德国人，虽然其目的是为了训练西班牙坦克乘员，而不是训练他们自身，但一旦训练完成，德国坦克乘员也获准参加作战行动。因此，在二战爆发之前的几年里，德国装甲兵有着极为珍贵的机会来检验他们自身、检验他们的战术、检验他们行动中的车辆。在这一过程中，他们吸取了许多宝贵的教训。

1937 年 9 月，第一次大规模坦克训练演习在诺伊施特累利次周边举行，德国高级官员参加观看，还包括意大利独裁者墨索里尼。直到战争的爆发，形势清晰表明德国人的一号坦克和二号坦克配备火炮希望渺茫，前者只配备机枪，后者只配备了 20 毫米加农炮。然而，这些车辆将成为进

1939年9月，在进攻华沙之前，一名德国陆军少尉咨询他收到的命令。这些士兵穿着自1936年以来配发的军队制服，其中包括一件五纽扣的单排扣束腰上衣，臀部和胸部各有两个口袋。

攻波兰期间装甲兵的中坚力量。

形势很快就明朗了，坦克乘员在许多方面与U型潜艇高度类似，乘员是一个小组，每个人都依靠同车战友在钢铁密封的环境中并肩战斗。就像在U型潜艇一样，每一名坦克乘员都需要掌握其他乘员的每一项工作技能知识，以防同车战友被杀或受伤。假如一名同伴不能及时介入并填补空缺，那么任何一名坦克乘员的伤亡（典型的中型坦克编制5人）将会严重削弱甚至完全丧失战斗力。

最初的驾驶员训练培训使用装备减配的一号或二号坦克，训练时去除了上面的炮塔和坦克上盖结构。除了军队自己的教官外，还大量使用纳粹党自己的摩托化机构——国家社会主义摩托化军（Nationa lSocialist Motor Corps，NSKK）的配套设施。不同时期的许多照片显示，训练演习中的坦克前面的斜装甲板上印着字母“NSKK”。当然，在公开重整军备之前，根据《凡尔赛条约》的限制，德国被禁止拥有坦克，所以第一批一号坦克被设计成小型“拖拉机”。但是无论是坦克还是“拖拉机”，重要的是受训新兵有机会学到驾驶履带式车辆的技能，这与驾驶一辆轮式运输车区别很大。

炮兵射击训练在波罗的海的普提洛斯靶场组织展开。随着装甲兵的扩编，指定的培训学校和培训地域的数量也随之增加。许多这类地点，例如塞纳内尔训练区，至今仍作为装甲训练场地在用。

除了如何操作车辆本身的技术训练外，装甲训练最重要的部分是如何使用坦克，使之成为一种有效的战斗武器。装甲兵部队特别擅长搜集来自一线战斗经历的战术经验，然后反馈给培训学校。这种做法使得训练条件更真实、更具压迫性，这也意味着实战时坦克乘员不再那么震惊。此外，装甲部队享有极高的团队精神和集体自豪感，这使他们在战场上具有高度整合性和积极性。

装甲力量发展

到 1940 年年底，德国陆军沉浸在战场胜利的喜悦中。它的装甲兵，就像德国空军一样，获得了特殊的荣耀，在“巴巴罗萨行动”（Operation Barbarossa）的前一年里发展迅速。1940 年组建了 11 个新的装甲师。武装党卫军的装甲和装甲掷弹兵部队力量也在扩编。关于武装党卫军更详细的研究参见第三章，但是从长远来看，武装党卫军精英师名气最大，或者说最臭名昭著的，就是装甲师。

例如，武装党卫军“阿道夫 · 希特勒警卫旗队”，是党卫军的第一支部队，起源于希特勒的个人警卫队。1939年战争爆发时，它已经发展到摩托化步兵团的规模，并参加了波兰战役。1942年11月，它扩编到师级规模，并于1943年10月改编为装甲师。警卫旗队在德国全境征兵，而且只接收最优秀的候选兵员。据说，希特勒坚称："我的警卫旗队只接受德国最优秀的兵员！"新兵身高要求1.86米以上，达到了身体健康的最高标准，源于雅利安血统（军官血统追溯到1750年，其他职级人员追溯到1800年），没有犯罪记录，甚至身体特征必须符合希姆莱的标准，即北欧人长相。新兵在军队服役时间为4年，士官延长到12年，军官25年。

在战争期间，共有7个武装党卫军师要么直接组建为装甲师，要么被改编为装甲师。人们经常认为，武装党卫军师在装备各种最新改进的装甲车辆方面，被赋予了不公平的优先权。然而，几乎没有证据支持这一理论，因为像大德意志师这样的精英部队也配备了当时最先进的坦克。更有可能的是，最好的装甲车辆首先被配发给那些能充分发挥作用的部队，即进攻中最具侵略性、最大胆，以及在防御中最顽强的部队，而武装党卫军师在这两方面自然是当仁不让。

应当指出的是，德国空军以伞兵和机降部队的形式也编列了相当重要的地面部队，这一点在下一章中会有更多的讨论。就装甲力量而言，德国空军的头目，帝国元帅赫尔曼·戈林也开始发展自己的装甲编队赫尔曼·戈林伞兵装甲师。

这个庞大编队起源于战前一个不知名的警察分队（当时，赫尔曼·戈林是普鲁士内政部长）。1935年，分队升格到团，并于当年10月改编为德国空军。该团并未参加波兰战役和斯堪的纳维亚战役，但在法国战役中表现卓越。紧接着于1942年再一次扩编为旅，三个月内它再度扩编为师。1943年4月，赫尔曼·戈林装甲团组建，在那之后很快扩编后的师自身也被改编为装甲师。到战争结束时，已经更大规模地扩编到伞兵装甲军，由第1赫尔曼·戈林伞兵装甲师和第2赫尔曼·戈林伞兵装甲掷弹兵师组成。

军种常服和作战服

德国陆军有一套特别与众不同的制服样式，既有实用性也有外观上的专业性。关于新制服、个人装备和标识符号引入的所有日期，都写进了陆军命令的日期中。然而，同所有军队一样，新服装配发到个别部队（特别是前线部队、偏远的守备部队或替补集团军部队）会有延迟（从几个星期到多至两年）。此外，个别士兵，尤其是高级军官，往往因纪念价值或当前用品质量优于新品时，而倾向于保留已被淘汰的物品。它们让物品的主人个性化，并给他打上了有经验的“兵油子”的烙印。1942 年 7 月 10 日发布了一项军令，所有淘汰的衣服在战争期间都可以继续穿。

德国国防军最明显的标识是胸标鹰（breast eagle），或称“主权徽章”（sovereignty badge），所有人员佩戴在大多数制服的右胸口袋上，以识别佩戴者所属的兵种。陆军制服样式于 1934 年 2 月 17 日引进，于 1934 年 5 月 1 日生效，图案是一只直立鹰，张开的翅膀紧紧抓住纳粹标识。大多数其他制服组织，包括武装党卫军，采用款式不一的带鹰徽章，但是必须戴在左上臂，因为右胸是为德国国防军保留的。奇怪的是，国家社会主义飞行军团（德语：NS-Fliegerkorps，NSFK；英语：National Socialist Flying Corps）却是戴在右胸的。

1935 年 4 月 8 日《着装条例》颁布后，新的军队制服的各种样式开始出现，年底确定了主要的制服样式。制服的基本色是灰绿色，于 1929 年 7 月 2 日引入，并且给出了传统但不准确的名称“田野灰”（最初设计时采用的是 1910 年 2 月 23 日引入的中灰色）。衣服的镶边于 1935 年 6 月 29 日引入，用的是深绿色“镶边面料”，编织后给人一种薄毛毡的外观，而且同样的材料用于兵种色贴[21]的贴边和滚边。防卫军制服样式为 M1929 型田野灰，而镶边面料是更深的灰绿色，本应该到 1937 年就退役，但在 1939—1940 年间仍然时常出现。

1935 年 4 月的《着装条例》规定了和平时期军官的 10 种着装标准：正式场合的两套礼服和一套阅兵制服；半正式场合的一套步行和报到制服；训练和兵营勤务时的军种常服、便服和警卫制服；作战时的野战制服；运动服（本研究中略去）。士官和其他军衔军人有9种：去除了礼服，增加了一套在兵营勤务或战场时穿着的士兵工作服。有些制服是为军官和其他军衔制造的不同版本，而有些制服则是所有军衔的标准制服。

1939年12月28日颁发了新的《着装条例》，内容覆盖战时，而放松了以前规定的严格要求。制服类型得到简化。军种常服可以在大多数正式和半正式场合穿着，但是不可避免的是，野战制服成为前线和后方最为普遍的制服。而且，替补集团军经常配发缴获的奥地利、捷克、荷兰、法国甚至是英国人的制服，重新染色，改装成德国制服样式。

对于军官来说，军种常服包括军官的“尖顶帽”、M1933式带绶带的野战外衣、M1935式野战大衣、皮带、马裤、马靴、灰色的小山羊皮手套、标准的手枪和手枪皮套。军官的野战外衣于1933年5月5日引入，取代M1920式防卫军的军种外衣。野战外衣生产材质采用质量上乘的田野灰面料，有5颗暗灰色卵石形纽扣，4个贴袋，翻袖口，田野灰面料的领口，于1934年7月26日被田野灰镶边面料取代，1936年3月又改为深蓝绿色面料。所有的徽章都是野战品质：胸标鹰是暗灰的铝制品，织在深蓝绿色镶边面料的衬背上；深蓝绿色镶边面料制成的领章上，有两条暗灰色铝制的“警卫穗带”，每条穗带都有兵种色丝绸刺绣而成的中央线。许多将官保留了这种具有野战品质的徽章且没有前滚边的M1920式或M1928式军种外衣。军官们的野战大衣就像礼服大衣，但有着野战品质的肩章，后缝是开着的。

在战场上，除了排领导外，所有陆军军官都穿戴标准的M1935式钢盔、军官的野战外衣、棕色腰带、马裤、马靴和灰色的小羊皮手套，如果得到命令还要穿野战大衣。个人野战装备通常仅限于带平滑手枪皮套的鲁格P08手枪或瓦尔特P38手枪，将官和校官喜欢更小的瓦尔特7.65毫米警用手枪，以及带平滑皮质或者酚醛树脂胶木材质盒子的6×30黑色双筒望远镜，望远镜盒子颜色为黑色或者棕黄色，通常携带在右髋前部。在前线的后方，部队通常以M1934式或M1938式野战帽取代钢盔。

在战场上，钢盔的形状和颜色经常通过涂抹泥土，系上六角形网眼的轻质线网或者M1931式系面包袋[22]的带子，以及在钢盔上固定树叶来加以伪装。1940 年 3 月 21 日，显眼的国徽被移除，头盔表面更粗糙，重新上色，从暗淡的田野灰改涂为浅橄榄灰。

从 1939 年 10 月 31 日开始，作战部队所有将官以下的军官受命穿着普通士兵的 M1935 式野战外衣、裤子和行军靴制服，使用黑色皮带，穿戴有野战品质的肩章。然而，许多军官继续穿着他们以前的制服，或者改装其他军衔人员的外衣，增加翻卷的袖口、领章和高级军官末端更尖的衣领。

担任步兵排领导的所有候补军官穿着标准的步枪野战装备，在左髋前部增加了棕色或者黑色皮质的 M1935 式行军包，里面配有双筒望远镜、指南针和信号哨。步枪兵的野战装备包括标准光滑的或粗纹黑色皮质 M1939 式行军包，Y 形肩带上有铝制的附件（1939 年 4 月 18 日引入），整个肩带用以支撑步枪所需的两套黑色皮质弹袋，每套有 3 个弹药袋。刺刀连同黑色刀鞘放置在黑色皮质刺刀套箍（bayonet-frog，1939 年 1 月 25 日引入）内，挖掘工具放置在左后臀部。右后臀部有 M1931 式田野灰帆布制面包口袋、M1931 式棕色毡盖水壶和黑漆铝制口杯。在上背部，织带支撑着 M1931 式野营餐具和 M1931 式迷彩遮蔽具；在下背部，M1930 式或 M1938 式防毒面具放置在防毒面具筒中，这种田野灰防毒面具筒是由表面带波纹的圆柱体金属制成。深褐绿色的防毒斗篷通过一条细细的棕色皮带悬挂在胸前，野战手电筒则通常挂在左肩。到 1939 年 9 月，大多数军官配备了 MP38 冲锋枪，而新配发的与之配套的两套橄榄绿 M1938 式帆布制弹药袋，代替了之前的黑色皮质弹药袋。

技术士官和高级士官的军种常服由尖顶帽、带绶带的 M1933 式野战外衣、M1935 式野战大衣、裤子和行军靴、带手枪和手枪套的黑色腰带、灰色的小山羊皮手套组成。低级士官头戴头盔，其他军衔人员戴野战帽，搭配 Y 形肩带、弹药袋以及刺刀，取代了军官的手枪和手枪套。低级士官也配发灰色的小山羊皮手套。其他军衔人员的野战大衣于 1935 年 9 月 10 日推出，与军官型号相同，但质量稍次一些，徽章还是其他军衔人员的野战品质。

其他军衔人员的 M1935 式野战帽，也是 1935 年 9 月 10 日推出的，类似于后来军官的 M1938 式野战帽，从 1934 年 3 月 24 日推出的 M1934 式发展而来。它由田野灰面料制成，带有田野灰色帽帘，1935 年 10 月 30 日

胜利的果实。1940年，德国骑兵部队参加了穿越巴黎的胜利阅兵，凯旋门在背景中清晰可见。德国80%的交通工具是由马匹提供的，对部队机动和马匹自身来说，代价巨大。

1940年的一名宪兵。该宪兵的肩带和领章是宪兵的兵种色橙红色，他的左袖绣着橙红色边的宪兵队标识鹰，袖口有字母“战地宪兵”（Feldgendarmerie）。另外，只有在执勤时，才会在脖子上佩戴特殊的领口装饰板或者银色之鹰链子。（Velimir Vusksic © Osprey）

1940 年在入侵法国前，一辆三号坦克隐藏于阿登高地。法国人认为德国装甲部队不可能通过植被茂密的阿登高地地区，德国的部署充分展现了德国国防军最佳的机动能力。

军官的野战帽

M1934式军官“旧式”野战帽，于1934年3月24日引入，改型为M1934式尖顶帽，1935年9月10日增加了深蓝绿色的帽边，去掉了帽子金属冠顶的加劲杆、下巴带子和纽扣。该帽的帽檐是由柔软的黑色漆皮制成，从1935年10月30日开始，鹰饰、帽徽和花冠由亮铝线编织在深绿色的背衬上。1938年12月6日推出的M1938式军官“新式”野战帽，是由田野灰面料制成，沿帽顶和前方帽翼饰有3毫米的铝线滚边。铝线织成的国徽被开口向下的兵种色V形图案包裹，该图案带镶边，再以机器编织或者手工刺绣的方法，将亮铝线制成的鹰徽织在上面，整个V形图案的衬底是蓝绿色的。从1939年10月24日起，将军们的野战帽为金线帽顶，以滚边装饰的帽垂，V形图案为金色人造丝编织而成。

以后，鹰徽、纳粹标识和国徽用白色棉线绣在田野灰背衬上，1937年6月19日开始，绣在深蓝绿色背衬上。1939年2月5日，绣品改成银灰色，到1940年6月4日，上面的绣品又改成鼠灰色，而背衬改回田野灰。帽徽外围是一个4毫米羊毛制的倒V形图形，颜色为兵种色，野战制服包括头盔或野战帽、带绶带的野战外衣（如果要求，还有野战大衣）、普通长裤和行军靴。所有的士官都戴着灰色小山羊皮手套。

坦克乘员制服

M1934式黑色制服与装甲兵的联系紧密，但最初只有坦克乘员才有资格穿着。后来，装甲师的其他兵种人员获准穿着这种久负盛名的制服：信号营从1937年4月2日开始，炮兵团从1938年年中开始，装甲侦察营在1940年3月开始，装甲工程营从1940年5月10日开始。然后，没有资格穿这种制服的人，比如将官、参谋人员和各级机构的成员（如医生、军需官、连队的士官长）私自穿上了。这种颜色、独特的双排扣夹克和骷髅领章都是为了树

对 1940 年挪威战役来说，山地部队具有天然的价值。（从左到右）我们看到一名山地空降兵、一名士官、一名山地步兵（Gebirgsjäger）士官。德国空军伞兵制服与标准的陆军制服混在一起。（Stephen Andrew © Osprey）

1940 年，一名工程兵排长携带的典型装备和武器。装备包括剪线钳、布雷区标识旗、行军指南针和盒子、瓦尔特信号枪和盒子、军官地图箱。(Adam Hook © Osprey)

立德国帝国骑兵的威望。

1934 年 11 月 12 日，黑色制服入列，除了正式礼仪外，其他场合都可以穿着。它包括：M1934 式带衬垫的贝雷帽，后被 M1940 式野战帽取代；深灰色的针织套头衫和黑色领带；M1934 式野战夹克；M1934 式野战裤和黑色系带的鞋子。带衬垫的贝雷帽是由厚厚的毛毡，或红色海绵橡胶制成，上面覆盖着黑色的羊毛。从 1935 年 10 月 30 日开始，军官佩戴的贝雷帽，正前方是鹰标和纳粹标识图案，由光亮铝条制成，其他军衔的徽章则是采用哑光银灰色机织棉线，织在白色的棉线上方；后来帽徽、花环，所有的标识徽章，用哑光银灰色机织棉线织在黑色的背衬上。后来事实证明，贝雷帽在装甲车内过于累赘，1940 年 3 月 27 日被 M1940 式军官的黑色野战帽和 M1940 式其他军衔人员的黑色野战帽取代。这些帽子与 M1938 式和 M1934 式田野灰的版型一样，但是改为黑色面料，鹰标和帽徽织在黑色面料的背衬上。许多军官和士官也喜欢田野灰的 M1935 式军官尖顶帽、M1934 式尖顶野战帽或 M1938 式野战帽，或其他军衔人员的 M1935 式尖顶帽或 M1934 式野战帽。

装甲兵野战夹克是黑色的，长及臀部，衣领很宽，羊毛双排扣，带有 2 毫米长的兵种色饰面滚边。衣服的暗门襟周围有 4 个巨大的黑色角或 4 个塑料纽扣，上面有 3 个稍小一些的纽扣。军官的胸标鹰由哑光铝线制成，而其他士兵则是白色棉线编织而成，后是哑光银灰色机织棉线制成的胸标鹰，所有的胸标鹰都织在黑色面料背衬上。所有人员穿戴标准的黑色面料领章，带兵种色滚边，贴上明亮的铝制骷髅。所有人员戴着野战品质的肩章军衔和袖章军衔标识，而对士官和士兵来说，使用黑色面料取代了深蓝绿色的镶边面料。士官并不佩戴明亮铝线编织的穗带和领边。M1934 式纯黑色长裤下摆呈锥形，呈宽松的效果，并在脚踝处扣上扣子并收紧。

在战场上，所有坦克兵系一条皮带，上面佩戴手枪皮套。

在 1939—1940 年间的战斗中，希特勒的武装部队表现，似乎验证了战前所有战术创新和技术投入的正确。正如我们在这一章中看到，德国陆军参战，训练有素，装备精良。然而，从 1941 年开始，战争的规模扩大，对德国国防军能力和职业水准的压力将急剧增加。

注释

[1] 野战帽（field cap），帽子顶部平整、柔软，帽檐呈半圆形，较为坚硬，当在战场上不需要戴钢盔时，就换戴这种帽子。注意与书中的“侧边帽”相区别。二战时期德军的野战帽经过多次发展，各个时期多有不同，有些时期顶部甚至有点尖。

[2] 普鲁士将军冯·莫尔特克（Von Moltke），即老毛奇，全名为赫尔穆特·卡尔·贝恩哈特·冯·毛奇（Helmuth Karl Bernhard von Moltke，1800—1891），德国著名军事家，军事理论家。

[3] 侧边帽（side cap），是一种可折叠的军用帽子。美国叫飞行帽（flight cap）或驻防帽（garrison cap），加拿大叫船形帽（wedge cap），英联邦国家官方称作野战军帽（field service cap），但更通行的叫法是侧边帽。

[4] *Grossdeutschland*（Greater Germany）Motorized Regiment，大德意志摩托化步兵团，为德国陆军的精英卫戍部队。

[5] 国防军最高统帅部（OKW，Oberkommando der Wehrmacht），是从 1938 年 2 月 4 日至 1945 年 5 月 9 日纳粹德国武装力量的最高指挥部。国防军最高统帅部负责管理国防军陆军总司令部（OKH，Oberkommando des Heeres）、国防军海军总司令部（OKM，Oberkommando der Marine）、国防军空军总司令部（OKL，Oberkommando der Luftwaffe）等机构。由于希特勒喜欢干涉陆军事务，国防军最高统帅部总是跳过国防军陆军总司令部直接指挥陆军，在 1941 年之后甚至全盘接手东线指挥权，只让国防军陆军总司令部指挥西线。因为海军、空军为技术专业军种，希特勒在事务上难以置喙，故国防军海军总司令部与国防军空军总司令部享有较大自主指挥权。

[6] 这里的训练基地，准确地说是“训练点”。

[7] 分排（section），这一编制多见于西方国家。为有别于原书中“班”（squad）的编制，原书中凡出现“section”时，译为“分排”，请读者留意。

[8] 关于二战德军士官、军士和士兵的军衔，在中国大陆范围内，译者还没有查到比较统一且规范的译法。由于德军军衔产生的特殊的军事、历史和文化背景，导致其种类繁多，与英美军队没有一一对应的关系，而且不同历史时期还有区别。本书的翻译，主要参考主流译法，尽量照顾到中文习惯，辅助以直译。

[9] 德文 Hauptfeldwebel 字面翻译是“先任军士长”（连队行政军士长），这并非具体军衔。此军衔一般由德军连级单位授予，一个连只有一个（职责是辅助连长担任行政文书

与士兵训练工作），佩戴上士肩章者拥有此称呼；但有的部队，顶着下士军衔，担任连队行政士官长的也不在少数。

[10]　中士及中士以上为高级士官。

[11]　尖顶大盖帽，正式名称应为军礼帽。

[12]　24 型柄式手榴弹，属于进攻型远距离杀伤手榴弹，主要用于杀伤有生力量，手榴弹由装药弹体、引爆装置和木柄组成。碎片套是指加装在装药弹体外面的碎片，增加杀伤威力。

[13]　此处指原来单独分开训练的机枪分排和步枪分排，在几周的基地训练后慢慢按战斗模式混编，形成战斗分排。

[14]　肘节式是一种闭锁方式，因为屈伸动作非常类似人体肘关节而得名。枪在打响以后，枪管带动肘节枪机一起后退；随后肘关节加速运动，比枪管退得更快、更远，顺势把弹壳拉出来抛掉。在恢复原位的过程中，推动下一发子弹上膛。这种自动结构在 19 世纪被应用在很多枪械上，除了鲁格手枪以外，还有著名的马克沁机枪。

[15]　sS 是德语 schweres Spitzgeschoss（重型尖头弹）的缩写，是德国为了提高 S 轻尖弹的威力和远射能力而于 1915 年研制，改用了长 35.3 毫米重量 12.8g 的尖头船尾弹头，同时加大了弹头弧线的半径，使 sS 的弹头更加尖锐。弹头有两种类型：有紧口沟和无紧口沟的。

[16]　Esbit 是德语 Erich Schumm Brennstoff in Tablettenform 的缩写，二战中在国防军中用于紧急炊具，至今仍为联邦国防军使用。

[17]　“散兵线”队形，与上文“一路纵队”队形相区别，散兵线是横队。

[18]　国民掷弹兵（Volksgrenadier），是二战时纳粹德国国防军陆军后期的步兵兵种，与早期步兵相比，配备了更多自动化武器以加强火力，却减少了火炮配置，具有突击性质。

[19]　此处可能有误，事实上，一战后期已经出现了坦克对坦克的战斗。

[20]　装甲掷弹兵，是二战期间德国陆军所创造的一个兵种，并且沿用至今，是现代陆军中装甲步兵的先驱。德国装甲掷弹兵师实际上是一种机械化装甲师，步兵部队实现摩托化或者机械化机动，辅以少量的装甲作战车辆，诸如自行反坦克炮，坦克及自行火炮。这种类型的师通常有较高机动能力和较强火力，但是相较于装甲师则装甲对抗能力不足。

[21]　兵种色贴，指的是肩章和贴章外圈的一圈镶边，比如二战德军步兵部队兵种色为白色，则在肩章和贴章外圈缩饰以白色。

[22]　面包袋，也叫口粮袋，是二战时期配发给士兵用来携带口粮的袋子，二战中由德国设计，使用带子系在皮带或者自行车上。

西部沙漠中被摧毁的虎式坦克。1942 年，虎式坦克在东部前线首次投入使用，但也在北非部署。然而，就像在苏联的经历一样，机械故障限制了它们的战斗效能，英国的反坦克炮摧毁了这些不能动弹的车辆。

第二章 北非和巴尔干（1940—1943）

德国军事介入北非是希特勒对他无能的意大利盟友墨索里尼的支持姿态。意大利人渴望分享希特勒持续取得的军事成功，于1940年9月从在利比亚的殖民地出发入侵埃及，人数是英国军队的5倍。意大利第10集团军从利比亚东北部的昔兰尼加推进到埃及，只是在第一次进攻中被英国的帝国守备部队逼退至利比亚西北部的的黎波里塔尼亚。希特勒意识到了麻烦，决定派遣一支小规模的远征军阻止盟军前进，支援意大利军队，防止意大利在利比亚败北。

1941年2月14日，特遣队在的黎波里登陆，4天后成为第5轻型师。它成为埃尔温·隆美尔领导的声名狼藉的德国非洲军团的第一支部队。

很难想象德国在西部沙漠战争中毫无准备的实际状况。沙漠服是唯一能够提供的军装，到达利比亚的战车仍然喷涂着欧洲标准的暗灰色。隆美尔，纵然是从法国战役中凯旋的装甲师师长，也没有军团指挥官的任职经历或者沙漠作战的经验。部队的装备大多是为欧洲战场而配发的，很快就被证明不适合北非，更别提完全适应陌生而恶劣的环境。然而，得益于隆美尔的主动性和英国受希腊战事的牵制，1941年3月23日，隆美尔调动5个轻型师和3个意大利师发动了第一次进攻，猛攻阿尔阿格海拉，推进至昔兰尼加，于5月24日在海法亚关口停止进攻，正好进入埃及。

这是一个强有力的开端，但胜利和失败的跷跷板模式从现在开始出现，这是北非战场的特点。11月18日，英国第8集团军开始向昔兰尼加发动第二次进攻，迫使隆美尔退回到的黎波里塔尼亚，并于12月31日停在阿尔阿格海拉。1942年1月21日，隆美尔在那里发起反击，长驱400公里进入埃及，止于阿拉曼。

尽管轴心国取得了成功，但北非的行动仍在削弱德国部队，而且，漫长而脆弱的供应线已成为一个严重的问题。1942年7月，困境重重的隆美尔得到增援，克里特堡垒师急速驰援并于8月15日重组为机械化师。

德国非洲军团下辖的师指挥部参谋在一辆 SdKfz250-3 型指挥车周边研究地图，该型指挥车装备了 FuG12 型无线电设备，能为装甲和摩托化部队提供无线电指挥。一张防水帆布盖在杆状天线上。

然而，这种增援对后续行动来说远远不够。1942 年 10 月 23 日，盟军部队共有 23 万人从阿拉曼推进，迫使隆美尔的 10 万人（到这时是 4 个德国师和 10 个意大利师）后撤。1943 年 2 月 15 日，德国—意大利装甲集团军穿过利比亚撤退，于 1943 年 2 月 15 日在进入突尼斯境内 160 公里处的马雷特防线停止撤退。2 月 19 日，隆美尔再现往日辉煌，在将部队指挥权移交给汉斯·于尔根·冯·阿尼姆（Hans-Jürgen von Arnim）上将回到德国之前，于突尼斯的卡塞林隘口打败了美国陆军部队。

在北非的德国部队的状况更加恶化。1942 年 11 月 8 日，一支英美远征军登陆摩洛哥和阿尔及利亚。他们推进到距突尼斯 80 公里之内时，11

德国非洲军团

德国非洲军团这个名字经常被提及，其实是对在北非的德国部队不恰当的简称。实际上，德国非洲军团自身也经历了几个阶段的扩编。1941年9月1日，德国非洲军团最终包括第15、第21装甲师、第90非洲师和第164轻型非洲师，还有1至3个意大利军，构成了非洲装甲集群；然后在1942年1月30日，成立了非洲装甲集团军；1942年10月1日，改称为德国—意大利装甲集团军；1943年2月22日，意大利第1集团军划归意大利将军乔瓦尼·梅塞（Giovanni Messe）指挥。1942年11月14日，内林司令部（HQ Nehring）被重新指定为第80军[1]，12月8日，为实施突尼斯行动组建了第5装甲集团军，下辖3个德国师。1943年2月22日，与意大利第1集团军合并，非洲集团军群得以组建。

月下旬，隶属于第90军（后改编为第5装甲集团军）一部的德国第10装甲师已到达突尼斯。

1942年11月，德国突破了突尼斯的桥头堡，到1943年2月围绕突尼斯建立了60公里纵深的防御线。1943年3月底，第999非洲师抵达，其最初是1942年10月6日组建的旅，1943年2月2日扩编为师，这支独特的部队下属所有单位都带有黑色数字“999”，是一支由正规军军官和士官领导的军纪严明的部队。最后一刻的支持是不够的，3月20日英国第8集团军突破了马特雷防线，5月12日冯·阿尼姆在突尼斯投降。

德国陆军总体变化

1940年7月31日，希特勒开始准备入侵苏联，发动“巴巴罗萨行动”。现在战场决定了参战陆军师的质量：总体上，在北非的部队是临时拼凑的，这反映了北非并非主要战场；参加1941年4月入侵南斯拉夫和

一张理想化的宣传照片，一名德国非洲军团士兵在北非与当地人社交。他戴着由压制软木制成的遮阳帽，这种头盔虽然看上去适合“热带”，但实际上相当不受部队士兵欢迎，他们更喜欢轻便的野战帽。

1942 年，第 10 装甲师的侦察分队在突尼斯部署的 SdKfz250 型车辆，该车是德国陆军最通用的轻型装甲车之一。

希腊的“马里塔行动”（Operation Marita）的部队，这是意大利的另一支德国援军，是被指定参加“巴巴罗萨行动”的前线师。他们被机动性和战斗力有限的二线部队取代，一线部队在巴尔干地区的表现平平，直到 1943 年 8 月强大的第 2 装甲集团军的到来。

因此，北非战争时期对德国陆军来说是一段复杂的时期，他们必须应对多重需求和结构变化。1940 年 9 月以后山地部队组建，1942 年 6 月以后摩托化部队改编为装甲军。

第一线步兵师总体上将其 1939 年编制结构保持到 1942 年，尽管经常增加 1 个加强营。1941 年 4 月 13 日，只有 8000 人编制的“700 系列”步兵师开始组建，由执行占领任务的二线部队改编而来。他们包括 2 个步兵团（缺少重型装备），1 个炮兵营，还有侦察、工程和信号连，以及后勤保障单位。1943 年 4 月 1 日，这些师与轻型步兵师（1940 年 12 月为丘陵地形作战而建）和被选定的预备役师一起，重组改编为人员更年轻的步枪

埃尔温·隆美尔

埃尔温·隆美尔出生于1891年，是20世纪最伟大的军队改革家和指挥官之一。1910年他作为军官候补生入伍，随后在一战期间，他以分队指挥官的身份参加伊松佐河战役，因为领导出色获颁功勋勋章。在两次世界大战之间，他稳步晋升，成为公认的步兵战术专家，1937年他的著作《步兵攻击》（*Infantry Attacks*）出版，成为一本标准的战术手册，并引起了希特勒的注意。

在二战中，隆美尔因在1940年的法国战役期间表现突出，率领第7装甲师展示出大胆而勇敢（而且经常富有争议）的风格。他早期在北非领导德国非洲军团的成功，为他赢得“沙漠之狐”的绰号，但是艰苦的战役给他的身体和心理健康造成了伤害，1943年3月从战场撤离。后来他在意大利南部指挥B集团军群，后于当年11月被派到法国，修建“大西洋壁垒”防御工事。在法国他是一名集团军群指挥官，但是在防御部署上，他与上级冯·伦德施泰特有严重的分歧。1944年盟军诺曼底登陆后他一直身处激烈战斗的战场。7月17日，他的指挥车被敌军战斗机扫射打中，他受伤严重。回到德国，他被牵连到7月针对希特勒的炸弹暗杀事件（密谋者曾接近他，但他拒绝了）。10月14日，纳粹官员在他的家中给出两个选择：自杀但保全他的家人，举行国葬；或者遭逮捕、审判和处决，以及杀害他的家人。他选择了服下氰化物药丸，后来以极尽军事殊荣的方式下葬。

师和M1939式步兵师，但只有2个步枪团。从1942年开始，地方的步兵部队逐渐被重新指定为安保部队。

1942年10月15日，为了鼓舞士气，所有这些步兵团改编为掷弹兵团。早在1940年3月，反坦克突击炮连组建，1940年8月10日，它们被编组为营，每个营配备 31 门自行火炮。1941 年 2 月，陆军组建了防空营，下辖 3 个高炮连，其配备的 88 毫米高射炮也作为反坦克炮使用。装甲和机械化部队也经历了调整，下一章会有详细解释。尽管经历着这些广泛的变化，如果补给充足（这个“如果”越来越大，特别是从 1941 年后期），德国陆军就能在战斗中持续出色地发挥作用。然而，对于在北非行动的部队来说，战场变化产生的挑战范围之广，远超欧洲部队。

战争生活

地形和气候对德国非洲军团士兵的生活至关重要，对所有在北非作战的部队都是如此。毫无疑问，沙漠生活中的恶劣气候对人类而言影响最大，在夏季，气温有时会上升到 75℃（平均温度 50℃左右）。身体健康是该地区服役的基本先决条件，35 岁以下的男子最为适合。即使如此，酷热通常会让不适应的士兵麻痹，进一步加重因饮食和卫生不良引起的疾病。在行动间歇期和休息期，为避免中午几小时的炎热，士兵被允许休息 3 小时，不进行任何体力活动。这段时间供应的是冷口粮，而热口粮则是在寒冷的夜晚（当气温降到 0℃以下）提供。

士兵们在 24 小时内遭遇极端气温更令人恼火。1942 年，在第 21 装甲师的一个摩托化步兵营服役的汉斯 · 冯 · 勒克（Hans von Luck）回忆，他们曾如何穿着大衣（晚上是必需品），裹着厚厚的围巾，一直到第二天早上。慢慢地，热浪会滚滚而来，这时厚衣服必须脱掉。渐渐地，在白天，炎热越来越让人难以忍受。宣传短片播放的士兵们在加热的装甲车装甲板上煎培根和鸡蛋的流行形象，似乎引起了相当大的争论。冯 · 勒克写道，这确实发生了，他自己也这么做了；其他人则表示，这是出于宣传目的的一种把戏，装甲板是用氢氧火焰加热的。从第 5 装甲团历史的一句简单的评论中，我们或许可以看出真相：看完这部新闻短片，老兵们只会想要得到几个鸡蛋有多难，更别提培根了。

1942 年 9 月 1 日，第 15 装甲师的坦克和摩托化步兵向阿拉姆哈勒法岭（Alam Halfa Ridge）发起进攻。隆美尔最后一次试图突破第 8 集团军在阿拉曼的防线，向尼罗河三角洲进发，但由于英国雷区的强度和深度，行动被推迟。隆美尔的德国非洲军团最终出现在东部边缘，他被迫在阿拉姆哈尔勒岭的西部驱驰装甲部队，以弥补失去的时间。然而，他的装甲部队和装甲掷弹兵却被引诱到一大片隐藏着反坦克炮的坦克埋伏圈，在疾风骤雨般的火力打击中损失惨重。由于伤亡惨重，燃料短缺，进攻最终失败。（Howard Gerrard © Osprey）

在北非，饮用水的获得也是一个问题。早在1941年3—4月，德国非洲军团按照作战单位携带4天的供水量建立了一套供水系统，同时许多供水单位的职责就是找水、运水，其中包括重型和轻型供水连（后者配备28辆车），水蒸馏连（编制大约200人，配备105辆车），以及过滤和水塔设备，其中水塔设备能够携带60吨水。这些大型耐用的滤罐，后来被英国人称为“油罐”，同样被证明特别有价值。

清洗只允许使用稀缺的非饮用水，而且通常是带盐的海水。在各种大小作战行动期间，洗衣被严格禁止，因为洗衣会产生大量寄生虫，导致制服和内衣损坏。然而，即使经历一些水资源的短缺，但似乎从来没有出现可饮用水的严重短缺。作战行动期间，每人每天的水量配给为4至5升，但是实际上只接近3升。然而，这种配给只配发给野战厨房，用于做饭、泡茶和冲咖啡。单兵个人每天只能获得四分之三升的定量配给，或是水，或是茶和咖啡，灌满他们的水壶，并计划坚持饮用一整天。这就解释了为什么有些人会特意多拿一个水壶。

沙子和长期存在的灰尘给士兵和装备增加了更沉重的负担。基布利风[2]带来的沙尘暴、沙漠风是其中最令人烦恼和最危险的问题，当基布利风从南方刮来时，它能够将温度升高到50°C以上，空气中充满了大量的沙尘，唯一可用的防护措施（护目镜、围巾等）完全没用。沙子还会引起皮肤不适、眼睛疼痛、流泪和胃部问题（沙子会不可避免地进入食物并被摄入）。当沙尘问题与酷热、成群的苍蝇和单调乏味的沙漠相结合时，在北非的德国陆军经常难以保持士气和积极性，这不足为奇。

食物是另一个痛点。名义上，这应该由意大利人保障，但事实最终证明他们无法提供任何高营养价值的食物，比如火腿、鸡蛋、黄油和炼乳。因此大量的食物不得不直接从德国供应。运输便利比食物种类更为重要。因此，在1941年德国非洲军团的士兵们收到了大量的豆类、罐头肉和香肠，而他们每周只吃一次米饭、粗粒小麦粉、大麦、麦片粥和其他含淀粉的食物。1941年8月之前，根本没有黄油，后来包括黄油在内，还有其他新鲜的食物，如鱼、蔬菜（只有干制的）、水果和土豆，也只是偶尔供应。最后，有些种类不得不全部替换：士兵们用沙丁鱼油代替黄油，虽然

一幅醒目的宣传图片——非洲军团士兵用德国国旗来宣示他们的主张。尽管纳粹标识图案在旗帜上飘扬，但北非战争很大程度上并未受到东线冲突意识形态的影响。

这在欧洲是一种美味，但在50℃左右的温度下食用会令人作呕。由脂肪、软骨和肌腱制成的罐头肉也开始由意大利人大量供应，并冷藏食用。罐头上印着的字母“AM”（军事管理），很快就有了不太高雅的绰号：“老人”或“墨索里尼的屁股”。金枪鱼、奶酪、肝肠和猪肉也是德国士兵单调饮食的一部分。由于可用的冷冻设备不足，使食物更美味可口的尝试以失败告终。

面包是早期的另一个问题，因为1941年夏天之前，北非只有一个面包连，无法供应所有德国军队。此外，德国面包连的设计是使用木材作为燃料（当地极度缺乏），因此不得不改用煤炭，这转向另外一种保障需求。保质期长的面包不得不从德国直接供应几个月，不过到1942年春季，几个面包连在经常缺水的条件下仍然能够保持满负荷生产。尽管在利用海水制作面包的试验中取得了成功，但到1942年11月，面包的配给量还是从每天375克减少到了250克，而且这种面包的保质期较长。

德国士兵在北非的饮食，日复一日、周复一周、月复一月，几乎没有改变。事实上，只有在缴获英国的食品储备时，饮食才会有所改变，这些食品是非常受欢迎的战利品。虽然今天听起来很奇怪，但意大利食物几乎不受欢迎，尤其是当德国士兵在意大利混乱时期吃意大利食物时。他们严

格按军衔划分，军官们吃的是通心粉配番茄酱、橄榄油和肉类；士官们分的是通心粉配番茄和橄榄油；士兵们只有通心粉配番茄。与当地阿拉伯人的贸易只能获得一些额外的鸡蛋或甜瓜，而且价格昂贵。维生素只能通过吃柠檬和喝柠檬汁来获得，这些至少是大量供应的，柑橘酱或果酱（主要由意大利人供应）的供应次数也极为有限。此外，实际可获得的食物往往不足，事实上有多次（例如 1941 年 6—8 月和 1942 年 7—8 月期间）出现供应不足、盗窃横行和运送物资的车队在送达前线部队时遇到困难，导致部队出现饥荒。

地形和气候，加上酷热和沙子，再加上制服和营养不足，是各种疾病传播和身体不适的原因。在最初的几个月里，这并不是真正的问题，但在 1941 年夏秋两季之后，病例数量急剧增加。

1941 年秋季，北非战场的健康问题开始得到全面研究，结论是饮食或多或少地造成了这些问题。豆类和猪肉（特别是培根、猪油和香肠）恶

一支德国坦克部队在沙漠中宿营。这张图片展示了北非战场严酷的自然环境：几乎无法抵挡热带的阳光和无处不在的灰尘。

1942 年 3 月一辆德国装甲车前进的照片，清晰说明了灰尘如何成为沙漠中车辆运动的可见标志。对于德军的车辆和基地来说，西部沙漠的环境无遮掩，极其容易暴露。盟军的战斗轰炸机会在高空寻找尘土痕迹，这是一种极佳的部队机动指示器。

化了士兵们早已不堪重负的肠道，他们大部分都患有痢疾和黄疸。在北非服役几周后，士兵们的体重普遍减少约 10%。然而，饮食并不是唯一的疾病来源。为了抵御白天和黑夜的极端气候，必须佩戴羊毛制的肚带（用于保护腹部的腰带），但直到战役后期才强制要求佩戴，这也助长了肠道疾病的传播。

昆虫，特别是苍蝇和蚊子引发的瘟疫，也助长了传播疾病。除了流行病之外，这些飞虫群的持续存在成为士兵们的沉重负担。他们必须不断地与之斗争，特别是在就餐时。这些飞虫不容易对付，因为它们攻击包括嘴巴、鼻子和眼睛在内的身体的每一部分。一位牙医在德尔纳的外科手术中，最终找到了解决这一问题的办法，用变色龙来驱赶苍蝇。为防止苍蝇传播传染病，厕所箱体化是必须采取的一项措施，并在其中放

德国非洲军团中炮兵部队的两名工兵和一名高级豁免兵。两名工兵清楚展示出德国陆军的腰带样式，包括 MP40 冲锋枪的弹匣袋，而炮兵身穿热带的棕色厚羊毛大衣，准备夜间执勤。（Ron Volstad © Osprey）

一辆一号坦克 B 型经过一辆烧坏的卡车。与 A 型坦克相比，B 型改进了底盘和驱动系统，尽管在西部沙漠战役的第一年年底时它已遭淘汰。（Ron Volstad © Osprey）

入简陋的抗虫灯芯，尽管前线部队几乎没有办法采取任何预防措施，特别是在战斗期间。

德国非洲军团面临的另一个问题是，在北非战役的早期阶段缺乏医疗单位和医疗设施。例如，第 5 轻型师（即后来的第 21 装甲师）多达 70% 的医疗设备是在前往非洲的途中沉没的，只有敷料绷带和急救用品可以空运。直到 1941 年 2 月第 15 装甲师到达后，才拥有一个配有救护车和野战医院的完整急救站。第 90 轻型师在晚些时候到达，它本身没有任何医疗单位。

1942 年年初，由于经验的积累和供应形势的改善，总体情况逐渐向好。但是问题仍然存在，因为英国封锁了德国的补给线，而德国人需要把病人和伤员撤到后方地区并从那里转运回欧洲。一旦被带回到的黎波里，这些士兵将走与替补部队相同的路线，但方向相反；他们将乘坐运输机前往意大利（当年晚些时候是前往希腊），然后从那里返回德国。

德国非洲军团的士兵承受着缺乏休假的压力，但这种压力往往被忽视。这是十分沉重的负担，因为即使在行动间歇期或休息期间，也几乎没有什么可以消遣的事。只有 1941 年 6 月底才有一次假期，即使如此，假期也十分有限。通常在北非服役 4 个月后，每个单位（一般是每个连）只有 2 名士兵能获得 3 个星期的假期（由于在沙漠服役，假期比平均假期要长），从意大利出发的第二天开始计算。这种情况没有持续多久，很快就因为前线的形势而被禁止。在 1942 年 5 月 20 日执行禁令之后，第 21 装甲师于 9 月 20 日再次批准了休假，但只有在北非服役 1 年以上的人才能获准回德国一段时间。由于可用运输设施有限，人员只能是空运回国，且病人和伤员被优先考虑。这在很大程度上限制了可以按计划休假的实际人数。

武器和装备

德国人缺乏沙漠作战的准备，这影响了德国非洲军团的武器和装备。北非的步兵武器装备与所有其他战场的德国步兵部队相同，但沙子和灰尘影响了许多武器的保养问题。像 MP38/40 和 MG34 自动武器受影响最大，特别是后者的子弹带的供弹问题（MG42 受影响较小）。士兵们必须非常小心，除了包裹枪口外，还得用布把每一个螺栓和活动部件都包起来，并非常注意润滑油的使用（在活动部件上只需涂薄薄一层油）。当然，因为在操作和维护武器方面缺乏训练和实践而引发的问题，与气候问题相比，只多不少。

1941 年，不幸的是德国非洲军团拥有 3 个不同的步兵单位结构，每个单位都拥有不同的兵力和武器。第 5 轻型师的两个机枪营火力特别强大，拥有 46 挺轻型和重型机枪、9 支 PzB 型反坦克步枪、15 门轻型和重型迫击炮以及 6 至 15 门 Pak35/36 型 37 毫米反坦克炮。第 15 装甲师步枪旅火力更强，包括 366 挺轻型和重型机枪，75 门轻型和重型迫击炮，15 门 Pak35/36 型 37 毫米反坦克炮，加上 6 门 Pak38 型 50 毫米反坦克炮，以及 22 门轻型和重型步兵支援炮。

德国非洲军团的单位标识。1. 陆军热带版领章；2. 陆军热带版束腰上衣的胸标鹰徽；3. 海军热带版束腰上衣的胸标鹰徽；4. 德国空军热带版胸标鹰徽；5a. Sonderverband 200（原文疑错，应为 288）部队的专用臂章；5b. 最初的镀银胸章；6. 德意志阿拉伯教导营成员的丝织盾形臂章；7a—d. 国家三色盾形徽章和头盔徽章；8. 山地部队热带版臂章；9. 党卫军热带版帽徽。（Ron Volstad © Osprey）

1941 年的师改编更好地平衡了火力，第 21 装甲师的步兵单位配备了 132 挺轻机枪和 64 挺重机枪，11 挺 PzB 型反坦克步枪，27 门轻型迫击炮，18 门重型迫击炮，9 门 37 毫米 Pak35/36 型反坦克炮和 19 门 50 毫米 Pak38 型反坦克炮，加上 4 门轻型步兵支援炮和 2 门重型步兵支援炮。与第 15 装甲师（配备 187 挺轻机枪和 78 挺重机枪，11 挺 PzB 型反坦克步枪，36 门轻型迫击炮和 24 门重型迫击炮，12 门 37 毫米 Pak35/36 型反坦克炮和 10 门 50 毫米 Pak38 型反坦克炮，加上 6 门轻型步兵支援炮和 2 门重型步兵支援炮）相比，显示出尽管力量悬殊不大，但后者的实力仍然更强。至少从纸面实力上看，最终改编为第 90 轻型步兵师的特别任务非洲师，装备了超强步兵火力，配备了 333 挺轻机枪和 84 挺重机枪，148 挺 PzB 型反坦克枪，以及 42 门轻型迫击炮和 42 门重型迫击炮。然而，人们应该记住，这是它的全部火力，因为该师缺乏大炮和两个装甲师所享有的

德国非洲军团的火炮组全体人员使用一门 105 毫米 leFH18 型榴弹炮射击。由莱茵金属公司在 1929—1930 年设计的 leFH18，于 1935 年开始服役，可发射 14.81 公斤高爆炮弹，最大射程约 10675 米。它的主要缺点是体积和重量，使得使用马力部署缓慢。

任何支援部队。除了在1941年9月做出的一些组织上的微小变化，在同一时期出现了一种新武器：sPzB41型28/20毫米重型锥膛反坦克炮，其实是一种轻型（尽管有“重型”[schwere]一词）反坦克炮，能够在500米的距离穿透52毫米的30度倾斜装甲。

1942年，步兵单位的组织和火力发生了更多变化。首先，“轻型”武器——特别是迫击炮、轻型反坦克步枪和步枪，都被认为不适合北非战争，要么是因为它们的轻量级的枪（炮）弹无法穿透敌人的装甲，要么是因为它们对地面不能产生明显的效果（沙地实际上降低了炮弹爆破产生的效果）。其次，步兵部队进行了重组，以突出他们的火力和反坦克能力。机枪连和重型连从7月下旬开始解散，被吸收进新的步枪连（7月下旬改编为装甲掷弹兵连），4个连队组成1个营。新组建团编制的武器装备是相当可观的，它配备的轻机枪几乎是老步枪团的2倍，而重机枪的数量削减到只剩2挺。新组建团配备了更多的迫击炮（39门而不是30门，全部是重型），而且它的反坦克能力得到了提高，配备了39支（大多数为PzB41型）反坦克枪和42门50毫米PaK38型反坦克炮。新编制于1942年4月1日生效。与此同时，德国非洲军团部队或多或少开始接收新型MG42通用机枪的样品进行评估，结果证明这是北非战场非常有效的武器。

服装种类

到1940年，德国陆军为其部队研发了沙漠制服和沙漠装备，随后其他军种也仿效行事。它们是由汉堡大学热带研究所设计的，最终甚至在北非以外的地区，也就是最初设计的目标使用地区被广泛使用。这解释了1941年年初服装和装备是如何迅速装备德国非洲军团的现象，甚至第一支前往北非的部队第5轻型师动身时仍然穿着欧洲田野灰制服，而在前往的黎波里的途中就已经换上了沙漠制服（显然，意大利人担心这些人穿着短裤四处走动）。

在某种程度上，德国沙漠制服具有很大创新，并从德国陆军野战服装中引入了一些独特的元素，其中包括：由压缩软木制成的遮阳帽（荷

从左到右依次是装甲部队的下士、步兵部队的一名步兵高级豁免兵和装甲部队的一名中士。中间的初级士官[3]穿着新配发的热带版套装，包括不受欢迎的遮阳帽。中士穿的是全套的热带版军种服装，而下士穿的是更为实用的外穿衬衣和热带短裤。(Ron Volstad © Osprey)

兰产软木制成的遮阳帽也配发)、橄榄色棉布制成的野战帽和橄榄色帆布材料制成的尖顶野战帽。欧洲钢盔被保留下来，最终用黄沙色作为伪装色。

制服也是由橄榄色轻量级棉质面料制成，包括一件夹克或者开领的战地上衣，剪裁风格与欧洲田野灰夹克相似，还有 3 种不同类型的裤子，都有一条内置的布腰带。3 种裤子包括：长裤；并非用于骑兵且配高筒靴的沙漠马裤；以及裁剪至大腿的短裤。沙漠版衬衫只有一种款式，用橄榄色轻量级棉质面料制成，有 4 个扣子（可以搭配领带)、长袖、2 个胸部口袋和肩带环。为了在寒冷的沙漠之夜保暖，他们配发了深棕色毛料制成的双排扣大衣，剪裁风格与田野灰制服类似。

唯一的变化是沙漠版的摩托车士兵外套，出于防雨目的而设计，由厚重的橄榄色棉质斜纹布料制成。只配发给将军和高级军官的皮大衣也有使用。鞋子包括沙漠高筒靴，鞋底和鞋头是皮革制成的，以及齐膝橄榄色系带帆布鞋，还有短踝靴（或系带鞋)，采用同样的设计，同样的材料。德国非洲军团的士兵经常会剪掉齐膝高的帆布，把前一种修改成后一种。

德国非洲军团的袖标

德国非洲军团的特殊徽章是“非洲军团”(Afrikakorps）和“非洲”(Afrika）的袖标。前者于 1941 年 7 月 18 日推出，所有人员都可以将其戴在夹克和大衣的右前臂上，在北非服役两个月后颁发；伤员可在更短时间内获得。一支部队和装甲集团军的所有成员共享袖标，这个德国陆军的特例一般说来，是为较小的单位保留的。只有在战争后期，大德意志袖标才会共享相同的角色，且只有在单位改编为同一个军之后。1943 年 1 月 15 日，为取代“德国非洲军团”的袖标，引入了“非洲”的袖标，它不再是作为一个单位的标识，而是作为一种战役勋章。它颁发给在北非服役达到 6 个月的人，如果受伤或者生病，要求时间更短。

单兵装备由与驻欧部队风格相同的沙漠装备组成，并且与欧洲的田野灰制服一起使用。沙漠皮带是对引入的常规个人装备进行改造的一个实例。因皮革制品不适合沙漠的干旱气候，取而代之的是橄榄褐色、芦苇绿、黄沙色、棕褐色或浅棕色的帆布和结实的织带；金属部件也被涂成橄榄色。因此，沙漠皮带是由大约 4.5 厘米宽的织带织成，使用田野灰制服上正常的皮带扣。此外，军官亦配发一条带圆形皮带扣的腰带，但他们往往更喜欢使用田野灰制服的简单的“双挂钩”棕色皮带。

步兵携带的基本装备包括支撑吊带（或 Y 形肩带），也是由帆布或织带制成，可以与沙漠版的系带（或突击包）连接起来。步枪手配发的是为 Kar98k 步枪而设计的棕色皮革弹袋，而为 MP38/40 小型冲锋枪机枪手配发能放置 3 个弹匣的沙漠版弹袋。刺刀织带套也是用皮革或橄榄色织带制成，沙漠中的所有刺刀套都有紧固索带。沙漠版的面包袋、帆布背包和手榴弹袋也被制作出来，只是因为携带工事构筑工具、水壶和水杯的原因，细节（比如使用帆布和织带，或者使用橄榄色的纤维织物）有所改变。餐具和防毒面具的滤毒罐，除了增加黄沙色的涂漆外，没做任何改变。在欧洲使用的迷彩帆布（遮蔽具）也在北非广泛使用。

一些专为沙漠地区使用的个人物品在德国非洲军团的士兵中变得相当普遍，包括用来防沙的围巾，橄榄色的毛衣（虽然也配有欧洲灰色的），手套和各种各样的太阳镜和防尘眼镜，这些都很受欢迎。值得注意的是，帆布和织带制成的物品并不一定就是专门为在沙漠使用而生产的，这些物品后来在战争中也得到了广泛的使用。的确，1942 年夏天部队匆忙被重新部署到北非，后来在突尼斯，欧洲田野灰制服得到广泛使用。德国沙漠制服最有趣的事情之一是没有等级差别，军官、士官和士兵在配发基本制服方面没有区别。

德国陆军参谋部和制造商只对德国非洲军团的沙漠制服做了些微的改动。1942 年以后，一种不带褶饰胸袋和侧边口袋的新式夹克推出，而新衬衫也不再有连接肩带的肩带环了。此外，士兵野战帽和通用野战帽都取消了帽子国徽上的倒 V 饰带或者兵种色，同时军官保留了银色滚边。对制服和着装的态度通常的做法比想象的要宽松：意大利（尤其是广受欢迎

两辆 SdKfz231 型通信车辆在行进中，清晰显示出安装在顶部的无线电天线。通信车辆的短缺常常妨碍德国非洲军团的机动指挥和控制能力。

的萨里亚纳夹克）和英国军装的使用变得相当普遍，特别是在 1942 年 6 月托布鲁克缴获大量库存（英国短裤比德国短裤更长、更舒适）之后。在整个北非战役中，德国非洲军团士兵的着装态度很是散漫，这招致了一些来自其他军和隆美尔指挥部的指责。很快，像遮阳帽这样的物品就被前线部队丢弃了，尽管后方地区的士兵和车辆乘员在一定程度上使用。

德国沙漠制服是在一战前和大战期间，德国在东非的殖民地所获得的知识和经验的基础上发展起来的，但不久就发现了一些不足之处。例如，夹克太紧，穿着不舒服，所以很不受欢迎，而用于制作制服和帽子的材料很快褪色，最终在地面上十分显眼（新制服也是同样的效果，尽管这次是因为它们的颜色太深）。

情况随着时间和经历不断恶化。制服经海水的冲洗缩水了，更不用说它们的材质（太重了），对岩石地形或沙地几乎没有任何保护作用。它也不适合寒冷的夜晚和炎热的白天。1942 年，沙漠马裤已经不再使用了，而士兵们可以愉快地把他们的德国短裤（太短，只在休息或后方时穿）换成英国短裤。即使是广受好评的野战帽也有缺点，需要做一些修改，也就是皮革防汗带。大衣在夜间御寒时很有用，但它太短，而且走动不便。只有系鞋带的鞋子被证明是一个非常合适的解决方案（几款改型一直生产到 1942 年），不出意料的是，正如前面提到的，士兵会剪掉高筒靴的上部，把它们变成系鞋带的鞋子。

与制服相比，德国非洲军团的装备（特别是步兵）被证明是足够和合适的。究其原因，它是仿照欧洲田野灰制服样式的，人们已经习惯了，帆布或织带的使用被证明是一个不错的选择（后来在战争中也被采用）。一些批评的声音是关于某些物品的塑料部件，例如饭堂的杯子，太容易坏了。有趣的是，空军和党卫军也为自己的士兵研发沙漠制服，或者部分制服，实践证明他们在剪裁（党卫军的像意大利的萨里亚纳夹克）和织物使用上都要更好，尽管必须补充说的是，与德国非洲军团制服的使用程度相比，他们的实际使用非常有限。

坦克乘员制服方面，M1934 式黑色制服在北非并不实用，所以乘员们穿的是标准的 M1940 式热带制服。然而，第 5、第 7 和第 8 装甲团的所有

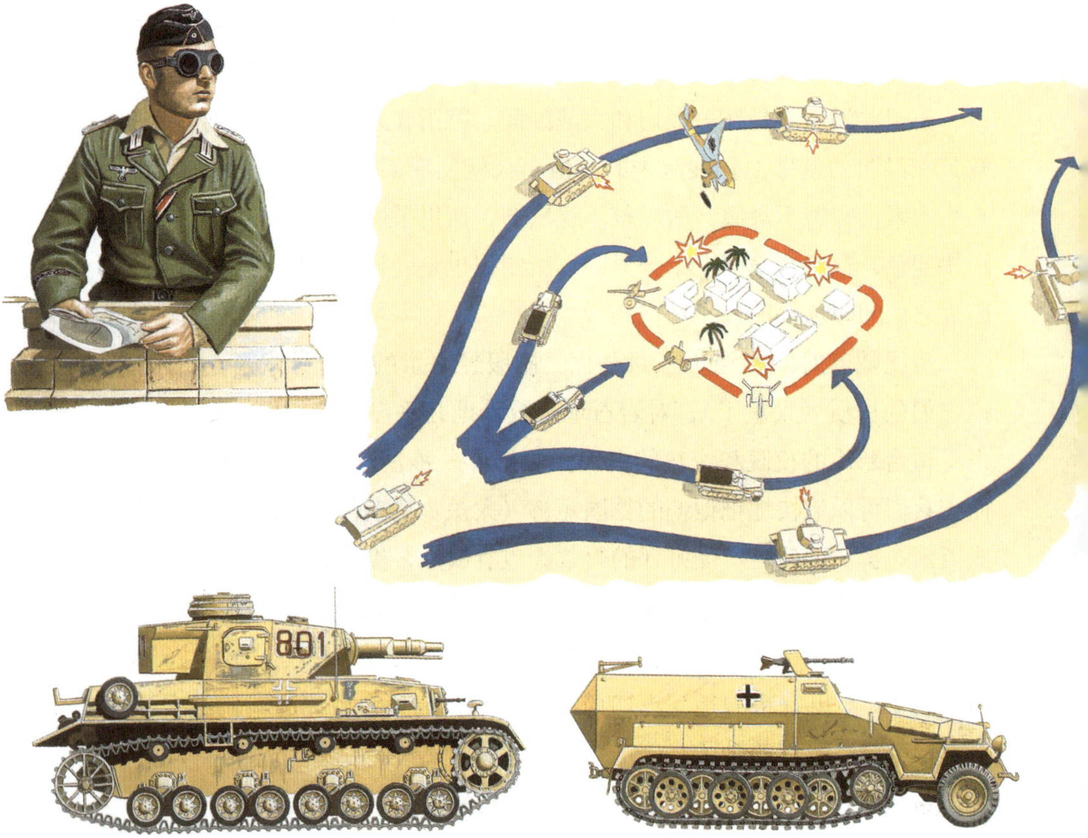

1942年，德国北非装甲兵部队战术。本图中，装甲兵面对阵地防御之敌，首先要通过大炮和Ju87斯图卡式俯冲轰炸机对目标进行轰炸来“软化”。坦克进行经典的“钳形”运动，同时继续轰炸目标地区，最终完成对敌人控制区域的包围，然后继续奔向下一个目标。坦克进攻在空袭和炮轰的进行中开始。随着轰炸的继续，在SdKfz251型半履带装甲车上的装甲掷弹兵，在敌人有时间从轰炸的不利效果中完全恢复过来之前，发起了三管齐下的攻击，攻击敌人的前线防御和两个侧翼。（Velimir Vuksic © Osprey）

德国非洲军团的各种制服徽章。数字 1—6 图解了德国非洲军团不同款式的袖标和袖带，而数字 7—10 分别展示了德国空军、德国海军和党卫军各自的热带版肩章。（Ron Volstad © Osprey）

成员，包括配属的行政军官（和第287突击炮兵连），都把从黑色领章上拆下来的铝制骷髅别在他们热带野战服的翻领上。坦克乘员M1940式热带野战帽（实际上M1940式热带尖顶野战帽没有尖顶），与M1934式第二种样式的其他军衔人员田野灰野战帽采用相同的设计，由浅橄榄色的棉质斜纹布制成，具有相同的组织标识——鹰徽、纳粹万字符、帽徽。直到1942年9月8日，军官的野战帽引入了一种粉红色（为装甲部队设计）兵种色镶边的V形纹章，带铝线滚边。这种帽子代替了不适合在装甲车内佩戴的遮阳帽，但它又被热带尖顶野战帽取代。一些装甲人员违反规定，保留了欧洲坦克乘员的黑色M1940式军官或其他军衔人员的野战帽。

装甲兵在北非

德国非洲军团的经验证明，在西部沙漠，坦克主宰战场。第5和第8装甲团被派往北非时，正在进行改编，而实际上只有第8装甲团完成了改组，包括坦克重新装备了新式50毫米Kwk型火炮，并于1941年2月1日向新颁发的编制表过渡。根据编制表，每个装甲营由1个营部、2个轻型和1个中型装甲连，以及1个将所有可用的备用坦克集中编队的装甲中队组成。营部连包括1个通信排（配备2辆指挥坦克和1辆三号坦克）和1个轻型装甲排，配备5辆二号坦克（第5装甲团每营编列1个额外的轻型装甲排，以及团部还编列1个轻型装甲排）。轻型装甲连由1个连分队（配备2辆三号坦克）、1个轻型装甲排和3个轻型排组成，每个排编配5辆三号坦克。中型装甲连下辖1个连分队（配备2辆 四号坦克）、1个轻型装甲排和3个排，每个排配备4辆四号坦克。因此，纸面上的团实力，包括6辆指挥坦克、45辆二号坦克（第5装甲团配备60辆二号坦克）、71辆三号坦克和28辆四号坦克。

1941年，在北非的德国坦克清单包括当时所有类型的坦克，从轻型的一号坦克到重型的四号坦克。一号坦克A型（配发到北非部队的改型）自重5.4吨，装备两挺MG34通用机枪，更像是一个小型坦克，而不是真正意义上的坦克。1934—1936年间量产，在1939年已经过时，而且也因

北非的德国非洲军团主要部队的车辆编队标识。这些标识通常呈白色或黄色，涂在坦克的前装甲和后车身上，非装甲车辆涂在前后挡泥板上。(Ron Volstad © Osprey)

发动机故障和过热使它们的可靠性很差。然而，在它们于 1941 年秋季退役（要么是因为无法使用，要么是因为它们为一号坦克歼击车 [Panzerjäge I] 提供备用部件）之前，他们参与了西部沙漠的前线行动。另一种轻型坦克是二号坦克 C 型，大量装备于第 5 和第 6 装甲团。重量轻，装甲薄弱，装备一门 20 毫米 Kwk30 L/55 型火炮和一挺 MG34 通用机枪。该坦克一直生产到 1940 年 4 月，它也早已过时，几乎不能对付敌人的坦克和步兵，很快就被降级为执行侦察任务，因为速度很低（在良好的道路上为 40 公里 / 小时），也不适合执行这个任务。

北非装甲师的主力是三号坦克，这是 1940—1942 年间德国人的主战坦克。实际交付到北非的早期型号三号坦克 E/F 型的具体情况不确定。但是，我们所知道的是，每一辆派往北非的三号坦克都经过了改装，装备了新的 50 毫米口径的 Kwk38 L/42 型坦克炮。1941 年最常用的改型是三号坦克 G 型，从 1940 年 7 月开始安装 50 毫米火炮作为制式坦克炮。它的热带版本，专为热带设计，安装了特殊的通风和空气 / 机油过滤系统，以保护发动机和变速箱免受沙尘侵袭。它重量有限，大约 20 吨，速度很快，约 40 公里 / 小时，但它的装甲很薄，正面防护只有 30 毫米，表面为非硬化钢，坦克的火炮防盾有 37 毫米。

三号坦克的老大哥是四号坦克，当时被认为是一种重型坦克，以其 75 毫米 Kwk37 L/24 型短管坦克炮提供火力支持。1941 年，40 辆四号坦克 D 型和四号坦克 Es 型共同被派往北非，分配到第 5 和第 8 装甲团。在大多数情况下，E 型坦克额外有 20 至 30 毫米的坦克车身装甲和一个标准的存储箱。两种改型的装甲在车身正面防护厚度是 30 毫米，坦克的火炮防盾提高到 35 毫米。

尽管采用了热带通风机和过滤器，德国坦克还是饱受炎热和沙子困扰。坦克乘员自然要比车辆更难受，尤其是在战斗期间必须关闭舱门，舱内温度为 45° C，而且由于燃料短缺，通风系统也不得不关闭。另一方面，火炮的光学设备即使在高温和夜间也能很好运作。

装甲车的薄弱装甲和火炮有限的穿甲能力引发了大量问题。使用标准的 PzGr39 型穿甲弹，50 毫米口径的 Kwk38 型坦克炮在 100 米距离上对

一路二号坦克纵队在西部沙漠作战期间停下休整。这类装甲很容易被更重的盟军装甲捕获，因此在 1941 年被迅速淘汰。它后来发掘出一些新用途，作为侦察车辆甚至火焰发射坦克使用。

均质装甲穿透力为 54 毫米，500 米处为 46 毫米，1000 米处为 36 毫米。采用钨芯 PzGr40 型弹头，近距离更有效，性能提高程度如下所示：96 毫米、58 毫米和 42 毫米。75 毫米口径的 Kwk37 型弹头只能在 100 米的距离穿透 70 至 100 毫米，尽管使用爆破弹后它可以在更远的距离毁伤英国坦克。

在 1941 年，早期的英国巡洋坦克（Cruiser tank）对德国非洲军团的装甲部队来说并不是什么大问题，但玛蒂尔达（Matilda）和瓦伦丁（Valentine）步兵坦克，以及十字军（Crusader）坦克和美国生产的格兰特（Grant）坦克，被证明是德国非洲军团的可怕对手，特别是鉴于 PzGr40 型弹头的缺乏和 Kwk38 型很差的整体性能。它们薄弱的装甲使得大多数装甲车在英国的反坦克和坦克炮面前显得极为脆弱，即使在远距离也是如此（英国的2级驱逐坦克能够在800米的距离穿透40毫米倾斜30度的均质装甲）。

1941年12月，第一辆三号坦克H型到达北非，随后是早期生产的三号坦克J型和四号坦克F型（新的二号坦克F型也同时到达）。虽然武器没有改变，但他们现在的装甲防护增强了。二号坦克F型正面装甲现在是30至35毫米，三号坦克H型则是在30毫米标准钢板之上，增加了一个30毫米的装甲钢板，而J型像四号坦克一样，配备了标准的50毫米正面装甲钢板。这种装甲厚度的增加，抵消了英国2级驱逐坦克火炮的优势，而采用更宽的400毫米履带作为标准履带（已在三号坦克G型坦克上测试过）使车辆在松软的地面上机动性更强。

从1942年年初开始，现代化的装甲车开始进入德国非洲军团部队，新的坦克型号已经非常适合坦克对坦克的战斗。最先到达的是后期生产的三号坦克J型，与早期的量产型类似，但装备了50毫米口径的Kwk39 L/60型长管火炮，能够在100米穿透67至130毫米，在500米穿透57至72毫米，在1000米穿透44至38毫米的装甲。1942年8月，第一次在加查拉战斗中使用，从1942年8月开始相对大规模的装备，在与十字军和格兰特坦克的对战中已能够平分秋色。新的75毫米口径的Kwk40 L/43型长管火炮（能够在1500米穿透厚达72毫米的装甲钢板）甚至可以与美国制造的谢尔曼坦克相提并论。它被用来改造旧的四号坦克F型，华丽转身成为著名的四号坦克F2型坦克。1942年6月，第一批最新改型抵达北非，但直到夏末，这种最新改型仍然稀有。长管的三号和四号坦克都被戏称为“特使”，英国也采用了这个名字。

尽管坦克修理队和工程部队做了出色的工作，但由于机械故障、战斗毁损和供应问题造成的损失大大减少了可用装甲车的数量。因此，在1941年9月进行改组，减少已有的四号坦克数量，设定为每营10辆，每个中型装甲连只有两个排。另外，装甲团的其他已有装备编制保持不变。然而，事实证明，这一次改编和武器分配不适合西部沙漠战争中大规模的坦克对坦克战斗，因此编制又再度调整。1942年4月，在第5和第8装甲团引入了新的坦克编制，但直到5月中旬才有了较大的变化，这标志着

一辆三号坦克通过一座突尼斯大桥。注意车辆之间的距离有多远，重型坦克压垮桥梁并不罕见，所以过桥时最好一次过一辆。

装甲车的可用性和质量都有了提高。轻型连的轻型排改编为普通的装甲排，装备三号坦克，因此一个团的中型坦克总数从71辆增加到135辆。将装甲营内轻型连数量增加到3个的决定，也导致这一增加成为可能，这一政策在1942年年初得到了有效执行。与此同时，二号坦克的数量从45辆下降到29辆，其中2辆配发给装甲营的工兵排。只有四号坦克的数量仍然缺编，因为德国非洲军团装甲师的每个中型连只有11辆，而不是14辆坦克。坦克力量的全面显著增长，以及配发的新型坦克，在德国非洲军团1942年春夏两季的胜利中发挥了重要作用。

反坦克武器

尽管德国国防军全面强调机动装甲作战，但他们进入战争时的反坦克能力微乎其微。德国军队侵略的倾向愈发明显，任何带有防御意味的事物都不受欢迎。1940年4月1日，装甲防御部队被重新指定为装甲猎兵（德语：Panzerjäger；英语：armour hunter），以降低他们的防御属性。越来越多的反坦克炮被安装在履带底盘上以提高机动性。

在战争早期，主要的反坦克炮是莱茵金属—博尔西格公司生产的37毫米口径的PaK35/36型坦克炮。这一时期，9门火炮分配给一个三排制团属反坦克连，27门火炮分配给师属反坦克营。在20世纪30年代中期，PaK35/36型坦克炮是一种优秀的武器，被许多国家仿制。但是，到1940年它过时了，正如以它在军中的绰号“敲门者”而闻名一样。由6名乘员操作，它最初发射一枚穿甲弹，能在500米处穿透29毫米倾斜30度的均质装甲钢板。在20世纪40年代早期，它有限的穿甲能力使得它几乎毫无用处，除非用于对付轻型装甲车。PzGr40型穿甲弹的引入，并最终于1942年早期发展为采用炮口装填式的Stielgranate41型榴弹（Stick Grenade 41），并没有带来真正的改善，因为PaK35/36型火炮的有效性仍然被限制在100米。

另一方面，1940年晚期投入战场的50毫米口径的PaK38型反坦克炮是一件超级武器，尽管在对付重装甲方面并不是十分有效。它的重量不到 1 吨，只有 1.1 米高，坚固结实，可靠性强，操作方便，难以侦测，因为具有更强的穿甲能力而优于英国的 2 级驱逐坦克。在 100 米时，它可以穿透 69 毫米的倾斜 30 度均质装甲钢板（使用 PzGr40 型时可穿透 130 毫米），在 500 米时为 59 至 72 毫米，在 1000 米时为 38 至 48 毫米。它能够对付西部沙漠中的大部分英国装甲，与主要由非洲师（第 90 轻型师）使用的 76.2 毫米 PaK36 型反坦克炮一样，直到 1942 年年底都是德国标准的反坦克炮。

在第 5 轻型师前往的黎波里之前，陆军总司令部命令其第 39 装甲猎兵营将新式 50 毫米 PaK38 型替换为旧的 37 毫米 PaK35/36 型，最终每个连只剩下一个装备 PaK38 型的排。1941 年年初，两个装甲师都只有有限的反坦克能力，但因为第 605 装甲猎兵营的自行反坦克炮的出现而得到了一定缓解。然而，很快第 33 和第 39 装甲猎兵营开始用 PaK38 型来替换老式的 PaK35/36 型。在 1941 年 5—9 月间，每个装甲猎兵营的 PaK38 型数量从 9 门增加到 12 门，到 9 月 20 日，两个营都将所有的 PaK35/36 型移交给其他部队，尽管第 33 装甲猎兵营的装备仍未满编。

1940 年晚期，PaK38 型的进一步升级换代导致 75 毫米 PaK40 型也开始部署，这成为主要的师属反坦克炮，但也有一些被分配到团属反坦克炮连。尽管难以操作，但事实证明它是一种有效的武器，可以击穿大多数坦克，使用标准的穿甲弹能在 450 米穿透 105 毫米，而使用 PzGr40 型弹头则可以穿甲 115 毫米。许多缴获的苏联 76.2 毫米口径的 FS22 型火炮也被更换为德国 75 毫米的弹仓，并进一步改装为反坦克使用的 76.2 毫米 PaK36（r）型。37 毫米、50 毫米、75 毫米口径火炮均配备高爆弹。

从 1941 年起，德国人有限地使用了两种 Gerlich 型的锥膛炮（也称压孔炮），内膛直径从 28 毫米逐渐变细至 20 毫米，以及 42 毫米（实际上是 45 毫米）逐渐变细至 29.4 毫米。28 毫米 sPzB41 型是一种小型轮式武器，用于替代 7.92 毫米反坦克步枪，42 毫米 PaK41 型安装在 37 毫米火炮的炮架上。这些火炮使用一种特殊的炮弹，在发射时被逐渐压缩到一个较小的口径，以获得更快的速度。火炮和弹药的生产成本昂贵，特别是弹头需要稀有的碳化钨弹芯，1942 年停产。然而，它的穿透性很好：28 毫米弹头在 400 米时达到 60 毫米，42 毫米弹头在 450 米时达到 75 毫米。然而，由于缺少子弹，它们的作用有限。

1939 年，德国在役的反坦克步枪数量很少，分别为 PzB38 型和 PzB39 型。既复杂又昂贵的 PzB38 型只生产了 1600 支，但 PzB39 型生产了 39232 支。两种型号的口径都是 7.92 毫米，采用了一种一战 94 毫米长的缩颈式 13.2 毫米口径反坦克步枪的子弹，能够在 100 米的距离穿透 30 毫米。因子弹太小，不会对坦克内部造成太大损害，更大的子弹会四处跳弹，击中其他的坦克乘员，但小的步枪子弹通常会在击中第一个

在突尼斯，一辆 StuGIII 突击炮载着一队装甲掷弹兵冲向前线。该团之前以步兵团闻名，于 1942 年 7 月被重命名为“装甲掷弹兵团”，他们名称的改变反映了摩托化步兵以“闪电战”为中心的理念。

人时停止。早期的弹药箱中有一个很小的催泪瓦斯子弹，但子弹太小而无法起效。后来的弹药有了从波兰学来的技术——碳化物弹芯。两支步枪都是单发射击枪，配有两脚架。PzB38 型的重量为 15.99 公斤，PzB39 型的重量为 12.43 公斤，所以战场携带很麻烦。其他几款 7.92 毫米反坦克步枪使用有限，包括大量缴获的苏式型号，以及各种瑞典制造的 20 毫米步枪，如索洛图恩 s18-1100 型（Solothurn s18-1100）。1 个步枪连编制 1 个七人制的反坦克分排，配备 3 件武器，其他步兵排每个排可能会配属 1 件，但为了集火射击最好集中组队。

1943 年，德国人意识到这些武器已经过时，将 PzB39 型反坦克枪改装成 GrB39 型（Granatbüchse 39）反坦克榴弹发射枪，将枪管缩短到 600 毫米，并附加安装一个枪榴弹发射器，能够发射任何一种德国的反坦克榴弹，但重量仍为 10.5 公斤，射程 150 米，比标准步枪的枪榴弹射程远不了多少。GG/P40G 型为步枪榴弹的 1940 反装甲战斗版，使用一种栓式发射器。这款榴弹枪被美国人复制，尽管德国人使用了一根弹底起爆引信，但还是没有效果：无法远距投射。1942 年它被撤回，取而代之的是一个 30 毫米的枪榴弹发射器。第一款步兵反装甲枪榴弹是一个 30 毫米口径的聚能炸药，在 50 至 100 米的有效射程内穿甲厚度为 20 至 30 毫米。1942 年，一种 40 毫米口径的超口径手榴弹推出，它能够在远达 150 米的距离穿甲 50 毫米。累计近 2400 万枚 30 毫米和 40 毫米枪榴弹被生产出来。46 毫米和 61 毫米两种型号分别于 1942 年末和 1943 年末推出，有效射程 80 至 100 米。46 毫米穿甲厚度 70 至 90 毫米，61 毫米穿甲厚度 100 至 120 毫米。

然而，还有一些反坦克手榴弹使用有限，德国主要的手持反坦克武器是磁力 3 公斤空心装药的磁性吸附雷[4]。这种残忍的装甲破坏机器于 1942 年 11 月列装。它是一个圆锥体，有一个控制引信的把手，底座周围有三对磁铁，以便附着到坦克、堡垒的炮塔、碉堡的门或百叶窗上。早期的型号有一个用于摩擦点火的 4.5 秒延时引信，有时攻击者没有时间寻找遮蔽物，1943 年 5 月，一种 7.5 秒的引信问世。装药可以穿透 140 毫米厚的装甲或 500 毫米厚的混凝土。1942—1944 年大约生产了 55.39 万枚。

1943 年 1—5 月，突尼斯战役中的三个人物。从左至右：1943 年 2 月，第 200 装甲掷弹兵团的一名武装上士（Waffen oberfeldwebel）在卡塞林隘口；1943 年 2 月，第 756 山地团的一名中士在朗斯特山；1943 年 3 月，第 961 非洲步枪团的一名步兵列兵（Schütze）在方杜克。所有人都穿着热带野战服，只是略有变化。（Stephen Andrew © Osprey）

1944 年 5 月，磁性吸附雷正式退役，被“铁拳”反坦克火箭筒[5]取代(Panzerfaust 字面意思为“装甲拳头”，一般译为“铁拳”，见第四章)，尽管现有库存仍在使用。

关于德国在北非的反坦克和防空武器的讨论，往往围绕着令人胆寒的 88 毫米高射炮展开。尽管它的名声在外，但实际上并没有在战场上广泛使用。同一时期部署的 88 毫米高射炮不会超过 30 至 40 门：第 135 高炮团在 1942 年 5 月和 8 月分别部署了 36 门和 39 门。它的名声实际上很大程度上源于 1941 年缺乏合适的专用反坦克武器。

在战争的前几年，人们对自行反坦克炮的关注不多。对一号自行反坦克炮［Pak(t)L/43(sfl) auf PzKpfw I Ausf.B］的研发似乎是一种迟来的尝试，以便更好利用过时的一号坦克底盘。从 1940 年 3 月—1941 年 2 月只生产了 202 门，它装备捷克生产的反坦克炮，能够在 100 米穿透 54 毫米倾斜 30 度的装甲钢板（PzGr40 型穿甲厚度为 100 毫米），在 500 米距离时穿甲厚度为 48/59 毫米，在 1000 米时穿甲厚度为 41 毫米（PzGr40 型在这一射程不再有效）。该型火炮用于装备第 605 装甲猎兵营，其 1941 年装备了 27 辆车，尽管这不是最好的解决办法，但却是唯一可用的。

战场经验很快提出大量改进建议。一种巧妙的临时解决办法是把一辆过时坦克的底盘和一门威力强大的反坦克炮结合起来，在这个方面的例子是苏联的 76.2 毫米炮，德国人在进攻苏联的头几个月里缴获了大量的这种火炮（连同弹药）。安装在 PzKpfw38(t) 型坦克的底盘上，创造出了 Panzerjager38(t) für 7.62cm PaK36(r)，也被称为黄鼠狼 III（Marder III），是长期和成功的自行反坦克炮中的第一种。1942 年 4—10 月之间生产的黄鼠狼 III，可能是德国非洲军团使用过的最强大的反坦克武器。虽然车辆又高又重，约 11 吨，2.5 米高，但它的装甲很好（坦克车身和上层结构达到了 50 毫米），并拥有非常强大的武器，能够在 100 米的距离穿透 98 毫米倾斜 30 度的均质装甲钢板（使用 PzGr40 型时为 135 毫米），在 500 米时穿透 90/116 毫米，在 1000 米时穿透 82/94 毫米，在 1500 米时穿透 73/75 毫米，在 2000 米时穿透 65/58 毫米，这足以使它成为沙漠里的“坦克杀手”。

然而，可用性才是真正的问题，1942年7月—1943年5月期间只有66门火炮部署到北非。另一项解决方案的发展，填补了这一缺口。1941年10月中旬，陆军总司令部下令借用苏联76.2毫米PaK36(r)型反坦克炮，为德国非洲军团迅速开发一种更强大的自行反坦克炮。德国人找到一个合适的解决方案，把火炮安装在布辛－纳格BN9型5吨重的半履带式车辆上，生产76.2毫米FK36(r)型自行火炮，也被称为“戴安娜”。1942年1月，首批6辆大约3米高的相当笨拙的样车被派往北非，随后在2月又有3辆被派往北非（一共只生产了9辆）。在加查拉使用的7辆“戴安娜”装甲车样车，效果较好（5月28日，其中的一辆在阿代姆拦截了第4装甲旅），但它们的数量很快减少。到1942年6月中旬，在第605装甲猎兵营撤退到巴蒂亚休整和改装之前，只剩下2辆“戴安娜”，尽管8月份明显有3辆。

88毫米高射炮

在盟军中被称道的88炮，即88毫米高射炮，从1935—1945年间有多种型号服役。最初纯粹作为防空炮研发使用，但它作为反坦克武器的潜力在西班牙内战期间就已经显现了。在随后的二战中，这种火炮得到了广泛的使用，并赢得了令人敬畏的“坦克杀手”的声誉。它的优点是十字形底座，允许360度快速旋转，每分钟15发的射速，精确的地面射程高达14810米，在500米的距离击穿100多毫米的装甲。话虽如此，盟国的武器中也有几款拥有这些性能，真正让88高射炮脱颖而出的是服役的数量庞大。

为了完全理解这些不太为人所知的武器与著名的88毫米高射炮相比有多重要，值得参考的是1942年10月21日，第15装甲师只有8门88毫米的高射炮，但有72门50毫米PaK38型和16门76.2毫米Panzerjäger38(t)型自行式反坦克炮。

车辆和其他装甲战车

对于像德国非洲军团这样的摩托化部队来说，摩托化车辆的可用性和有效性是一个关键因素。1941 年后期，一个装甲师编配的摩托化车辆的数量约为 3500 至 4000 辆。其中大多数（约占总数的 90%）是非战斗用的轮式车辆，用于运送人员和补给。

例如，1941 年 12 月下旬，第 21 装甲师编制的车辆装备包括大约 1000 辆摩托车（其中 700 多辆是组合车），尽管不适合沙漠作战，但仍然在各作战单位大量使用。另一方面，全师还有 1000 辆汽车，这个数字包括约 450 辆像 Kübelwagen（包括 Kfz1 型到 Kfz4 型）这样的小型勤务车，约 350 辆中型勤务车（Kfz12 型到 Kfz17 型），约 15 辆重型勤务车（Kfz21 型到 Kfz23 型），还有超过 150 辆轻型越野卡车用于人员运输，像克虏伯军用卡车（Krupp Protze，Kfz69 型、70 型和 81 型），以及 52 辆 Kfz31 型救护车。全师 1700 辆卡车的大部分由中型卡车组成，主要用于炮兵、勤务和补给单位，包括欧宝“闪电”（Blitz）这样的四轮驱动卡车。作为一个装甲师，它也配发了大量的半履带车辆，其中只有一些配属于战斗部队。

事实上，德国非洲军团只有一小部分步兵配发了有名的 MTW 装甲运兵车。例如，1941 年 12 月，第 21 装甲师只有 10 辆 SdKfz251 型装甲运兵车，而其他所有的半履带式车辆都用于其他任务，SdKfz251/6 型是一种指挥车，SdKfz251/7 型是一种工兵车，SdKfz253 型是一种轻型装甲侦察车。大多数半履带式车辆只是牵引车，主要用于牵引火炮。实际上，配发的轮式战斗车数量比轮式装甲车更多，包括主要由第 3 侦察营使用的 64 式轮式装甲车辆。

车辆一直是德国非洲军团的一个问题，首先是因为短缺，其次是因为它们在沙漠中面临的诸多问题。陆军总司令部是其中一些问题的幕后推手，因为它没有核实意大利人是否使用柴油车（他们确实使用，并取得了巨大的成功），它决定避免由于使用不同燃料类型而引发的问题，最初只配发汽油车给北非，如此做法限制了德国非洲军团车辆的数量和质量。结

从左到右，是第 33 侦察营的一名少校、步兵的一名中尉和一名少将。请注意高帮系带帆布靴和皮靴，以及标准的德国长筒靴之间的不同。(Ron Volstad © Osprey)

果是许多德国非洲军团使用的两轮驱动车辆，要么是来自民用车型，要么甚至是被迫转为军用的民用车型，然而它们特别不适用于沙漠。让我们对这个比例有一个直观了解，1941 年夏天，第 15 装甲师使用的 1000 辆卡车中，只有 45 辆是四轮驱动的。在同一时期，第 21 装甲师补给护卫队只有 74 辆卡车适合沙漠地形。

由于缺乏铺面道路，加上沙子、灰尘和炎热，德国汽车承受了巨大的压力。与英国汽车不同，德国汽车不是为热带地区设计的。坚固耐用的 Kübelwagen 广受欢迎，被证明是一种非常有用、十分可靠的车辆，特别是配备超大尺寸的飞机轮胎。然而，尽管采用特殊过滤器，它的发动机寿命只有 12000 至 14000 公里（采用特殊的过滤器之前只有 5000 公里），这只是其正常寿命（60000 至 70000 公里）的五分之一。相比之下，一辆坦克每 3500 公里需要换装一台新发动机，这大约是它正常寿命（7000 至 8000 公里）的一半。弹簧也遭受重创，特别是 Kfz17 型被证明极易断裂。结果，许多车辆很快就停止使用，从而限制了实际的可用数量：1941 年 8 月，第 21 装甲师的补给纵队在 315 辆装备实力中，只有 191 辆为可使用的卡车；另外 124 辆处于维修状态。1942 年 1 月，全师编制车辆 3528 辆，实际有 2459 辆车（625 辆摩托车、565 辆汽车、831 辆卡车、151 辆牵引车和 287 辆装甲战斗车辆）的缺口；超过 70%[6] 的车辆没有服役。

缺乏半履带装甲车也是一个主要问题，特别是在 1942 年。甚至配发步兵部队的少数车辆也被召回，用作指挥车和通信车。其中有一些还通过安装法国制造的 25 毫米霍奇基斯（Hotchkiss）轻型反坦克炮来提高这些单位的反坦克能力。总的来看，可以毫不夸张地说德国非洲军团极度依赖且大量使用缴获的英国车辆。1942 年夏天，德国非洲军团大约一半的在役车辆是由缴获的车辆组成的，如果没有这些车辆，隆美尔将很难打到埃及。

指挥、控制、通信和情报

运动战中一个有效的C3I复合体[7]是最重要的，特别是在像西部沙漠这样的复杂地形中。为了掌控战场，双方都需要一套有效控制部队的实用指挥系统，一套可行的通信网络，以及对山头另一边有绝佳的视野，这意味着高效的情报服务。德国在北非的大多数C3I复合体与欧洲使用的系统相似，但有一些特殊的方面需要强调。

不恰当地说，德国的指挥方式是基于所谓的任务战术。这实际上是一个基于“任务指挥”原则的系统，高级指挥官只给下属一个需要实现的目标，让后者选择如何实现它，他们必须利用地形和自身部队的情况，发挥自己的主动性。这种制度与所谓的自上而下命令式指挥形成鲜明的对比，自上而下的命令式指挥是由严格而详细的命令来控制，其中既规定了目标，也规定了实现目标的方法，这是英国军队在北非广泛使用的一种方法。虽然任务指挥原则优势明显，但它是一把双刃剑，因为它需要有较强军事素养的战地指挥官（即便不够出色）和一套可行的控制系统。如果没有足够的控制系统，任务指挥制度的主要优势之一灵活性，在战场上很容易表现得一团糟。这就是参谋工作如此重要的原因，毫不夸张地说德国在北非的参谋人员很是优秀。

隆美尔对任务指挥原则有自己独特的做法，这实际上强化了德国军事学说所强调的另一个原则：指挥官要在前线指挥。只有这样，指挥官才能正确地评估战场上的形势，很好地掌握地形和敌人的信息，迅速应对任何突发事件。面对强敌的指挥员可以选择不同的作战方式，而面对弱敌的指挥员可以充分利用战场上已经取得的胜利。总而言之：灵活性，这是德国指挥官的闪光点，也是他们取得诸多成功的原因。

一个有趣的特点尤其能帮助指挥官在前线更好地指挥部队，即指挥分遣队的发展，这显然是在北非“十字军行动”期间经历的结果，当时德国非洲军团的指挥部被英国军队占领。使用前进指挥所和后方指挥所是德国各级指挥部的一种常见做法。与作战军官和情报军官一起带队，指挥官冲锋在前，而行政管理和供应补给的相关参谋人员则在后方行动。隆美尔的

德国的一个无线电分队通过一辆无线电车来建立通信。除了负责无线电传输，信号部队还将花费大量时间拦截和破译盟军的无线电通信。

创新是建立了一支小型、高度机动和装备精良的支援部队，专门负责护送前进指挥所，保护其免受敌人的攻击，包括空袭。

尽管有了这种改进，但直到1942年4月才开始实行，德国非洲军团的军官们还是为他们的“前线指挥”原则付出了沉重的代价。1941年11月18日—1942年2月20日，第21装甲师有47名军官死亡，61名受伤，40名失踪。值得注意的是，军官占全部死亡人数的10%，但只占全部受伤人数的4%和全部失踪人数的2%。1942年5月21日—9月20日期间的数字也是类似，57名军官死亡（占全部死亡的7.5%），214名受伤（占全部受伤的7.4%，但其中59人为轻伤），17人失踪（占失踪人数的2.4%）。这种数据结构在其他师也得到了重复。在1941年11月—1942年3月31日期间，第90轻型非洲师遭受的损失包括27名军官死亡（占总数的7.6%），27名受伤（占总数的3.6%）和86名失踪（占总数的2.3%）。1942年10月20日—11月21日，第15装甲师有13名军官死亡（占总数的7%），28名受伤（占总数的5.8%），29

1943年3月23日，第10装甲师（10th Panzer Division）的一列坦克、半履带车辆和运输车行军纵队开进谷地，逼近突尼斯的埃尔盖塔（El Guettar）。随后在与美国军队的战斗中败北，美国的炮兵部队对德军部队和人员尤其造成了沉重的打击。当天结束时，第10装甲师只剩下26辆可用坦克。（Michael Welply © Osprey）

名失踪（占总数的 3%）。

最引人注目的是，这些数字还包括高级军官。1941 年 8 月 15 日接替隆美尔成为德国非洲军团指挥官的路德维希·克鲁维尔（Ludwig Crüwell）中将，在 1942 年 5 月 29 日的一次侦察飞行中被击落并被俘获。他的继任者瓦尔特·内林（Walther K. Nehring）装甲兵上将于 1942 年 8 月 31 日在托布鲁克负伤。随后，德国非洲军团的指挥权被冯·韦尔斯特（Von Vaerst）少将短暂掌握了一段时间。然后，从 1942 年 9 月 17 日起，由威廉·冯·托马（Wilhelm von Thoma）装甲兵上将担任，他于 11 月 4 日在阿拉曼被俘。师级指挥官的伤亡甚至更高：1941 年 11 月 29 日，第 5 轻型师第一任指挥官约翰内斯·施特赖希（Johannes Streich）少将的继任者约翰内斯·冯·斯特里奇（Johann von Ravenstein）少将被俘。第 21 装甲师最著名的指挥官格奥尔格·冯·俾斯麦（Georg von Bismarck）少将（接替卡尔·伯切尔［Karl Böttcher］将军），于 1942 年 7 月 17 日第一次受伤，几天后回到部队，最终于 1942 年 8 月 31 日在战斗中死亡。海因茨·冯·兰多（Heinz von Randow）少将于 9 月 18 日成为师指挥官，于 1942 年 12 月 21 日被杀。

第 15 装甲师的记录也是大同小异：第一任师长海因里希·冯·普里特维茨·乌恩德·加夫隆（Heinrich von Prittwitz und Gaffron）陆军少将于 1941 年 4 月 10 日死亡，继任者（后来升为少将）汉斯－卡尔·冯·埃塞贝克（Hans-Karl von Esebeck）陆军上校于 1941 年 7 月 25 日受伤。接替他的沃尔特·诺伊曼－西尔科（Walter Neumann-Silkow）陆军少将于 1941 年 12 月 6 日负伤，1942 年 5 月 26 日古斯塔夫·冯·韦尔斯特（Gustav von Vaerst）陆军中将在加查拉负伤。7 月 8 日，海因茨·冯·兰多（Heinz von Randow）陆军少将担任师长，暂时比较幸运，在 1942 年 9 月 17 日被转移，像古斯塔夫·冯·韦尔斯特将军一样，于 11 月 11 日回到师队休病假。1941 年 12 月 10 日，第 90 轻型非洲师的第一任师长马克斯·苏默尔曼（Max Sümmermann）陆军少将死亡，1942 年 6 月 21 日起担任师长的乌尔里希·克勒曼（Ulrich Kleeman）陆军少将于 1942 年 9 月 8 日受伤。

级别较低单位的伤亡率区别不大。在 1941 年 11 月—1942 年 9 月之间，第 90 轻型非洲师的第 361 装甲掷弹兵团前后经历了 3 名不同的指挥官，其中 1 人死亡，另 1 人重伤。在同一时期，同团第 2 营有 4 名指挥官：1 人受伤，另 2 人因病被取代。最糟糕的记录由第 7 连夺得：9 名连长中有 3 人死亡（包括临时连长在内），还有 2 人在行动中失踪。

控制

尽管参谋军官工作的重要性与指挥官不相上下，但肯定比指挥官更安全。除了维持部队的正常工作秩序外，他们还必须确保指挥官保持对部队的控制，从而掌控战场。这需要持续处理来自下级单位和他们自己情报部门的雪片式报告，获取对战场实际情况（或多或少准确）的总体看法。指挥官据此来制订自己的计划，并最终发布命令。北非遇到的一个特殊问题是，在西部沙漠这样毫无地形特征的地区，很难确保对大量部队有严格的控制。编队经常溃败或走散，特别是在 1941 年，未经训练的军官无法准确确定自己的位置。导致的结果是，参谋人员无法对部队态势作出准确的分析，指挥官在下达命令方面也有困难。改进训练是一个解决办法，使用小型的、以目的为导向建立专门单位是另一个办法。

实际上，德国集团军广泛使用了战斗群，这是一种临时编队，优势较多，其中之一就是易于控制。北非也不例外，战斗群在许多场合被广泛使用。仔细观察它们不同的类型，就会发现它们也是被灵活性原则所支配的。最简单的战斗群是由一个单位组成，由其他小单位提供支援，或者不支援。1942 年 5 月 6 日，在格拉兹战役期间，第 90 轻型非洲师只是用指挥官的名字重新命名，就组成了几个战斗群。例如，第 900 工兵营，以库贝战斗群闻名，就是以指挥官豪普特曼·库贝（Hauptmann Kube）的名字命名的。在其他一些情况下，单个营或团与较小的支援单位组成一个战斗群。1942 年 1 月 5 日，巴勒斯泰特战斗群以巴勒斯泰特中校（Oberstleutnant Ballerstedt）的名字命名，组建时使用第 15 摩托车营和一系列的支援单位，包括抽组第 33 装甲猎兵营的 1 个连、第 1 营的 1 个排、德国坦克在突尼斯遭受重挫。北非战场是德军第一次遭遇美国陆军，尽管早期在卡塞林隘口取得胜利，但隆美尔的部队还是无法抵抗美国强大的力量。

来自北非战场的 3 名战斗人员展示了各种战斗服装，包括 1942—1943 年悄悄出现的一些迷彩图案。他们（从左至右）是赫尔曼·戈林装甲团的一名上士，赫尔曼·戈林猎兵团的一名少尉（Leutnant），以及拉姆克伞兵旅的一名轻步兵（Jäger）。（Ron Volstad © Osprey）

第 33 高炮营、第 33 装甲工兵营的 1 个连、第 33 炮兵团第 2 营的 1 个连和 1 个信号分遣队。

其他战斗群则更为复杂，因为它们由各种各样的单位组成，通常是为了特定的战斗任务。1942 年 3 月下旬，第 15 装甲师组建了 2 个不同的战斗群，来分区防守阿格海拉防线正面的一段：包括阿勒巴侦察编队和盖斯勒战斗群。2 个编队都包括司令部、步兵、反坦克、装甲、炮兵和通信部队。

尽管混合战斗群的使用创造出了较为平衡的单位，能够衍生出一个小型装甲师，但有趣的是，这并不是最优解决方案。相反，在大多数情况下会选择由单一单位组成、由其他更低级别单位加强的战斗群，如果需要，总是可以与来自同一师的其他战斗群合作。当一个师被打破重组为多个战斗群时，这个系统在一个单独的师内就起作用了，而每个战斗群只不过比一个子单位多一点。1941 年 11 月 21 日，在“十字军行动”期间，第 15 装甲师分成 3 个战斗群，兵分三路向比尔—沙特里安机动。尽管每个战斗群都有自己独特的构成和确定的任务，但在需要的时候，他们可以互相合作、互相支援。A 战斗群是在第 8 装甲团的基础上建立的，得到 2 个炮兵营加强，由师指挥部领导，并拥有自己的通信系统。虽然建立在第 115 步兵团基础上的 B 战斗群是主要的支援单位，然而它也可以单独作战。C 战斗群，建立在团指挥部的第 200 系列特别分队基础上，是一个以步兵为主的单位，可以支援其他部队，也可以占领和守卫已占领的任何地区。11 月 21 日 12 时 00 分 A 战斗群和 B 战斗群同时开始向比尔—沙特里安机动，1 小时后 C 战斗群随之前往，11 月 22 日 3 时 00 分该师的剩余人员向比尔—沙特里安机动。尽管安排匆忙，而且夜间行军，道路条件恶劣，敌人活动频繁，但是到 11 月 22 日 7 时 30 分，所有 3 个战斗群都已顺利抵达目标。

通信

在快速的运动战中，通信对指挥和控制都是必不可少的。在 1941—1942 年，尽管德国的野战通信系统和装备在北非的使用有一些不足之处，但却是欧洲最先进的。在沙漠中机动的机动部队在保障无线电通信畅通方面并非毫无问题。在某些情况下，如1941年11月隆美尔仓促行动时，短距离的无线电设备导致联系中断。此外，为了使无线电能够机动，需要适当的通信车辆，而德国非洲军团缺乏这种车辆。此外，无线电通信可以被敌方的信号情报部队截获，而且往往可以被破译。另一方面，虽然缺乏无线电通信的灵活性，但野战电话和有线通信功能更强、更可靠，在西部沙漠尤其如此。那里空间广阔，当地有限的有线通信网严重限制了它们的使用。例如，直到1942年年初，非洲装甲集群的通信才主要依靠有线通信。就在对加查拉防线发动进攻之前，非洲装甲集团军的通信网才在很大程度上由有线构成，而且一旦进攻开始，它也随时准备向前推进。在实践中，装甲集团军指挥部作为巨大的交换中枢，通过通信系统连接所有的下属单位和指令。特别是那些在前线的人是同时用有线和无线电通信网连接起来的，因为他们在前进之后显然会失去大部分的有线联系。

虽然无线电通信网在大多数情况下能发挥作用，但也有一些严重的缺点。例如，只有装甲集团军和德国非洲军团的司令部，加上第104炮兵指挥官单位，可以直接与德国空军联络官联系。然而，驻扎北非的德国部队敏锐地意识到与德国空军部队的直接联系是多么重要，尤其是与实施近距离支援的斯图卡式飞机和空中侦察部队联系。一种视觉信号系统开始使用，尽管不是很成功。直到1942年3月，隆美尔才下令组建了一支机载无线电分队，这是一支陆空无线电通信小队，为几个师、团指挥部提供服务。然而，缺乏合适的车辆是德国非洲军团最大的缺点之一，进而阻止了其广泛使用。

轮式通信车辆不太适合在前线服役，特别是在越野和敌人炮火下条件下机动时，专用无线电通信车Kfz17型的弹簧特别容易折断。半履带式和全履带式车辆是首选，尽管我们已经看到它们总是供不应求。1942年年初，步枪连被抽走了半履带式和全履带式车辆，以装备师属情报营。大部分车辆配备Funkgerät7型无线电，一种功率20瓦的无线电设备，通信距离50公里。各种各样的SdKfz250型和251型的改型，与配备了Funkgerät8型无线电的Pzbefh III SdKfz267型和268型车辆混合编列，而后者是一种功率30瓦的无线电设备，通信距离相差无几。

距离有限是一个重大的缺陷，通信网的布设则又是一个问题。只有师指挥部才能直接联系下级单位，而友邻单位，比如向己方提供火力支援和接受火力支援的单位，则必须通过更高级的师指挥部互相联系。事实上，在经常发生的友军交火事件中，情况变得更糟，因为当时急需快速联系。为了阻止友军炮袭己方阵地，德国军队不得不重新使用早已过时的烟雾和照明弹的信号方式来沟通。

情报

空中侦察和信号情报（signals intelligence）为非洲装甲集团军和德国非洲军团提供了大部分的情报材料。空中侦察是最快捷、最直接的情报来源，由于在沙尘环境中它可以轻易发现任何移动的车辆，特别是行军纵队和部队集结地，因此得到了广泛的应用，但它也有一些严重的缺陷。首先，由于缺乏陆空无线电联系，往往很难区分这种集结是敌军还是友军。第二，大量和广泛地使用伪装使车辆只有在移动时才看得见，因此空中侦察只限于活跃的战场。

因此，唯一能够深入了解敌人内部情况的情报来源是信号情报，北

德国军用车辆在北非长途行驶，这些装甲车辆造成了保养维护和后勤方面的重大问题。空气过滤器很容易被灰尘堵塞，任何移动部件都被沙子磨损，增加了维修和清洁的频率。

非的德国部队在这方面做得非常出色。到达北非的第一个信号情报单位是隶属于第5轻型师第39情报营第3连的无线电监测排。1941年4月下旬，这支部队并入了第56情报营和阿尔弗雷德·泽博姆（Alfred Seebohm）中尉（后来成为上尉）的第3无线电监测连，而这个连本身就是一个无线电侦听单位。1年后的1942年4月，这个连队最终更名为第621无线电监测连（摩托化），其中大部分人最终于7月10日在泰尔埃尔伊萨被俘。

英国人在无线电通信上的粗心大意，特别是他们使用的代码简单，易于破译，对德国人的信号情报有很大的帮助。当隆美尔非常清醒意识到只有英国人的后方部队在梅尔沙隘道时，德国人这套系统的第一次成功很快就来了，这应该得益于英国人提供的信息。在隆美尔向昔兰尼加进军后，他的情报部队也透露这些后方部队正在撤退。

在接下来的几个月里，德国的信号情报系统经历了一系列的起起落落。1941年6月，隆美尔面对英国战斧攻势的反应，很

在北非，英国侦察策略倾向于依靠秘密行动来获取情报，而德国人总是准备在必要时为之战斗。他们所有的轮式装甲车通常都装备有一门20毫米口径的加农炮（后来升级），这使他们比英国人有明显的优势。如图，第3侦察营的一辆Sdkfz232型和一辆Sdkfz222型装甲车正向班加西推进。(Jim Laurier © Osprey)

大程度上得到了信号情报的帮助。信号情报向隆美尔报告了这次行动的实际开始日期，以及英国的作战意图。另一方面，信号情报最大失败之一是完全出乎意料的“十字军行动”。1942 年上半年，隆美尔的许多成功既是由于其信号情报的努力，也是由于“良好”的情报信息源，即美国驻埃及武官发出的解密信息。情报来源最终在 1942 年 7 月枯竭，当时泽博姆大部分无线电监测连也被摧毁，这一事实无疑表明隆美尔在阿拉曼的许多失败都是由于缺乏情报。

经验教训

与 1941—1942 年的战役相似，德国非洲军团留下的形象既有光又有影。隆美尔出色的领导能力和德国的优秀战术使早期的成功成为可能，主要是第一次进军昔兰尼加和防守索卢姆—哈尔法亚一线。另一方面，由于经验缺乏、战时训练不完整、武器和装备不足，特别是与德国非洲军团的敌人所拥有的武器和装备相比差距拉大，最终导致了在托布鲁克早期和“十字军行动”期间的失败。然而，获得的经验并没有被浪费，1942 年许多改革随之进行。训练得到了改善，充分利用了经验丰富的人员和行之有效的战术。单位组织编制进行了调整，弥补了许多不足。1941 年，德国部队的组织结构极不平衡，出现了三种不同的师级架构和编配，但没有一种真正适合西部沙漠。1941 年 9 月实行的改革虽然有用，但只是临时的补救办法，但 1942 年 4 月实行的改革带来了许多具有决定性意义的革新。改革后，德国非洲军团的师更平衡，这主要归功于配发了大量的武器，质量上引入了更新式、威力更大的武器，使他们变成了一支极为强大且成功的部队。但并不是所有的问题都解决了：缺乏机动车辆，特别是缺乏合适的机动车辆，只能靠大量缴获的敌人装备来弥补。此外，以“更多武器更少人”原则为基础的新式师编制，加上兵力永远低于编制，最终给本就相对较少的可用人员造成了太大的压力。结果是，一到达阿拉曼防线，德国非洲军团不得不面对一个简单的现实：现实已经超过了德国非洲军团的极限。

补给问题

在北非，德国战败的另一个关键问题是补给问题。因为盟军的飞机和海军船只的拦截，德国通过地中海运送补给已经十分困难，但是这些补给必须从港口运到前线，并且必须到达每一个师团单位。只有摩托化纵队才能做到这一点，尽管他们极容易受到英国的空袭，尤其是在1942年夏天。估算1个师每天的补给需求是相当困难的，但1个装甲师可接受的数字不少于300至400吨（水除外）。这个数字主要包括弹药（约100至200吨）和汽油、机油及润滑油（POL，共150吨）。其余部分包括粮食、车辆和武器备件、医疗用品以及人与机器所需的一切其他用品。当各师作战时，弹药的消耗是非常高的，而且在几天内就可能将库存消耗殆尽。例如，1942年5月28—30日，第21装甲师消耗了大约2300发炮弹、1900发坦克炮弹、600发88毫米高炮炮弹、340多发50毫米反坦克炮弹。在最后一次阿拉曼战役的10天中，该师消耗了大约1万发坦克炮炮弹和1.2万发其他火炮炮弹，外加约8万升水和26万升燃料。燃料是一个主要问题，特别是因为运输纵队在从仓库转移到前线时也会燃烧燃料。1941年，第5装甲团在1天的战斗中需要多达4400升的燃料，大约是所有战斗单位所需燃料（1万至1.2万升）的三分之一。包括勤务和补给单位在内，全师的每日消耗量约为3.3万升。水的消耗量也非常高，1942年年中每人每天配给量为3升，其中包括汽车冷却水，这一数字已经从1941年每人每天5升的配给减少了。

因此，后勤在西部沙漠中发挥了重要作用。在第21装甲师发起最后一次进攻的经历中，清楚表明了后勤的重要性。这次攻势最终止步于阿拉姆哈勒法。在穿越雷区时遇到了一些问题，其深度超过预期。同时，在试图到达目标区时，部队遭遇了一场沙尘暴，减缓了部队前进的步伐，同时增加了燃料消耗。最后，在8月30日下午晚些时候，第21装甲师停止了前进，就地转入防御。后勤而不是战士赢得了战斗。

然而，事实仍然是，1942年5—6月对优势敌人取得的惊人胜利，得益于几个月之内使德国非洲军团的能力和效率达到惊人水平的决定性改革。事实上，假如德国非洲军团在1941年占领了托布鲁克，我们很可能会认为，鉴于它当时缺乏经验、组织结构有缺陷以及所有其他问题，它可能无法继续向埃及发动进攻，至少无法成功。然而，这不仅仅是武器和装备的问题，德国非洲军团最令人震惊的一些成就是在面对强大的对手时取得的，而且是在大量现代化和威力强大的武器出现之前。两次进军昔兰尼加都是在资源匮乏的情况下进行的：对抗“简明行动”（Operations Brevity）和“战斧行动”（Operations Battleeaxe）的防守成功，得益于巧妙地使用了88毫米高射炮，而1942年5—6月的胜利是在大量最新、最强大的坦克投入使用之前取得的。这又是一个

后勤的失败是德国最终在北非战败的主要原因。燃料和弹药的供应在拉伸的补给线上变得尤为困难，盟军从1942年10月开始缴获了数百辆汽车，正如图中被征用的德国卡车说明了这一点。

1941 年 5 月 1 日，在对托布鲁克外围的攻击中，来自第 5 轻型师的工兵在附近防御工事的火力下努力搜索地雷。澳大利亚防御工事的精心伪装使任务倍加困难，由于装甲部队已突破外围防御，工兵们没有得到足够的支援。(Jim Laurier © Osprey)

在入侵克里特岛期间，德国伞兵和补给集装箱从一架 Ju52 运输机上降落。伞兵伞降几乎无法控制方向和着陆点，结果数十名德国士兵或在克里特海岸附近的海里淹死，或在岩石地形着陆时受伤。

光与影的问题。1942 年 10 月，德国非洲军团与 1941 年相比更强大、更熟练，但最终还是被打败了，因为它自己的理论和战术不得不在敌人强加给它的理论和战术面前甘拜下风。

德国人偏好的运动战和穿插战等典型作战方式，变成一场消耗战，消耗了德国人的资源、人力和后勤能力。在最后关头，武器和经验肯定会影响战局成败，但二者都不能保证战场上的成功。

那么，德国非洲军团能够取得如此多成功的真正秘密是什么？隆美尔当然是一点，无论他的战略能力和战术水平是否受到批评，事实仍然是，他的个性、杰出的领导能力和面对不断变化的局势的能力，在许多情况下被证明是具有决定性的。此外，我们不应忘记，他的下属，以及大多数德国非洲军团的高级和低级军官，都拥有非凡的才干和领导能力。毫无疑问，正是由于这两个因素的结合，德国非洲军团成为一个坚实、强大和团结的团体，尽管有缺点，但它仍是一支成功的战斗部队。毫无疑问，这是应该从德国非洲军团的历史中汲取的真正教训。隆美尔的聪明才智、技能、领导能力、面对不断变化的局势并作出适当反应的能力，才是隆美尔、他的下级指挥官以及大多数德国非洲军团的军人们能够应付挑战性环境和强大对手的真正特质。

巴尔干

北非并不是 1941 年德国陆军进入地中海的唯一战场。1940 年 10 月 28 日，墨索里尼从阿尔巴尼亚入侵希腊，开辟了新的巴尔干前线。但希腊的强烈反击，10 月 31 日英国占领克里特岛（威胁到对德国战争机器重要的罗马尼亚油田），1941 年 3 月 7 日 5.3 万名盟军“W”部队来到希腊，以及 3 月 27 日在南斯拉夫发生的支持同盟国的军事政变迫使希特勒激活“玛丽塔行动”（Operation Marita），入侵巴尔干半岛，防止希腊和南斯拉夫帮助盟军。

为执行入侵计划，德国部队包括第 2 集团军，由马克西米利安·冯·魏克斯上将指挥，下辖 4 个军：第 51、第 52、第 46 装甲军，第

德军第 2 装甲师小心翼翼地向希腊推进。该师组建于 1935 年，一直在波兰、法国、巴尔干半岛、东线、诺曼底和阿登高地等战场服役，直至战争结束。

49 山地军；由陆军元帅威廉·利斯特（Wilhelm List）指挥的第 12 集团军的大部，一共包括 5 个军：第 18 山地军、第 40 装甲军，以及由冯·克莱斯特上将指挥的第 1 装甲集群的第 11、第 14 装甲军和第 41 摩托化军。这些部队共有 24 个师：8 个步兵师、7 个装甲师、4 个山地师、2 个摩托化师、1 个轻型步兵师和 2 个武装党卫军摩托化师，并由意大利和匈牙利部队提供支援。

4 月 6 日入侵行动开始，这次行动显示出意大利军队还未能掌握的成功模式。4 月 10 日，第 2 集团军抵达萨格勒布，4 月 12 日抵达贝尔格莱德，4 月 16 日抵达萨拉热窝，4 月 17 日抵达杜布罗夫尼克。4 月 12 日第 1 装甲集群的第 11 和第 14 装甲军占领了贝尔格莱德，与从罗马尼亚赶来的第 41 摩托化军会师。南斯拉夫的马其顿被第 40 装甲军和第 18 山地军的一部占领，4 月 6 日军队占领斯特鲁米察，4 月 7 日占领斯科普里，4 月 9 日占领莫纳斯蒂尔，然后向南转向希腊。

南斯拉夫的 30 个师被德国的战术优势轻松击败。在北部，一些斯洛文尼亚和克罗地亚部队拒绝抵抗，但南部的塞尔维亚师对意大利控制的阿尔巴尼亚进行了短暂的反击。4 月 17 日，南斯拉夫最高指挥部投降，但许多部队加入了南斯拉夫祖国军和后来的共产党游击队。

在希腊，德国的当面之敌为希腊陆军，它由第 1（伊庇鲁斯）集团军、第 2（东马其顿）集团军和盟军 W 部队的 21 个师组成。4 月 6 日，德军第 12 集团军的第 30 军攻入西色雷斯，与希腊第 2 集团军展开激战，并于 4 月 9 日攻占克桑西。到 5 月 4 日，他们占领了爱琴海群岛。4 月 9 日，第 18 山地军猛攻希腊马其顿境内的梅塔克萨斯防线，并穿过希腊东部，于 4 月 19 日抵达拉里萨。与此同时，第 40 装甲军强行穿过希腊西部，于 4 月 14 日占领科扎尼，于 4 月 20 日占领约阿尼纳，迫使被包抄的希腊第 1 集团军于 4 月 23 日投降。获胜的德国人随后开始追击 W 部队，于 4 月 20 日攻占了拉米亚，4 月 24 日攻占了塞莫皮莱，4 月 27 日攻占了雅典，4 月 30 日占领伯罗奔尼撒。W 部队全部撤到克里特岛。

1941 年 5 月 20 日，德国空军对克里特岛发动了“水星行动”(Operation Merkur)，德国空军的第 7 伞兵师伞降到克里特岛。从 5 月 22

一名装甲兵中士（中）的两侧是步兵高级豁免兵（左）和一名山地军高级豁免兵，这些人均参加了 1941 年 4 月和 5 月的巴尔干战役。装甲兵身穿规定的野战制服，包括于 1936 年修改的 M1934 式特种坦克服，衣服翻领有 3 个纽扣孔，佩戴有一级铁十字勋章、二级铁十字勋章绶带以及银质战斗徽章。（Stephen Andrew © Osprey）

日开始，第5山地师和第6山地师的第141山地团乘坐滑翔机从克里特岛降落。4.15万名盟军守军顽强作战，但在6月1日，德军占领了该岛，并有效地完成了对巴尔干半岛的占领。希特勒的军队取得了另一场战役的巨大胜利，尽管面临激烈的游击队抵抗，特别是在南斯拉夫，这也意味着巴尔干地区直到战争后期仍然是活跃的战斗区域。

克里特岛和伞兵

克里特岛的陷落让全世界目光聚焦德国空降部队，他们在1940年的战役中已经成绩斐然。1941年5月在克里特岛发起进攻的第7伞兵师的士兵都是志愿者。他们意志坚强、身体健康、训练有素，各级军官都很优秀，纪律严明，积极进取，受到鼓励在任何可能的情况下发挥自己的主动性。他们理所当然地认为自己是一支精锐部队。

1936年，德国在柏林郊外的施滕达尔－珀斯泰尔机场建立了一所伞兵训练学校，号召志愿者组建第一个伞兵营。战争爆发后，德国空军开始统一管控降落伞、滑翔机和空中运输力量，且有足够的兵力组建一个空降师的核心，

由于游击队力量活跃，巴尔干地区的德国占领军保持着长期的任务。这里我们看到StuGIII自行突击炮G型在希腊萨洛尼卡街头。StuGIII自行突击炮同时具有支援步兵和摧毁坦克的能力。

由库尔特·施图登特（Kurt Student）少将指挥，基地设在柏林附近的坦佩尔霍夫机场。

1940年，希特勒新的伞兵部队在北欧和西欧的战役中作为精英力量脱颖而出。在丹麦，第1伞兵团占领了哥本哈根的两个奥尔堡机场和沃尔丁堡桥；而在挪威，伞兵占领了奥斯陆郊外的福尼布机场和斯塔万格的苏拉机场。在荷兰的战役中，第1和第2伞兵团的部队夺取并控制了通往鹿特丹和奥肯堡、瓦尔肯堡、瓦尔黑文和伊彭堡机场入口的多德雷赫特桥和莫尔迪克桥。然而，在比利时的表现最为胆大，当时第1伞兵团以指挥官豪普特曼·沃尔特·科赫（Hauptman Walter Koch）命名的科赫突击营下属的4个分排，猛攻（使用滑翔机部署部队）并占领了坚固的埃本—埃梅尔要塞和位于卡纳、费尔德韦兹尔特、弗罗恩哈芬的桥梁。

希特勒深受其新生的空降战士的鼓舞。到1941年，它已经成长为一个完整的师，由威廉·苏斯曼（Willhelm Süssmann）空军中将指挥，下辖3个伞兵团和1个半独立的空中突击团，得到炮兵营、反坦克营、机枪营和战斗工兵营支援。3个伞兵团各有3个伞兵营，而空军突击团有3个伞兵营和1个滑翔机营。每个伞兵营平均约700人，由3个步兵连、1个营部连、1个支援连和1个信号分排组成。整个营，连同无线电、重型武器、弹药、医疗用品和口粮在内的所有重型装备都通过空投部署。这些装备装在轻便的容器里。伞兵和容器在降落时都无法控制，因为使用的大部分降落伞仍然是老式的RZ16型，缺乏像美国和英国设计的使降落伞背带与伞绳连接的升降网或“吊带”。

在克里特岛行动中，希特勒将使用施图登特的第11航空军的空降部队，其中包括伞降部队和机降部队，后者由滑翔机和Ju52飞机部署。5月20日“水星行动”开始，使用滑翔机和500架运输机机群伞降着陆。苦守6个月后，英国最终未能保卫该岛，而由新西兰一战英雄伯纳德·弗赖伯格·VC（Bernard Freyberg VC）中将指挥的3.5万名守备部队中的大多数人，仅带上自己的轻武器逃离了希腊。

5月20日，克里特岛上空布满了缓缓降落的德国伞兵。第一次由3000名伞兵发起的进攻未能夺取主要目标，即位于马莱姆的机场，但

为了即将到来的克里特岛入侵，伞兵部队急切地研究着陆区域的地图。他们的运输工具是 Ju52 重型运输机，在战争期间还能进行空降着陆、空中补给空投甚至轰炸。

新西兰人在夜间从一端撤退后，德国人第二天开始调集增援部队，尽管仍受到密集的炮火和迫击炮的攻击。在行动的头几天，灾难的可能性在德国人头顶上时刻高悬。整支部队在着陆前或着陆后还没来得及拿起武器就被歼灭了，而且英国皇家海军在第二天晚上阻止了德国人补充性质的海上登陆。尽管如此，德军还是源源不断地增援部队，经过一周更激烈的战斗，弗赖伯格下令撤退和疏散。

第5山地师

取代第22空降师（负责保卫罗马尼亚普罗斯提油田），克里特岛上的伞兵将由第5山地师增援。第5山地师由尤利乌斯·林格尔（Julius Ringel）少将指挥。在1940年10月第5山地师在萨尔斯堡成立之前，该师大多数士兵都是志愿兵，都有战斗经验，来自曾在低地国家和挪威服役的其他师。大部分士兵是从奥地利和德国南部的阿尔卑斯地区招募来的，训练有素、作风顽强。该师的组织方式与传统步兵师类似，尽管它只有2个山地猎兵团，第85和第100团各有3个营，第95山地炮兵团有2个营，还有信号营、侦察营、反坦克营和工兵营。这个师只有不到1.4万人，在人数上比标准步兵师少。然而，为了克里特岛战役，它得到了第6山地师的第141山地步枪团的增援。每个营通常有3个步枪连、营部连和支援分队。因为没有空降作战的经验，林格尔和他的手下都没有料到他们会突然转到施图登特的第11航空军，但他们对战斗结果的作用不可低估。

空降入侵克里特岛是战争中最惊人、最冒险的事件之一。德国空军的士兵，一旦从他们的降落伞吊带上解放出来，就会像突击部队一样工作，利用空投的火力来克服盟军几乎无法突破的防御优势。伞兵最终取得了彻底的胜利，但这对德国人来说代价太大。数百架飞机在战斗中被摧毁或损坏，2.2万名登陆部队中有7000人伤亡，伤亡人数超过整个巴尔干战役。

德国人认为自己很幸运，占领了克里特岛，而希特勒对损失感到震惊。他的结论是，伞兵的时代已经结束了，取消了空降入侵马耳他的计划，而事实证明，这对德国的战略更为有利。从那时起，希特勒的伞兵部队最终扩展到几个强大的师，主要作为精锐步兵团使用。他们在北非、意大利、东线和西线的战绩显赫，但随着战场上伤亡人数增加，和所有国防军部队一样，替补部队的质量显著下降。

1941 年 5 月 20 日下午，第 1 伞兵团第 2 营在克里特岛的伊拉克利翁机场（Heraklion airfield）伞降着落。伊拉克利翁是东部战斗群的目标，该战斗群由布鲁诺·布劳尔（Bruno Brauer）上校领导的第 1 伞兵团组成，并得到阿尔弗雷德·斯图姆（Alfred Sturm）上校领导的第 2 伞兵团 1 个营和强大支援单位的加强。（Howard Gerrard © Osprey）

1941 年 5 月，德军山地部队在克里特岛降落后接到命令。1938—1945 年期间共组建了 10 个山地步兵师，其中两个师都被命名为第 9 山地师，这些师的作战状态并不稳定。

在克里特岛入侵期间，第 11 航空军主将库尔特·施图登特将军，和他的参谋人员一起查阅地图。施图登特是希特勒最有能力的将军之一，如果当地平民进行反抗，他不会手下留情。

1940 年左右，一名典型的德国伞兵及其装备。1. 带内衬带子的头盔；2. 跳伞人员的跳伞徽章；3. 蔡司双筒望远镜；4. MP40 冲锋枪；5. MP40 真皮弹匣袋；6. 皮质地图盒上缝着装铅笔、尺子、指南针的口袋；7. 水瓶、茶杯；8. 外穿护膝前后视图；9. 鲁格手枪皮套；10. 第一款侧面系带的跳伞靴，鞋底很干净。（Velimir Vuksic © Osprey）

外观和装备

伞兵的服装和装备设计上着眼实用、舒适，非常适合 20 世纪 40 年代的战场。不幸的是，德国伞兵服装的主要特点是明亮的兵种色，主要用于衣领领章和肩章。赫尔曼·戈林部队的军人穿白色衣服。这两种颜色在战场上都非常不实用，它们为敌人的步枪手提供了方便的目标标记。除了官方摄影师在场时，它们经常被换掉或小心地涂抹（成别的颜色）。除了兵种色，大多数伞兵大量穿着标准的德国空军制服，佩戴徽章标识。

从顶部开始，军人的伞兵头盔最初是国防军头盔的精简版，并去掉了

伞兵和山地部队的伤员被装载到一架 Ju52 重型运输机上，准备飞离克里特岛。德国陆军的医疗由集团军医疗营负责，该营的每个连在前线的后方运作一所野战医院，需要做手术的士兵将被送往更后方的综合性医院。

帽檐。采取这一设计的部分原因是为了防止人员在最初伞降过程气流通过掀起头盔，从而使人员窒息，另一部分原因是为了消除相对尖锐的边缘切断吊伞绳的风险。头盔最初被涂成德国空军的蓝灰色，两侧分别印有国家三色旗和空军鹰的图案。很快，战斗经验使它们被重新漆成绿色，或者，在北非和意大利被漆成暗黄色，徽章也消失了。在冬天，它们只是被简单刷成白色，因为春天很容易擦洗掉。随着战争的进行，各种各样的迷彩布料头盔罩也相继配发。军人还用剪下来的网眼背心或铁丝网自行制作了各种乱七八糟的图案，并在其中插入季节性树叶。1941 年以后，随着伞兵作为真正意义空降士兵的地位被实质性废除，越来越多后期编号师的军人只戴着普通的军用头盔。

伞兵的其他帽子是德国空军配发的标准侧边帽，带有帽檐的野战帽和两种样式的军官尖顶帽，颜色或是蓝灰色，或是热带褐色。到了冬天，尤其是在苏联，他们会配发一件长长的羊毛制的丝绒帽，管状样式套在头上和脖子上，很像巴拉克拉瓦头套[8]。一种时髦的带耳盖的尖顶皮帽也出现了，是仿照配发给山地部队的样式设计的，但从照片上看，似乎并没有被广泛地配发给伞兵部队。参加非洲—地中海战场的德国非洲军团的伞兵军官挑选出一种称作“农夫帽”的帽子，这种帽子很舒适、轻便、宽松、透气，并设计了可拆卸的遮盖颈部的帽垂以防止中暑。

亚麻内衣、羊毛袜子、运动装备、工作服和白色衬衫（阅兵）、蓝灰色衬衫或热带褐色衬衫是所有级别的标准衣服，与发给其他德国空军人员的没什么不同。后来色彩鲜艳的围巾或丝巾，成为北非伞兵标志性个人服装的另一个亮点。一些团甚至采用统一的颜色，例如，第 5 伞兵团的是深蓝色，上有白色圆点。

夹克和外衣也是德国空军的标准制服装备，要么是时髦的收腰飞行服，要么是四个口袋的军种大衣，从照片上看，只有后者使用了热带褐色材质。

夹克腰间系上腰带，通常情况下所有官兵佩戴一把带皮套的随身手枪。在夹克外面，伞兵穿着一件伞兵罩衫，这种实用的服装由厚重的粗棉布制成，后来又采用人字形编织法，以防止服装或设备在飞机上被卡住，或者在打开时被降落伞的裹绳缠住。然而，第一种样式的罩衫不容易

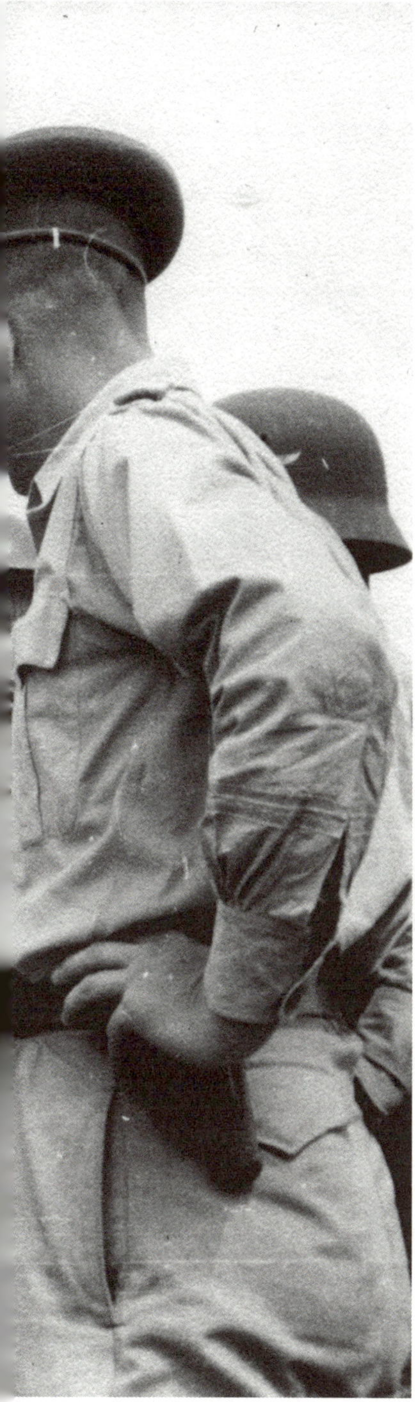

穿脱，因为它是一体式的。伞兵必须先穿到腿上，把衣服拉到肩膀，然后穿进袖子里，再扣上前面的扣子。着陆时，伞兵从降落伞背带中挣脱出来后，不得不把罩衫拉到腰部以下，以便解开装备腰带，再把它扣在罩衫外面。雪上加霜的是，他不得不再次脱下罩衫，或者至少把罩衫拉到膝盖以下，以便解手。第一种样式的罩衫在口袋的数量上略有不同，颜色上不是淡绿色就是灰色。

参加1940年战役的大多数军人都穿着第一种样式的罩衫，尽管那时已经出现了第二种。后来的款式更加实用，去除了第一种罩衫的裤腿，整个罩衫的前面都扣上了扣子。在跳伞时，下半部分扣在大腿上，以重现早期的“整体腿”，并防止士兵在降落中罩衫翻起来。这件罩衫也有两个大的胸部口袋和大腿口袋，采用绿色或棕褐色的碎片迷彩图案。这种服装后来的改版，虽然没有确定为第三种样式，但在克里特岛战役后生产了更微妙的褐色水滴迷彩，战斗裤也是用这种材料制成。

最终，到1942年以后，随着伞兵任务的实际取消，越来越多的伞兵部队（特别是作战番号编号更大的师）配发了与德国空军

在克里特岛的第7空降师的士兵。图中展示了两种型号的冲锋枪：左边近景中的士兵拥有瑞士/奥地利的斯泰尔—索洛图恩（Steyr-Solothurn）MP34冲锋枪，而后面的人持有更新式的MP40冲锋枪。

德国伞兵从 Ju52 重型运输机一跃跳落（1）。伞兵把降落伞的开伞拉绳挂住飞机的跳伞索缆，听从命令向前挪步，走到机舱门口做好准备。在接到“跳”的口令后，他们开始放飞自我，似鹰一样展开双臂，以防止身体翻滚或者被开伞拉绳缠住。这一姿势也可以减少降落伞打开时的冲击力，因为伞打开时身体会被向后拉拽。在空中摆动几秒后，“降落伞就会稳定下来，伞兵就会开始垂直下降（或者接近垂直下降，这取决于风力）”。不像英式和美式降落伞具有“吊带”，德国 RZ1 型（2 和 3）和 RZ16 型降落伞只有两根从肩胛骨后面合二为一的绳子。这一笨拙的设计使得控制下降成为不可能，令德国伞兵在空中手足无措。降至地面后，伞兵需要找到并使用补给箱（4）中的物资。（Velimir Vuksic © Osprey）

作战师相同的单排扣战斗夹克，用人造纤维和棉线混合组成碎片迷彩。热带棕褐色伞兵罩衫的相关报道是未经证实的，不过一些军官可能私下定制过这种罩衫。然而，1943 年停战后，其他罩衫是用意大利的迷彩材料缝制的。只有德国空军的胸标鹰徽章和袖子上的布制军阶贴章可佩戴在罩衫或战斗夹克上（但在阅兵时，允许佩戴装饰品）。在苏联的第一个灾难性冬天之后，德军配发的其他特殊服装至少包括白色和鼠灰色两种双面棉袄和棉裤。与标准的双排扣大衣相比，这些服装的设计初衷是让伞兵部队在极端天气条件下有更大的活动自由空间，但它们数量不足。应该指出的是，大衣从来没有穿在伞兵罩衫外面。

在大多数战争中，伞兵部队都穿着比罩衫颜色稍深的灰绿色战斗裤。他们称为“马裤”，相对来说比较宽松，适于战斗，穿着舒适，活动自如，用带子固定在脚踝处。它们有两个侧边口袋和两个臀部口袋加上腰带下的一个小表袋，可以用背带（吊带）或皮带来支撑，这取决于个人喜好。独特的是，在膝盖外部都有一个通风孔，伞兵可以通过该孔取出长方形木棉填充的帆布垫，这些帆布垫用来保护膝盖防止遭受沉重的正面下坠带来的伤害。然而，这种荒唐的伞兵设计被证明是无效的，所以后来又绑上了外穿护垫。着陆后，两套护垫都迅速丢弃，以便活动更加自由。

伞兵裤子的最后一个特色是右大腿上的小口袋，用塑料制的按压式按扣固定，口袋里装着“重力刀”。普通的折叠刀需要两只手才能打开，而伞兵刀有一个加重的刀片，从口袋拿出时可以自动滑动，只需拇指简单控制就能把它锁在适当的位置。这是专门为空降兵设计的，在一只手已经被完全占据，全力用于收紧翻滚的降落伞时，另一只手可以割断吊伞绳，迅速脱身。当然，这把刀也可以用于战斗或吃饭。在北非和其他地方，伞兵部队配发了热带裤或短裤，材质是舒适轻便且耐磨的棉料。裤子特别宽松，以增加空气流通，防止摩擦，此外臀部有两个宽大的口袋，左大腿有一个地图口袋。

伞兵制服中的长手套和跳伞靴也与众不同。柔软的黑色皮手套在手腕和袖口处都带有松紧，设计初衷是为了让双手在 Ju52/3m 运输机内冰凉的机舱内和降落过程中保持暖和。它们足够柔软，可以在战斗中穿戴。跳伞

伞兵在克里特巷战斗期间休整。在 2.2 万人的部队中，德军有 3250 人死亡，3400 人受伤。尽管德国取得了胜利，但这一伤亡数字仍高于盟军的总和。

这是一幅在克里特岛行动中伞兵的生动画面，一名士兵在拐角处用 MP40 冲锋枪提供火力掩护，而其他成员则准备向前推进。

靴也是由黑色皮革制成，鞋底是防滑的橡胶底，用来增强抓地力。最初设计的是在靴子的侧面系上鞋带，因为误认为这样可以给脚踝提供额外支撑。第二种是标准的正前方鞋带。帆布制成的护踝可以搭配上面任何一种。然而在阅兵式上，随着战争的继续，在战场上亦同，伞兵部队穿着标准的高及小腿肚的德国国防军长筒靴。

FG42伞兵步枪

FG42 伞兵步枪是战争中最引人注目的一件武器，尽管因其复杂性、制造成本、气动式机制，以及螺栓开关系统仅允许单发或自动开火等因素，仅生产了大约 7000 支，但在战后被大多数自动步枪所复制。它的起源是一个漫长的故事，但简单地说，它来自德国陆军和德国空军之间的竞争。当时，德国陆军已研发出世界上首支自动装弹的自动步枪，是黑内尔公司与毛瑟公司生产的 7.92 毫米（短）MP43（StG44）；而德国空军想要一支属于伞兵的自动步枪。其结果是研制出一支非常轻（4.5 公斤）的武器，枪管到枪托呈直线布局，倾斜的手枪握把（后来因成本原因转而采用更为传统的手枪握把），符合人体工学设计的塑料肩部枪托，在作为轻机枪角色时需要用到的一体式两脚架，采用枪口消焰器，甚至配备了特殊的针式刺刀而不像冰镐。这件武器在使用中唯一真正的缺点是侧面安装的 20 发容量的弹匣，除非使用双脚架，否则它会使武器失去平衡，并容易钩住相对宽松的衣服，如伞兵罩衫。与 MP43（StG44）相比，它在战场上的主要优势在于，使用了与标准 Gew/Kar98 步枪和卡宾枪相同的 7.92 毫米长子弹，因此装填弹匣从来没有像早期的陆军步枪那样是个问题。

尽管早期的伞兵配发了软帆布携行包来携带防毒面具，代替了原来降落期间可能造成伤害的坚硬的金属圆筒，但对单个伞兵来说，战场的装备或多或少与配发给陆军和空军的作战师一样。德国还为伞兵部队研制了一种特殊的子弹带。除了特别设计的 FG42 伞兵步枪外，其他所有的个人武器都完全一样。

除了 FG42 伞兵步枪，伞兵部队还配备了更多的其他自动武器，包括 MP40 冲锋枪和 MG34/42 通用机枪，以及装满手榴弹的口袋或腰带。他们也配发了陆军标准 88 毫米迫击炮的精简轻量级版——42 型短管枪榴弹发

伞兵的随身武器和个人武器。1. 9 毫米鲁格 P08 手枪，以及分解后的各个组件；2. 9 毫米（短）巴拉贝鲁姆瓦尔特 PP 手枪；3. 7.65 毫米绍尔 38H 手枪；4. 9 毫米 M1935 勃朗宁大威力自动手枪（德国常称为 Pistole P620）；5. 9 毫米巴拉贝鲁姆瓦尔特 P38 手枪；6. 24 型柄式手榴弹；7. 39 型卵形手榴弹；8. S84/98II 型刺刀；8a. 帆布制和低碳钢制的枪刺套；9. S98/04II 型刺刀，套在皮质和低碳钢制的枪刺套中；10. 伞兵重力刀。（Velimir Vuksic © Osprey）

射器。

由于伞兵在降落过程中携带物品的限制，德国人发明了一种刚性的轻型箱式容器，以保护降落过程中的武器和弹药。步枪和子弹带、冲锋枪和弹药袋、机枪、迫击炮和弹药箱都收装进去。其他清楚标有红色十字架的容器，装有医疗和外科手术设备。

因为伞兵部队需要在着陆后迅速拿到武器，而补给箱通常在第一个人跳下去之前就被扔出了飞机，这样使其成为一个瞄准点。然而，并不是所有的武器都装在补给箱里。尽管存在风险，在克里特岛降落的四分之一的军人携带着一支 MP40 冲锋枪，要么折叠放在降落伞背带下面，要么绑在大腿外侧。同样，在斯坦达尔为高层的跳伞表演中，他们手持卡宾枪，非常不安全。然而，尽管德国的补给箱系统很笨拙，但伞兵部队从来没有效仿英国的做法，把武器和其他装备装在一个行囊里，可以悬挂在每个人下面的绳子上。考虑到 RZ 型降落伞的不实用性，这种做法可能造成难以承

在入侵克里特岛期间，一架 Ju52 运输机被地面火力击中坠地后起火。事实上，数百名德国士兵在最初的着陆期间丧生，许多人在暴风雨般的轻武器火力中无助地飘落地面。

党卫军伞兵在南斯拉夫。他们属于武装党卫军第 500 伞兵营，组建于 1943 年。鉴于其危险的任务性质，50% 的人员来自训练营。

受的危险。

因此，伞兵的制服和装备是实用和笨拙的典型组合。然而，不管穿什么或携带什么，德国伞兵不仅在空降方面，而且在步兵进攻战术方面都训练有素。在后期作为步兵的职业生涯中，他们经常扮演“消防队”的角色，冲进受威胁区域，加强防御或者支援进攻。和德国陆军的许多部队一样，德国伞兵得到了对手的极大尊重。

在北非的战争以德国的失败而告终，但德国陆军在这场战争中表现出色。战场本身有利于打一场“干净”的战争（如果存在这样一场战争的话），没有多少平民介入战斗，也没有笼罩在其他战场上空的意识形态和种族包袱。巴尔干的情况则大为不同，例如南斯拉夫的内部战斗，到战争结束时夺去 100 多万人的生命。此外，从 1941 年 6 月起，德国陆军陷入一场与苏联的大规模战斗中，这场不可想象的战争将揭示出希特勒最优秀和最糟糕的斗士。

注释

[1]　原文为 LXXX，但根据中文史料，为第 90 军，请读者留意。

[2]　北非的一种含尘热沙漠朝向风。

[3]　原文如此，严格意义上讲，中间的为高级豁免兵，并不是初级士官，人手紧缺时可做士官使用，也可直接晋升到下士。

[4]　Hafthohlladung，反坦克武器，意为“坦克破坏者”。

[5]　此处的“铁拳”和第四章出现的“坦克杀手”，二者同时作为德国步兵组的反坦克武器，区别在于“铁拳”为中近程武器，“坦克杀手”为中远程武器，二者配合使用，使盟军装甲部队吃足了苦头。

[6]　原书如此，按实际计算应为 69.70%，不到 70%。据此推测，可能因为在役的部分车辆不能使用，合计超过 70% 不能服役。

[7]　现在战争一般讲 C3I 系统（Command，Control，Communications and Intelligence），但原文为 C3I complex，故译为“复合体”，主要是当时 C3I 的四项要素还没有形成今天这样如此深入融合为一的系统，请留意区别。

[8]　巴拉克拉瓦头套（Balaclava helmet），指裹住头、颈和脸的大部分的一种帽子。

在一个不幸的苏联城镇，德国士兵周围一片废墟。城市战对双方来说，代价都极为巨大，它吞噬了国防军在开阔地形中擅长的机动性和装甲势能。

第三章 巴巴罗萨行动和东线战场（1941—1943）

1939年8月23日，希特勒在1939—1940年的西线战场中与苏联领导者斯大林达成了便利联盟，以保护德国东部边境。尽管如此，苏联仍然是德国的意识形态大敌，在希特勒的心中，必须兑现这片领土永远属于德国人民真正的生存空间的承诺。1940年12月18日，希特勒告诉他的指挥官，入侵苏联的“巴巴罗萨行动”将于1941年5月15日开始，但由于入侵南斯拉夫和希腊，这一日期推迟到1941年6月22日。

巴巴罗萨将成为军事史上最大的冲突，大约300万德国军队和盟国[1]90万军队将面临近470万的苏联军队。它的结果为战后50年的欧洲历史涂上了色彩。然而，对国防军来说，东线将是一场完全不同于以往在西线或北非经历的任何战争。

入侵和第一次失败

为执行“巴巴罗萨行动”，德国陆军将在罗马尼亚、芬兰、匈牙利和斯洛伐克军队的支持下，分属3个集团军群，以4个加强集团军的装甲师和摩托化师为先锋部队组成装甲集群，向苏联发起进攻。计划是这些德军部队在白俄罗斯诱捕和粉碎大部分的苏联红军，占领3个关键城市：列宁格勒（苏联共产主义的摇篮）、莫斯科（政治权力的神经中枢）和基辅（农业发达的乌克兰的首都和通向高加索油田的关口）。德军随后将挺进距德国边境2100公里的乌拉尔山—伏尔加河一线，修筑一条3000英里长的防线，对抗苏联的西伯利亚和中亚，占领俄罗斯的欧洲部分。苏联的卡累利阿共和国将被奖给芬兰，罗马尼亚将吞并比萨拉比亚、布柯维那北部和“德涅斯特河沿岸”（Transnistria，包含摩尔多瓦和敖德萨）。剩下的领土将被划分为4个巨大的第三帝国省：奥斯特兰，包括爱沙尼亚、拉脱维亚、立陶宛、白俄罗斯和俄罗斯西北部；莫斯科，包括俄罗斯北部和中部；乌克兰，包括乌克兰和俄罗斯南部；考卡斯，包括外高加索、亚美尼亚、格鲁吉亚和阿塞拜疆。当地人口将由德国、荷兰和斯堪的纳维亚定居者统治，人口多达 1 亿，他们将确保纳粹对欧亚大陆板块的永久统治。

于是理论开始付诸实践，它的实现当然不会因为缺乏资源而受到阻碍。“巴巴罗萨行动”是历史上规模最大的一次陆上战役，使 1939 年 9 月以来的所有行动规模都相形见绌。单是德国入侵的规模，加上德国国防军所面临的敌方领土和军队规模，将使其成为一个与西欧和北非截然不同的战场。在观察德军在东线的性质之前，先回顾一下 1943 年中期的“巴巴罗萨行动”，对探索德军在东线的作战经验具有指导意义。

尽管入侵部队规模庞大，但德国人在 1941 年 6 月 22 日周日凌晨 4 时 15 分越过苏联边境时，几乎完全无人察觉。德国军队被分成 3 个集团军群：北方集团军群，由陆军元帅冯·勒布指挥，下辖第 16 和第 18 集团军，共计 20 个师，加上由赫普纳（Hoepner）上将指挥的第 4 装甲集群，下辖 3 个坦克师和 3 个摩托化步兵师。整个集群要穿过波罗的海诸国直指列宁格勒。中央集团军群，由陆军元帅费多尔·冯·博克将军指挥，在白俄罗斯与苏联展开西线作战，最终目标是莫斯科。冯·博克指挥着 9 个装甲师、6 个摩托化师和 35 个步兵师。他计划让两个装甲集群（第 1 和第 2 装甲集群）向白俄罗斯腹地推进 400 公里，并在其首都明斯克以东集结，粉碎他们与步兵第 4 和第 9 集团军之间的俄罗斯部队。南方集团军群，由陆军元帅冯·伦德施泰特指挥，下辖第 1 装甲集群，在波兰的第 6 集团军和第 17 集团军，在罗马尼亚的 3 个集团军（德国第 11 集团军、罗马尼亚第 3 集团军和第 4 集团军）。它要穿过乌克兰，占领基辅。波兰境内的 5 个装甲师、3 个摩托化师和 26 个步兵师入侵乌克兰南部的普里贝茨沼泽地，而罗马尼亚境内的 7 个德国师和 14 个罗马尼亚师则待命，以保护普罗斯特油田，直到 6 月 29 日才开始机动。

巴巴罗萨的进展令人生畏。到 8 月 8 日为止，被俘 34.7 万人，3400 辆坦克和 3000 多支枪被摧毁或缴获。在接下来的两周内，又有 7.8 万人被诱捕，而且在两个月的时间里，从边境到莫斯科 1200 公里的战线上，中央集团军群已经覆盖了三分之二。

德国陆军对 1941—1942 年苏联的冬季毫无准备，国防军的领导人原以为这是一场与西线战场一样短暂的战役。士兵用白色罩衫和白床单系在头盔上，制作了冬季伪装，直到第二年冬天官方才配发了正式的冬季制服。

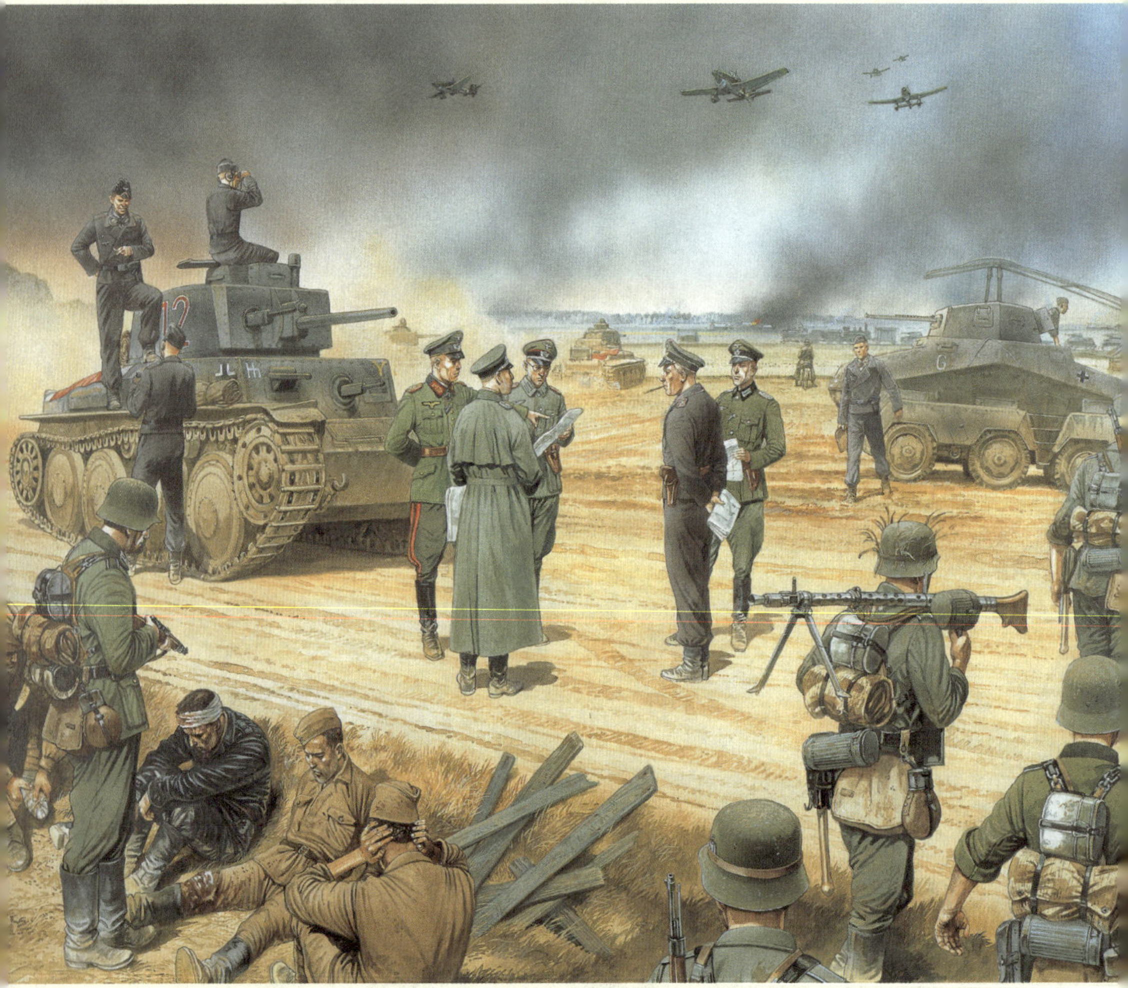

1941年7月16日，第7装甲师和第29摩托化步兵师会合，封闭了斯摩棱斯克“包围圈”。第7装甲师（在1940年5—6月的西线战役中由埃尔温·隆美尔指挥）在“巴巴罗萨行动”的前3周引领着霍特的第3装甲集群。（Peter Dennis © Osprey）

1941 年 11 月 17 日，在莫斯科正南方的沃罗尼诺附近，小雅罗斯拉韦茨和瑟夫科夫之间，第 137 步兵师的步兵和工兵正在成功越过防御工事。步兵们首先穿过陡峭的反坦克堑壕，接着穿过远处简陋的野战工事，许多人在地雷和机枪的火力下丧生。苏联人通常在得到坦克支援的情况下迅速发起反击。（Peter Dennis © Osprey）

1941—1942 年，一名德国摩托车士兵展示出为保护自己免受苏联寒冬侵袭的严峻现实。防毒面具已经被改装成抵御零下 40℃低温的面部保护装置，而他的身体则被羊皮包裹。

德国人现在必须决定下一步该如何行动，特别是在苏联加强反抗、德国损失增加的情况下。由于距离、炎热和灰尘的额外重负，中央集团军群中超过一半的坦克和卡车出现故障而不能行动，而步兵和牵引马车和大炮的战马则几乎精疲力竭。“巴巴罗萨行动”的指令指出，在击溃白俄罗斯的敌军之后，重点转向摧毁波罗的海的敌军，然后夺取列宁格勒。只有在那之后，才会考虑莫斯科。冯·博克和古德里安（负责指挥中央集团军群的第 2 装甲集群）对希特勒坚持实施计划感到不满，后者拒绝了他们立即夺取莫斯科的请求。

在乌克兰，南方集团军群举步维艰，但在 7 月中旬后“好运”来了，当时冯·伦德施泰特指挥第 1 装甲集群三个军中的两个军向东南方向，从别尔季切夫向波沃玛耶斯克，包抄 3 个苏联集团军。8 月 2 日，第 17 和第 11 集团军帮助关闭了“乌曼口袋”。6 天后，10.3 万名被困的苏联士兵投降。苏联南线的其他部队别无选择，只能匆忙穿越第聂伯河撤出，留下敖德萨成为一座孤立的堡垒。

关于进军莫斯科的争论仍在继续，但在秋天真正恢复攻势前，希特勒被迫接受了进一步调整战略方向。此时，列宁格勒的防御正在瓦解，到 9 月 8 日，除了一条穿越拉多加湖的危险路线外，列宁格勒已完全孤立。9 月 14 日，德军已进入芬兰湾，距该市郊区不到 7 公里，但 9 月 17 日的进攻失败了。9 月 25 日，北方集团军群陷入了历史上最长的围攻之一。

莫斯科

9 月 30 日，入侵莫斯科的“台风行动”（Operation Typhoon）开始，并立即粉碎了对方防御：西方面军、布良斯克方面军和预备队方面军。但是，现在更名为装甲集团军的装甲集群严重缺乏坦克。9 月底，第 2 装甲集团军的坦克数量只有战时编制的 50%，第 1 和第 3 装甲集团军约占 75%；只有第 4 装甲集团军满编。卡车也短缺 30%，在德国 142 个东线师中，有 54 个师的人员比编制低 3000 多（20%）人。然而，中央集团军群，得到了北方集团军群和南方集团军群的装甲师和摩托化师的加强，包括来自南方集团军群的 5 个步兵师，一共有 14 个装甲师、8 个摩托化师

大德意志步兵团

这支精锐部队最初是柏林警卫连，执行礼仪任务；到战争结束时，它已成长为一支全面的机械化部队。它的名字意为“大德意志”，表明士兵是从全国各地挑选出来的，而不是像其他军队一样从特定的军事区中挑选。1941 年，它的实力远远超过其官方名称所暗示的。大德意志步兵团有三个步兵营，每个营有三个线列步兵连，一个机枪连和一个重型连。第 4 营下辖一个轻型步兵炮连、一个反坦克连、一个重型步兵炮连和一个突击炮连。侦察、工程、信号和高炮连组成第 5 营。该团还有一个炮兵营和一个后勤纵队。该团 1940 年在法国作战，随后在“巴巴罗萨行动”的头几个月在中央集团军群的编成内作战，但 1941 年年底在莫斯科郊外遭受了沉重损失。该团在 1942 年进行了改革，取得师的架构，然后在 1943 年成为大德意志装甲掷弹兵师，最终装备了虎式坦克。1944 年，该师成为新的大德意志装甲军的一部。从东线战场最激烈的时候开始，到战争结束时，这个师只剩下几千名疲惫不堪的军人。

大德意志师的士兵在苏联草原上操作一门 PaK40 型反坦克炮。PaK40 型在 2000 米开外能有效穿甲，但其高爆弹的射程超过 7000 米。

和48个步兵师，大约占德军东线力量的一半，与敌方防御力量相比，在坦克和飞机的数量上几乎是3∶1，在枪支上为2∶1。

古德里安于9月30日发动进攻，突破布良斯克方面军的南翼，在两天内推进了210多公里，到达奥廖尔。到10月6日，布良斯克方面军的3个集团军被包围，8日接到向东突围的命令。一些部队突围成功了，但超过5万人被俘。西方面军和预备队方面军的情况更糟。第3和第4装甲集团军以及第4和第9集团军在10月2日发起进攻，在这里也同时突破。10月7日，他们在维亚济马以西会师，包围了45个苏军师，到10月19日俘虏67.3万人。苏联解体后的研究证实了一个偏低但仍然巨大的数字：截至11月底，共有51.4338万人被俘，占两个方面军兵力的41%。10月18日，第18装甲军攻占了距离莫斯科仅100公里的莫扎伊斯克。

然而，现在有两个因素阻碍着德国人。首先是天气。10月6日开始降雪，从9日开始雨夹雪和大雨几乎连绵不断。机动车和马车困滞不前，步兵常常陷到膝盖深的泥里，经常把弹药和给养甩在后面。苏联这边的天气也好不到哪里去，但部队推进速度的放缓对防守方有利，尤其是阻滞了装甲部队。只有在泥浆冻结后，德军才能再次加速前进。其次，为了抵御德国的进攻，苏联加强了首都周围的防御。

随着11月中旬地面变硬，德国人恢复了机动性，但遇到了新的问题。几乎没有冬装或白色迷彩服，有13.3万起冻伤病例。飞机和车辆的燃料、防冻液和冬季润滑剂短缺。在装炮弹之前，每一发炮弹上的冰冻油脂都需要刮掉，而在露天保养维护飞机、坦克和卡车简直就是一场噩梦。斯大林和朱可夫元帅在撤退前下达了“焦土政策”——尽可能多地摧毁建筑物。因此，德国军队经常被冻死，无法得到食物。

11月底，德军的攻势再衰三竭，接着将面临一次新的考验：苏联在该地区的一次重大反攻。在34天的激战中，德军至少被击退了100公里，有些地方甚至高达240公里。莫斯科不是希特勒唯一的问题。南方集团军群同样受到天气的困扰，于1941年10月11日中止战斗。正如遭受泥土困扰的强度一样，南方集团军群还同时受到苏联南方面军和西南方面军[2]两个方面军下辖的7个集团军的困扰。同中央集团军群一样，当时南方的德国部队也在苏联的攻势下被迫小幅回撤。

莫斯科战役是德军第一次在陆地上遭受的重大失败，标志着闪电战作为一种战略失败的开始。红军遭受了巨大的损失，但仍在继续努力战斗，在 1941 年的三个具有象征意义的目标列宁格勒、莫斯科和基辅中，只有基辅陷落了。德国的损失要小得多，但也有能力弥补损失。在接下来的几个月里，苏联的工业机器撤离到乌拉尔和西伯利亚，这将帮助那里新近建立起来的工业以弥补装备的损失。从 12 月开始，美国的参战将为苏联提供战争的重要补给。还请注意，到 1941 年 12 月，国防军伤亡超过 73 万人，几乎占巴巴罗萨人力的四分之一。

1941 年 11 月 25 日，在罗斯托夫，阿道夫·希特勒警卫旗队沿着顿河最后的防线。苏联步兵分三波进攻，连续不断的队伍踉踉跄跄地越过先前战斗中成堆的尸体，离河堤陡崖上的守军越来越近，德军拼命想要控制顿河大桥。最后，第四波进攻突破了党卫军的第 2 连，然后是第 1 连防线。德国步兵的突击炮立即反击，他们俘虏了 400 人，大部分是伤员，同时苏联有 300 多名红军官兵战死战场。警卫旗队的总代价为 2 人死亡，7 人受伤。但两天后，铁木辛哥元帅沿着整个南部前线发动了进攻，第 1 装甲集团军退缩到米乌斯河阵地。他们的撤退标志着德国东线陆军在二战中第一次战役的失败。（Howard Gerrard © Osprey）

武装党卫军骷髅师的一名狙击手搜索目标。众所周知，不论部署在何处，骷髅师的士兵都是狂热斗士，尽管同所有武装党卫军部队一样，他们的战斗力由于不断遭受重大损失而下降。

斯大林格勒

1942 年初，苏联持续进攻，特别是在南部，到 4 月 20 日，当春天的冰雪融化导致战争停滞时，德国人已经有序从莫斯科撤出（总体来说，德国人已经在防御方面培养出了令人生畏的天才）。因此，1942 年希特勒的计划完全集中在南方。当时几乎所有的苏联石油都来自高加索地区的三个油田，通过油轮沿伏尔加河向上和沿着河岸的铁路到达中心地带。顿河是苏联在欧洲境内的第二大河流，流经沃罗涅日以南的一个直角，向东南奔流约 400 公里，然后向西南流进亚速海。在第二个“大拐弯”处，它离伏尔加河只有 72 公里。当时的计划是，南方集团军群沿着顿河向东推进，然后穿过主要工业城市斯大林格勒北部的伏尔加河，从而切断苏联的石油供应路线。第二阶段将是进入高加索地区占领油田。这个计划并不需要占领斯大林格勒，但因为其名字的象征性意义，希特勒一心想占领它。

为发动主要的攻势行动，冯・博克指挥着 4 个德国集团军和四个卫星国集团军。沿着顿河的北钳有第 4 装甲集团军和第 6 集团军，南钳有第 1 装甲集团军（克莱斯特）和第 17 集团军，第 11 集团军在占领塞瓦斯托波尔后就可以投入使用。匈牙利第 2 集团军、意大利第 8 集团军和罗马尼亚第 3 集团军等卫星国集团军将沿顿河守卫德军侧翼。冯・博克有 89 个师，其中包括 9 个装甲师，大部分都达到或接近满编。7 月 9 日，实质性进攻发起后不久，南方集团军群一分为二：A 集团军群和 B 集团军群。A 集团军群主要进攻高加索，占领苏联的油田；B 集团军群沿顿涅茨走廊进攻，到达伏尔加。

6 月 28 日，攻势性的“蓝色行动”开始，尽管进展扎实，但德国人的步行追击几乎没有造成包围，俘虏也比预期少得多。然而，希特勒忽视了西南方面军和南方面军正穿越顿河回撤的现象。7 月 13 日，他下达命令，第 4 装甲集团军转隶 A 集团军群，在康斯坦丁诺夫卡越过顿河，沿东岸向下机动到罗斯托夫，包围他认为仍在河流西面的苏联部队。夏季暴雨和燃料短缺迟滞了行动，但南方面军已经越过顿河了。7 月中旬，哈尔德（Halder）在日记中透露，希特勒对敌人的低估已变得如此荒唐可笑，以致计划几乎无可能实现。

历史已经表明，1942 年德国的进攻在斯大林格勒的末日战役中达到了高潮，希特勒在 7 月 17 日突然将其定为一个主要目标。德军第 6 集团军和第 4 集团军的一部被困在一种最难发挥其优势的战斗中，这种短距离、小单位的城市战剥夺了装甲和机械化的优势。尽管德国人占领了这座城市的大部分地区，但却无法完成整个过程。更重要的是，11 月 12 日，苏联发动了一次大胆而意外的反攻，从城市的北部和南部向西钳形运动，并利用了为德国提供侧翼保护的卫星国集团军的弱点。11 月 23 日，钳形攻势在卡拉奇以南合拢，包围了德国第 6 集团军、第 4 装甲集团军及罗马尼亚第 4 集团军的一部，总共 20 个德国师和 2 个罗马尼亚师。

11 月 22 日，希特勒命令第 6 集团军指挥官保卢斯上将将指挥部迁进斯大林格勒并准备固守。保卢斯照办了，但当天他向 B 集团军群的指挥官冯·魏克斯陆军元帅报告，他缺乏弹药和燃料，而且只有 6 天的口粮。

从斯大林格勒的德国军人脸上和制服上，能清楚看到疲惫的迹象。苏联人故意选择在斯大林格勒以近距离战术与德国人作战，他们一直与敌人紧紧胶着，不让国防军有效使用火力支援。

“巴巴罗萨行动”的宣传照片显示，一名德国陆军军官正在展示“进攻精神”。他的脖子上挂着一级铁十字勋章，以显示他的勇猛。二战期间，大约 30 万枚一级铁十字勋章被授予国防军人员。

如果通过空运得到补给，他会设法坚持下去，但除非魏克斯能填补罗马尼亚人留下的缺口，否则他希望获得向西南突围的命令。冯·魏克斯认为立即突破是当务之急，保卢斯的5个军指挥官亦都赞同。11月23日，保卢斯在冯·魏克斯的支持下，用无线电报告希特勒，请求允许他们放弃斯大林格勒。希特勒得到戈林的支持，拒绝了该提议，戈林在11月24日宣称，德国空军可以向斯大林格勒空运物资。后来证实，这种自卖自夸完全不切实际。曼斯泰因的营救任务未能实现，到1943年2月2日，斯大林格勒的所有德国军队都投降了。斯大林格勒并不是德国遭遇的唯一挫折。1月13日，沃罗涅日方面军粉碎了匈牙利第2集团军。

轴心国在斯大林格勒战役（包括沿顿河的战斗）中的损失，包括第6集团军（全部），第4装甲集团军（部分），罗马尼亚第2和第4集团军（大部），以及匈牙利第2集团军和意大利

1942年10月23日，德军进攻斯大林格勒红色十月钢铁厂。这座工厂是战役中争夺最为激烈的地点之一。在这种环境下，肉搏战和近距离攻击是当时的常态，手榴弹和冲锋枪是首选武器。（Peter Dennis © Osprey）

第8集团军。在斯大林格勒城内，9.1万人投降，但由于饥饿、寒冷和斑疹伤寒而虚弱不堪，其中大多数人在囚禁期间死去，只有不到6000人幸存回家。在该市，14.72万名德国士兵死亡。德军伞降大约8.4万人，其中大部分受伤，许多人死于被击落的飞机。德国人的净损失（死亡、被俘、失踪或伤残，减去替补者）为22.6万人，而替补者的人数普遍低于那些死亡人数。罗马尼亚、匈牙利和意大利军队的残余人员撤出，另外净损失至少20万人。因此，德国军队并不是东线战场付出沉重代价的唯一一方。

现在，“巴巴罗萨行动”最终彻底失败。在1939—1940年西欧战场，但在更大程度上，出现两种策略之间的矛盾——古德里安的“装甲理念”，即装甲部队不得不提前迅速占领敌人的权力中心；以及陆军总司令部高层的经典“决定性行动”策略，需要时间来摧毁被围困的敌军。结果，这两种战略都没有达到它们的目标。快速推进的坦克浪费了宝贵的时间，等待支援步兵赶上来，让红军部队有时间重组和巩固防御。1941年间“决定性行动”遭受了巨大损失。苏联方面的消息称310万人被杀被俘，德国方面的消息称750万人被杀被俘，但苏联首都莫斯科没有被占领，红军的大部分得以撤退、重新集结和反击。希特勒的谨慎阻止了装甲部队以他们想要的速度前进，他顽固地禁止在当地战术撤退，这可能避免斯大林格勒的灾难。

然而，在西线战场中，德国国防军对苏联红军的血性抗击、坚韧不拔和足智多谋没有做好任何准备。斯大林格勒标志着德国命运的逆转和二战的转折点。从此以后，德国国防军将在人数、装备、谋略都处于下风，而盟军将占据并保留战略主动权，直到1945年5月8日德国投降。

军队单位的发展

在“巴巴罗萨行动”中，德国陆军的组织架构很大程度上是为了西线战役和巴尔干战役，部署了3个（1942年开始增加到5个）集团军群。每一个集团军群，最初平均兵力100万人，由一名陆军元帅指挥，控制着集团军群指挥部直属部队和3到4个集团军。每一个步兵集团军，大约

20万人，由一名陆军上将指挥，包括集团军直属部队和2到5个步兵军，有时还有一个带装甲和摩托化部队（1942年6—7月也命名为装甲部队）的加强装甲军（即一个装甲集群，到1942年升级为装甲集团军）。独立的第20山地集团军在国防军最高统帅部的直接指挥下在北极前线作战。

步兵军、摩托化军、山地军和装甲军在一名准将（或同级军官）指挥下，大约有6万名步兵，由军司令部直属部队和2至5个师组成。1942年9月，成立了第61、第62预备役军，分别控制奥斯特兰和乌克兰的预备役师。步兵师保留了1939年的组织，拥有3个3049人的步兵团和5个师级支援单位，包括一个炮兵团和侦察营、反坦克营、工兵营和信号营。然而，它的师属勤务部队较少，大约有4个马拉和摩托化运输（不久被俄罗斯"蜂箱"两轮运输车取代）纵队、医疗连、野战医院、兽医连、宪兵分队和野战邮局。从1942年1月起，许多步兵师被削减为2个步兵团，理论上通过增加火力抵消人员削减，正如我们在1942年10月15日所看到的，所有步兵团都被重新命名为"精锐"掷弹兵团，以提高士气。

德国战时编制表：战斗力统计表

组织、实力、武器和装备配发通常由战时编制表或者组织和装备表来确定。一般来说，这些配发从主要的战斗单位即师开始，直到每一个最基层单位。然而，德国陆军发布了自己的战时编制表，或者叫战斗力统计表，一直到最低级别（连队和排）。有时这会导致两个相同种类的师拥有不同的组织和力量，尽管它们是并肩作战的。这种精心设计的系统实际上使德国人能够根据他们的需要和现有的人力、武器和装备重新组织部队，一直到最低一级的单位。偶尔，师内部的单个单位被改组；或者说，其他所有单位保持不变，仅一个单位接受改组。战斗力统计表定期更新，在休息期间或者当部队从前线撤回休息和休整时生效，不过生效时战斗力统计表通常已经发布几个月了。

保安师由一个步兵团、一个地方步枪营和各种师属支援单位组成，驻守占领区。1942 年 9 月以后，基于家庭的替补集团军单位加入保安师。满编 1.6 万人的预备役师下辖 2 到 3 个预备役步兵团和师属支援单位，承担训练新兵、守备地方的任务。训练师（training division）下辖 2 到 4 个团，包括 1.6 万名新兵，组织高级战斗训练，等待分配到前线部队。

1.4319 万人的 M1940 摩托化师有 2 个摩托化团（1942 年 10 月 15 日重新命名为摩托化掷弹兵团）和摩托化师支援单位（包括 1 个摩托车侦察营）和勤务单位。陆军最有名的单位，大德意志摩托化步兵团，实际上是

1941 年 6 月 22 日，“巴巴罗萨行动”的第一天，一群机械化步兵从他们的 SdKfz 型装甲车下车，向一个抵抗点大量投掷手榴弹。

一个独立的加强团，由 4 个摩托化营、支援营和炮兵营及勤务单位组成，在白俄罗斯和俄罗斯中部作战。1942 年 3 月 12 日，它升级为摩托化师，然后部署到俄罗斯南部和中部。

1.3 万人的轻步兵师于 1940 年 12 月作为一个非机动精锐“追击”单位第一次成立，有 2 个步兵团，从 1942 年 6 月 28 日起改称为猎兵师。1.4131 万人的山地师拥有 2 个山地团，以及师属山地支援部队和山地勤务单位。

步兵装甲掷弹兵团

1941 年，步枪旅的基本组织包括 2 个步枪团和摩托化车营，摩托化车营后来成为师级侦察单位。根据 1941 年 2 月 1 日的编制，新的步枪团比 1940 年的步枪团强大得多，整个旅也是如此。每个团包括 1 个团部连和 1 个情报连、1 个骑兵通信排和 1 个工兵排，外加 2 个步枪营。每个步枪营各有 3 个步枪连、1 个机枪连和 1 个重武器连（1 个工兵排和 1 个配备三门火炮的反坦克排）。团的总实力为 2571 人，配发的武器包括 119 挺轻机枪和 28 挺重机枪、18 门轻型和 12 门重型迫击炮、6 门反坦克炮、8 门轻型和 2 门重型步兵炮。

1941—1942 年冬季，在战场上的经历和损失导致了再次重组：一个装备三门 PaK 型反坦克炮的排取代了团部连的工兵排，而机关枪连则被撤编，1941 年 11 月 1 日的编制修订在武器装备配发方面做了全新的改变。步兵装甲掷弹兵团的总兵力减至 2223 人，总计配备武器为 141 挺轻机枪和 24 挺重机枪、12 门重型迫击炮、9 门反坦克炮、8 门轻型和 4 门重型步兵炮、24 挺反坦克步枪和 12 门高射炮。从 1942 年年末开始，所有的旅部单位要么被解散，要么被拆分，装甲师只剩下 2 个装甲掷弹兵团。

一名武装党卫军火炮组成员身穿树叶图案的迷彩服，用一门 20 毫米 Flak30 型高射炮在轮式炮架上开火。与许多德国防空武器一样，Flak30 型高射炮是一种有效的地面火力武器，有效射程约 2000 米。

从 1940 年 8 月—1941 年 1 月，装甲师的数量扩大到 20 个，但却是以削弱现有师的实力为代价的。M1940 编制的装甲师有 1 个两营制的装甲团（取代了原来的 2 个），9 个师属支援单位，也就是 2 个摩托化步枪团（1942 年 7 月 5 日，重新命名为机械化装甲掷弹兵团）、1 个炮兵团（后来改为装甲炮兵团）、摩托化侦察营（包括 1 个轮式装甲车连）和摩托化侦察连（1941 年命令合并）、摩托化反坦克营、装甲工兵营、装甲信号营和后来的防空营，以及摩托化的师属勤务分队。

1941—1942 年冬天，火焰喷射器小组袭击苏联阵地。操作员正在使用 38 型火焰喷射器，它的燃烧时间约为 10 秒，射程可达 25 米。在德国东线战场的第一年开始配发改进版的 41 型火焰喷射器。

意识形态的志愿者

除了罗马尼亚、匈牙利、芬兰、斯洛伐克和意大利这些轴心国盟国外，德国陆军在东线部署了大量身穿德国军装的非德国志愿者，希望在德国取得预期胜利后，在战后的解决方案中赢得有利地位。

1941 年 7 月 20 日，西班牙（中立国）统治者弗朗西斯科·佛朗哥（Francisco Franco）为了感谢德国在西班牙内战中的援助，允许组建第 250 步兵师，也就是蓝色师，由 18693 名西班牙陆军和法西斯长枪党的军事志愿者组成。1943 年 10 月 20 日前，第 250 步兵师在列宁格勒和沃克霍夫前线作战，在盟军的压力下，佛朗哥将它召回国内。1941 年 7 月，由 3000 名克罗地亚和波斯尼亚志愿兵组成的第 369 克罗地亚加强步兵团从巴尔干半岛出发，经过在德国的长时间训练，于 1943 年 1 月在乌克兰加入第 100 轻型步兵师，在斯大林格勒作战并投降。1941 年 10 月 27 日，由 3000 名士兵组成的第 638 法国加强步兵团（1942 年 10 月 15 日起改称为掷弹兵团）成立，在进攻莫斯科时在第 4 装甲集团军编成内作战。此后，在被占领的波兰和白俄罗斯，它从事残酷的反游击队工作，并于 1944 年 9 月 1 日转隶武装党卫军。1941 年 8 月 8 日，瓦隆军团组建为第 373 瓦隆步兵营，其 860 名成员由来自莱昂·德格雷尔（Leon Degrelle）领导的雷克斯党（Rex Party）内讲法语的比利时党员组成。在 1943 年 6 月 1 日转入武装党卫军之前，它曾在第 100 轻型步师的编成内在俄罗斯南部服役，后来转隶第 97 步枪师在高加索服役，最后于 1943 年 6 月 1 日转入武装党卫军。在这一时期，丹麦人、荷兰人、芬兰人、佛兰德人和挪威人志愿者也加入武装党卫军在东线服役，而武装党卫军也成为外国部队的大仓库。

尽管希特勒在东线发动战争是因为种族主义，但在苏联作战的德军各师却惊喜地接受了源源不断的平民，接收了投降的苏联部队入伍服役。不久，这些人被非正式地雇用为所有单位的体力劳动者，在紧急情况下，作为战斗援军。1941 年 9 月，希特勒正式批准招募苏联公民为协军人员（Hilfswillige，通常缩写为 Hiwis，意为“辅助人员”），但没能坚持使他们保持为非战斗部队的原则。直到 1945 年 5 月，苏联志愿者仍在加入德国师，1943 年他们的人数估计为 25 万人，德国师获准以师编制的最高 15% 招募他们。

1941 年 8 月 29 日，德国人将第一批志愿者编为武装部队：10 个爱沙尼亚、俄罗斯和英格曼的保安营，北方集团军群的反游击队团，以及中央集团军群的 5 个战斗营。这些部队配属德国师，执行反游击队部队或前线增援部队的任务，不断地证明了他们的承诺和战斗价值。因此，1941 年 10 月 6 日，大批招募苏联国民为东部部队（德语 Ostruppen；英语 Eastern Troops）得到允许。德国陆军的第一个哥萨克单位是苏联红军的第 436 步兵团，于 1941 年 8 月 22 日变节，从 1941 年 10 月开始 11 个哥萨克骑兵中队被提升，与保安师开展反游击队任务，或者为装甲师执行骑兵侦察任务，通常每个师一个中队。1942 年晚期，这 11 个中队扩展到 11 个营。1942 年，3 个骑兵团、3 个步兵团和 6 个步兵营在征募中都招募了哥萨克校级军官。

从 1942 年 11 月 15 日起，被不准确地贴上“突厥”高加索和苏联中东民族标签的 7 个保安连开始组建，1942 年他们在被占领的波兰扩张为 6 个东部军团（Eastern legions）：亚美尼亚人、阿塞拜疆人、格鲁吉亚人、北高加索人（奥塞梯人、印古什人、车臣人等）、突厥斯坦人（哈萨克人、柯尔克孜人、塔吉克人、土库曼人、乌兹别克人等）和伏尔加族鞑靼人（喀山鞑靼人、巴什基尔人、丘瓦什人、乌德穆尔人等）。斯大林格勒陷落之前，这些军团招募平民志愿者，组建了 5 个军械营、建筑营和运输营以及 200 个补给和运输连。曾经的红军部队加入了 34 个步兵营，编号为 783—844 系列，而且有 28 个野战营使用师的编号，但只有 28 个营参加东线作战，大部分在高加索地区。

在与苏联的战斗中，拉脱维亚志愿兵与武装党卫军暂时休整寻求掩护。到 1943 年，东欧人特别是波罗的海国家的人，在武装党卫军的战斗人员构成上占很大比例，尽管他们的战斗表现参差不齐。

1
3
4
5
6
7
8
10
a
b
GOTT MIT UNS
SCHO-KA-KOLA
BELEBEND-LEISTUNGSSTEIGERND
Lederfett
1940
Müller & Co. Schwelm-Westfalen
E. Sharp 02

自 1942 年 10 月 1 日起，爱沙尼亚、俄罗斯、白俄罗斯和乌克兰部队被指定为东方营，大部分配属到中央集团军群。每个东方营大约 950 名士兵，由 1 名德国指挥官和 36 名德国军官、士官和士兵组成的骨干领导。1943 年 1 月，48 个东方营（编号 658—660 营除外）和所有俄罗斯、白俄罗斯和乌克兰的协军人员名义上统一为“俄罗斯解放军”。

步兵

尽管在二战期间，装甲师通常占据着理论上的主导地位，但在纳粹与苏联的战争中首当其冲的却是步兵部队。在“巴巴罗萨行动”期间，东方集团军（Eastern Army）死亡 30 万人，相当于每天 1 个团，其中大多数是步兵。

与 1939 年进入波兰的步兵团相比，1941 年东线的德国步兵团变化不大。除了第 15 波及以后组建的师以外，每个师由 3 个步兵团组成，每个步兵团由 3 个营组成。团级组织是师级组织在更小规模的镜像，每个团都有 1 个步兵（和野战工兵）部分，1 个炮兵部分和反坦克炮兵部分，连同所需的所有后勤保障，包括向军队提供弹药、食物、水和无数其他物品需要的物资，共同保持团在战场上有效战斗。团部包括指挥员和参谋人员，外加一个部分摩托化的补给车队（包括团部医务官、兽医、军械士、铁匠和野战厨房）。在这个团部的指挥下有野战工兵排、情报排（包括信号排）和乐队（在战斗中充当担架手）。

左页图为：1941 年的步兵装备与 1939 年的相似，但有一种倾向是战场上携带的武器更少。a. 左边的男子身穿标准步兵制服，携带 1. 7.92 毫米 Kar98k 步枪。b. 右边的人穿着发放给每个人的遮蔽具。它用途很多，其中之一是作为雨披，正如图中所示。这件披风比当时发给军队的任何其他披风都要有效，因为它有 60 多个扣子和 30 多个纽孔，让个人选择穿着方式。如果用树枝或植物支撑起来，它可以作为一个单独的防风雨屏障，也可以与其他 3 件披风结合，形成一个非常有效的四人帐篷。图中还展示：2. 能容 5 发 7.92 毫米弹药的弹匣；3. 全套的腰带套件；4. 标准军用皮带扣；5. 一套包含 3 个皮制弹药袋的弹袋，每个皮制弹药袋可装 3 个弹匣，每个弹匣 5 发弹；6. 标准的德国水瓶；7、8. 配发的德军防毒面具及其容器；9. 一罐配发的浓缩巧克力的正背面；10. 部队标准配备的刀、叉、勺子及开罐器。（Elizabeth Sharp © Osprey）

3 个步兵营内部被分成 3 个步枪连、1 个机枪连、步兵工程排、补给分队和 1 个包裹运输队。该团还指挥以下部队：1 个步兵炮连、1 个反坦克连（1940 年 3 月起被称为装甲猎兵连）和 1 个轻型步兵补给纵队。

马匹和口粮

虽然今天的观众喜欢把德国步兵描绘成一支机械化部队，但实际上，除了每个步兵营的机枪连，团的所有车辆都是马拉的，所有的后勤服务（屠宰场、面包房、邮政服务、弹药运输队等）都依赖马拉货车。因此，进军苏联的德国陆军（与装甲部队和机械化部队相对比）只能够以大约 2000 年前罗马军团的速度前进。这一事实本身导致了东线上从未得到有效解决的问题。

德国陆军的每个步兵都熟悉排里的马。它们跟随排，一起去每一个地方，拉着排车，车上装满了背包和士兵们能够装上的任何额外物品。在西线战场，马车往往载着征服者的战利品，例如：法国葡萄酒、荷兰奶酪、比利时巧克力。然而，在东线战场，马车只载着最基本的必需品，因为那里没有什么战利品，保暖的衣服就变得比任何美酒都重要。德国陆军带着 70 多万匹马进入俄罗斯，但只有几千辆坦克。

每个连队都需要 8 辆马拉货车以满足机动运输，以及需要更多的团属连队四轮卡车用来携带额外（沉重的）连队装备。这 8 辆车的用途如下：3 辆单马车为连队 3 个重型排运输机枪和迫击炮；2 辆四马车：1 辆供弹药用，1 辆供野战厨房用（后来减为两马车）；2 辆两马车运输包裹；1 辆两马车运输军粮。

这种安排意味着许多人（总共 21 人，包括负责的士官）把大部分时间花在照顾马匹和驾驶马车上。马车本身设计优良，但在所谓的机动部队中，这种概念已经过时了。德国陆军在苏联遇到的另一个问题是马匹易受到极寒天气的影响，当军队本身亟需弹药、衣服和其他补给时，又需要不断地为牲畜提供饲料。此外，马很容易受伤。

马夫的训练没有骑兵那么紧张，但涉及掌握骑马的基本能力，在野外照顾马，还有马匹饮食训练，以确保动物得到喂养和照料，从而能够拉动装备物资。

马是德军东线后勤整体不可分割的一部分（“巴巴罗萨行动”之初使用了 75 万匹马），但由于不适应苏联的冬季和繁重的劳动，成千上万地死去——到 1945 年战争结束时，约 150 万马匹死亡。

在口粮问题上，德国陆军和所有其他军队一样，为士兵和马匹都设置了口粮秤。然而，战争在苏联开始后，定量供应常常不稳定，战场上的人不得不自己去寻找。马经常成为食物，尤其是在斯大林格勒的第 6 集团军被困期间。

以下是一份关于军粮配给量的情报报告。它在任何情况下都适用，但在供应不足时，只能作为一种指导：

a. 人的食物定量

每日口粮总量是一个人一天所吃的食物量。它由三顿饭组成，午餐占总数的一半，晚餐占三分之一，第二天早上的早餐占六分之一。国防军最高统帅部已经制订了一个总体计划，规定了可以提供的任何口粮种类的最大数量。数额取决于两个因素：领取配给的人的职级和特定供应物品的组成种类。

军队配发的口粮主要有四种类别。I 类口粮是发给投入战斗的部队、从战斗中恢复的部队和驻扎在挪威北部北纬66度以北地区的部队。Ⅱ类口粮是配发给是占领部队和通信线部队。Ⅲ类口粮是配发给德国境内驻军的。Ⅳ类口粮是配发给德国境内的办公室工作人员和护士。根据病例的严重程度，医院可能属于上述任何一类。

各类别中最重要的食物清单如下：

（a）面包；

（b）肉类、大豆面粉、奶酪、鱼和鸡蛋；

（c）蔬菜；

（d）布丁和牛奶；

（e）盐、芥末、醋和其他调味料；

（f）香料，比如胡椒、肉桂和丁香；

（g）黄油、猪油、果酱、动物油和面包酱；

（h）咖啡和茶；

（i）糖；

（j）烈酒和葡萄酒；

（k）烟草。

替代物品可以在同一个类别中产生，但不能跨类别。因此，一名士兵每天的最大蔬菜摄入量是60克干制蔬菜，或1200克豆角，或400克腌制蔬菜，或大约30种其他替代品中的任何一种。每天都预测不到当天会有哪些菜。不过，下面列出了这些最大口粮配给的可能细目。

b. 特定人群的配给量

（1）行军口粮。行军口粮是一种冷食配给，配发给连续作业不超过三至四天，通过运输工具或者徒步行军的在途单位。它由大约700克面包、200克冷肉或奶酪、60克面包酱、9克咖啡（或4克茶）、10克糖和6支香烟组成。因此，它的总重量约为987克。

（2）军用口粮。军用口粮包括250克饼干、200克冷肉、150克腌制蔬菜、25克咖啡和25克盐。不带包装净重650克，带包装的总重量为825克。应急军用口粮由250克饼干和200克罐

马和士兵在二战期间几乎形影不离。在这里，步兵及其排里的马车并排行进在漫长的东线道路上。这是两马 Hf177 型运输马车，带充气轮胎。这些马都是博美拉尼亚（Pomeranian）的劳力马，以其壮实有力而闻名。即使是这种马，在满载时也觉得马车太重了，许多时候必须要用人力或其他的马或牛来协助。（Elizabeth Sharp © Osprey）

德军推进途中，一辆马拉的野战厨房跟随前进。这种厨房通常有一个 200 升的炖锅和一个 90 升的煮咖啡锅。这种精巧的装置在部队中被亲切地称为“战地厨房”。

头肉组成，不带包装的净重为450克，带包装的总重量为535克。

（3）战斗餐包和近战餐包。德国人开始向参战部队提供这种类型的口粮，包括巧克力棒、水果棒、糖果、香烟，可能还有饼干。

c. 动物口粮

动物的口粮配额是一匹马、一头牛、一条狗或一只信鸽一天所吃的食物量。动物的口粮配给量取决于动物的种类、服役区域、喂食的具体食物。例如，马分为四组：最重型拉货马、重型拉货马、乘用马和轻型拉货马、小型马。在东线，最重型拉货马最多可获得5650克燕麦、5300克干草和5750克稻草（包括1500克做窝用的垫草）。分配给其他马匹组的配额按比例减少。在东线以外的前线上，所有马匹的分配额一般较少。此外，如腌制草料、大麦、玉米等替代品可能会改变口粮的重量。如果马需要喂食军用口粮，它通常只进食单一品种，如燕麦、干草或稻草。

d. 战场口粮

在战场的口粮供应的方式中，通过购买或者没收当地商店比其他任何方式的比例都高。德国规划原则的一部分是尽可能靠山吃山、靠水吃水，只从通过渠道采购的库存解

德国士兵一天的正餐是在中午。在行军途中才通常会准备这种正餐，由伴随行军的连队厨师通过“战地厨房”烹制，或官方所称的野战厨房（图中的背景中可见）制作。野战厨房是马拉的，供应热的炖菜。面包由团里集中供应。（Elizabeth Sharp © Osprey）

E. Sharp 02

决剩余的需求。德国人充分领会到在战斗期间使用这种方法的困难，在作战期间不指望当地的商店。通常，军队内部为每个人保留大约10天的正常口粮储备。口粮包括全要素口粮和军用口粮，但军用口粮只有在接到特别命令后才能吃。

每支部队为每人携带的口粮份额：

	全要素口粮	军用口粮
人员随身	—	1（应急军用口粮）
战斗车辆	—	1
野战厨房	1	1
部队口粮运输队	2	—
师运输队	1	—
集团军中转站和运输队总计大约	3	

通常有两份全要素口粮和两份马匹军用口粮，要么在马车上，要么在部队的运输纵队上。其他口粮由集团军和师运送。

为了工作人员便于计划，德国人计算的口粮重量如下：

口粮类型	重量（克）	重量（磅）
人员口粮		
标准带包装的口粮	1500	3.3
带包装的军用口粮	825	1.82
带包装的应急军用口粮	535	1.18
马匹口粮		
标准口粮	10000	22
燕麦军用口粮	5000	11
干草军用口粮	5000	11
稻草军用口粮	2500	5.5

这份报告是在二战后期发表的，但在整个战争期间都是通用的。1941—1943年东线的实际给养从战役开始时的全要素给养到后来近乎什么也没有，尤其是在斯大林格勒战役的最后几天。例如，斯大林格勒的军队最终饿死、冻死。到12月，他们已经吃掉了7000匹马中的大部分，每天的定量只有200克马肉、70克面包和14克人造黄油或动物脂肪。

德国餐饮人员在开进苏联的补给列车上准备食物。德国的补给列车在后方往往最为脆弱，在那里他们成为苏联游击队的主要目标。

机动

步兵部队认为，西部的战役是艰苦的，他们已经看到了通往前线的漫长道路上的一切。然而，在苏联，道路似乎没有尽头。步兵的抱怨被这样的事实夸大了，装甲部队和机动部队从行动一开始就加速疾驰，紧跟在后面的步兵几乎一直在行军以赶上他们。

睡眠，当它来的时候，往往只是一场短暂休息。一名士兵抱怨说：

> 睡眠是如此珍贵且又难以捉摸。个人装备被拉上，都用带子绑好。不必要的衣服将被打包，交给步兵轻装运输纵队运输。一些连队在一天内行军 50 公里。

一位退伍军人计算出平均步幅 60 厘米，每个人或长或短，但这是平均水平，因此 50 公里意味着大约 8.4 万步。

步兵们不断地受到催促，试图以每小时 5 公里的速度，去追赶 5 倍速度甚至更高速度的部队。因此，吃饭和休息时间都很短。行军士兵在野外经历各种环境，从夏季令人窒息、麻烦不堪的灰尘，到冬季暴雪肆虐的环境。前往东部的长途跋涉纯粹是体力活，军人由于脚部受伤更是雪上加霜，而俄罗斯和乌克兰令人望而生畏的地形地貌也严重削弱了士气。春秋两季复杂天气伴随着泥土使情况更为恶化。泥浆阻碍了机动：任何人、马或车辆（甚至坦克）都无法通过第一批车辆形成的 2 英尺深的泥浆轨迹。德国人用原木铺设了木排路，但这些路很快就陷入了泥潭，他们不得不重新铺设越来越多的原木。

紧接着凛冬降临，随之而来的气温甚至比山地部队所经历的还要低。由于气温在零下 30℃甚至更低，加上制服不够，德国军队遭受了骇人听闻的环境伤害。据估计，在 1941 年 11 月—1942 年 1 月期间，德国陆军有 10 万例冻伤，其中 1500 例截肢。火炮和车辆润滑油被冻成固体，武器和车辆也像被固定了一样。通常情况下，必须在发动机下面点火才能使它们融化。德国军队把更多的时间花在了抵御严寒，耗尽了他们仍然拥有的进攻能量。

1941 年，中央集团军群中一名装甲军官（右）和来自第 51 火箭炮团的两名炮兵。最左边的士兵正手持一枚 280 毫米火箭炮高爆弹。（Stephen Andrew © Osprey）

制服

更糟糕的是，1941 年冬季，德国陆军穿着 7 月开始向东进军时的军服，衣衫褴褛地站在冰雪之中。从 1936 年 3 月 7 日对莱茵兰的入侵到 1941 年 6 月 22 日对苏联的进攻，德国部队保持了高度统一的外观，直到 1943 年 2 月 2 日在斯大林格勒包围圈中投降。此后，最高统帅部开始颁发新的英勇勋章，鼓励没有标准制服和徽章的精英部队，并愈发宽容普通师中那些非正式的和执行保安任务的地位低下的部队，以提高因斯大林格勒战役失败而严重受挫的士气和自信心。

东线步兵所经历的情况导致了野战制服的一些变化。1941 年 6—8 月闷热的天气，M1935 式野战外衣和裤子都因炎热而不适合，所以 1941 年夏天，许多部队采用了 M1940 式芦苇绿的训练劳动服作为夏季野战服。这件衣服包括灰白色人字形斜纹棉布外衣，有 5 个纽扣和 2 个臀部口袋，1933 年 4 月 1 日推出的裤子，从 1940 年 2 月 12 日起用芦苇绿色生产。军官和士官都佩戴肩带标志，所有人员都佩戴胸标鹰徽章。它的流行导致 M1942 式芦苇绿训练服的生

1942 年，苏联某地堡里的伞兵。地堡向地下挖到 3 至 4 米深，有时更深。墙是由粗壮松木或桦木支撑，屋顶是砍倒的树干，地堡上面用挖出的泥土回填夯实。如图所示，结构合理的地堡可以承受 105 毫米炮弹的直接打击。(Velimir Vuksic © Osprey)

一名筋疲力尽的德国士兵在吃食物。他穿着一件碎片图案的迷彩夹克，头盔上的网可以成为临时的战地伪装，在天才般优秀的苏联狙击手面前，这不失为一个好主意。

产，裁剪样式与 M193 式[3] 野战外衣相同，于 1942 年初推出，但直到 1943 年夏天才得以普及。

1941 年 11 月—1942 年 3 月，在苏联第一个冬天配发的服装只包括 9 件制服。这些包括：田野灰桶状的巴拉克拉瓦帽，由羊毛制成；加厚的羊毛内衣；1936 年 3 月 15 日推出的 M1936 式圆领或 V 领灰白色羊毛衫，被 M1942 式高翻领羊毛衫取代；田野灰的羊毛手套；田野灰防水的哨兵警卫大衣，长及脚踝，双排扣式六扣，肩部加皮，配毛毡套鞋；车辆乘员的 M1934 式或 M1940 式田野灰防水外套，与 M1935 式裁剪相同，但长及脚踝的长度和较宽的宽度足以穿在野战装备的外面；田野灰外套配套的三指毛皮内衬连指手套；司机和摩托车兵穿戴的棕绿色无指印花棉布外戴手套。

MG42通用机枪

作为 MG34 的更经济有效的替代品，1942 年生产的 7.92 毫米 MG42 通用机枪很快证明是二战中最好的步兵武器之一。它是一种短后坐力的气冷武器，具有高达 1200 发 / 分的极高射速，对暴露的敌军步兵产生毁灭性的面杀伤效果。枪管的更换可以通过快速更换系统在几秒钟内完成，而且机枪可以从多种支架（如双脚架、三脚架、车辆支架）发射，将其角色从进攻武器转变为高射机枪或中型机枪（MMG）。东线战场也证明了它比 MG34 能更好地抵抗污垢和灰尘的影响。MG42 通用机枪的质量如此之好，以至于战后的联邦德国国防军把它纳入到必须生产的武器之中，重新改型以适应北约的 7.62 毫米 ×51 毫米制式步枪弹，并改名为 MG3 通用机枪。

这些衣服虽然足够中欧的部队穿，但在东线却完全不够。许多部队用德国和苏联平民的毛皮大衣临时拼凑，缴获红军的毛皮帽子，再给野战制服加上内衬。但是在 1942 年 4 月 19 日，全新的白色和田野灰可双面穿、

在斯大林格勒的冬装，从正式配发到临时提供的都有。芬兰人在战争早期注意到一个大问题，德国人的靴子鞋底有钉。在零度以下的环境中，这些鞋钉没有抓地力，更糟的是，它们将寒冷直接传导到穿鞋者的脚上。左侧士兵用粗麻布裹住靴子，希望这样能暖和一点，但这是徒劳的。(Elizabeth Sharp © Osprey)

一名手持 MP38/40 冲锋枪的德国步兵正在审问一名苏联平民。尽管德国国防军所犯的战争罪行的名声没有武装党卫军那样可怕，但德国陆军的士兵在对待平民方面并不会心慈手软，特别是在征用房屋时。

加装内衬的冬衣获批生产，并按轻型、中型、重型三种重量级配发。这件长及大腿的六扣带风帽的冬衣有两个臀部口袋，唯一允许佩戴的徽章是彩色的野战袖标；也有可双面穿的长裤和连指手套，但双面戴的风帽、面罩以及白色系带的雪地靴不受欢迎，经常被丢弃。

其他配发的冬季服装包括：不带徽章的长及脚踝的羊皮大衣；各种款式配有军种常服帽徽的白色、棕色或黑色的羊皮帽、兔皮帽和人造皮帽；穿在野战制服外面和大衣里面的纯棕色棉袄和裤子；还有加了一层皮的毡毛牛皮靴。当然，生产什么和士兵实际能配发到什么可能会有极大变化，特别是在这样一条横跨苏联的漫长补给线上。然而，毫无疑问，善于反省的德国士兵进入 1943—1944 年的冬天时比前一个冬天做了更为充分的准备。

装甲师在东线

1940 年西线战役结束后不久，各级装甲部队指挥官就接到要求，就他们在战场上的经历提交详细的报告，用来改进 1938 年的技术手册，该手册于 1940 年 12 月 3 日重新再版，标题为《装甲师的指挥和力量使用手册》。1942 年重印时没有做进一步的修改，直到战争结束，它的指导方针一直保持不变。手册指出，装甲师的主要任务是在战场上寻求决定性行动。一个装甲师必须攻击敌人的各种阵地，利用这种成功，要么深穿到敌人防线后面，要么是进攻敌人的后方阵地，然后追击敌人的任何残余力量。进攻是唯一适合装甲师的作战方法；即使在防御方面，他们也要反攻敌人的突破。只有在面对固定防线或者加强防线时，装甲师才会给步兵让路，这不仅是为了避免严重损失，而且也是为了避免失去速度和机动性的决定性优势。

装甲兵和步兵的协同方式有多种，尽管最初首选的方式是让机械化步兵伴随装甲部队进攻。猛烈的炮火和快速的机动是突击成功的关键。首先，必须选择合适的地形（植被繁茂地区和建筑区相当不适合）；其次，当炮兵与装甲部队和步兵保持同步前进时，突击部队必须迅速到达射击阵地；第三，一旦达成突破，就必须迅速包围并攻击后方的敌人。

没过多久，东线战争就暴露了德国军事学说的缺陷。由于缺乏足够的路网和精确的地图，燃料消耗的错误预估（一个装甲团每天 6 万升的燃料消耗预估很快变成了 12 万和 18 万升），以及车辆的正常损耗极大影响了装甲师的能力，同时还有步兵无法与装甲部队保持同步推进。直到 1941 年 6 月 27 日，第 2 和第 3 装甲集群以每天 64 公里的速度前进了 320 公里，但在 7 月初这一速度降低到每天 20 公里。同样，截至 6 月 26 日，第 8 装甲师的每日推进速度为 75 公里，但在 7 月上半月下降到 32 公里。秋天出现了第一个恶劣天气，随之而来的是泥潭，这限制了装甲师在主干道路上的行动，使他们几乎不可能实施机动和包围。冬季的季节性气候因素，加上苏联防御工事的改进，反坦克炮的向前部署，进一步降低了装甲师的机动性。最终，因苏联第一次的反攻给德军造成的重创，而随后装甲师的重组使德国人胜利的希望破灭了。

1942 年，装甲师仍然是一支有效的战斗力量，尽管当时仅拥有编制实力的一部分。随着苏联红军的改进，这最终使天平向火力倾斜，而不是向机动性倾斜。为了腾出坦克，德军的进攻更多是在炮兵的支援下由步兵主导展开。装甲不再是决定性的武器，而是用来支援和开路，而步兵和炮兵部队则被认为是突破的最佳部队。随着更多的装甲部队被拆成连级，战斗群的结构也随之改变。尽管装甲师仍然有能力进行机动和纵深打击，即使在一定程度上有所削弱，但剩下的德国陆军再也不能支持他们的这种角色。最终，这重塑了整个装甲战争的概念，正如注定失败的“堡垒行动”——库尔斯克会战（Battle of Kursk）所证明的那样（见第五章）。

一名苏联士兵正在检查一辆毁坏的虎式坦克。注意爆裂的炮管，可能是由于机械故障，坦克乘员被迫放弃车辆，并在离开时摧毁了车辆的战斗能力。

MG42 通用机枪部件分解图。MG42 的设计是基于枪支在相当恶劣的条件下工作：它能在泥、水、雪、热和灰尘中射击。只要操纵它的机枪手知道如何保养，如果不能射击，唯一的原因就是活动的金属部件被冻结了。德国人解决了这个问题，他们在零下的温度中用葵花籽油润滑枪支部件。（Elizabeth Sharp © Osprey）

重组装甲师

甚至在西线战役结束之前，最高统帅部就开始计划重组装甲师和摩托化师。从1940年5月底起草的第一批24个装甲师和12个摩托化步兵师，减少到6月中旬的20个装甲师和10个摩托化步兵师。尽管1941年4月的新计划是，在“巴巴罗萨行动”后的下一个秋天之前，创建另外4到6个新的装甲师，其中4个实际上是在一年内组建的。虽然没有制定全面的编制，但是除了努力达成均衡性以外，改组10个老的装甲师和建立10个新的装甲师遵循了西线战役期间的经验所形成的指导方针。结果是每个装甲师现在下辖1个两营制装甲团，1个下辖两个团（每个团有两个营）的步枪旅，加上1个摩托车营和1个三营制炮兵团。而在1940年5月之前老的装甲师编制里，全师所有可用的炮兵营永久性地编配到炮兵团。同以前一样，每个师也包括侦察、反坦克、工兵和通信单位，外加1个野战替补营和师属补给和后勤服务单位。

然而，全面的统一未能达成，1941—1942年冬季遭受了重大损失，随后计划参加新的夏季攻势的装甲师的重组带来了新的变化，主要影响了装甲团内装甲营的数量。装甲侦察营也被撤编，并与摩托车营合并，现在改为师属侦察部队，一个陆军防空营作为第4营配属给炮兵团。1942年年末，实际上几乎所有摩托化步兵旅或者装甲掷弹兵旅，正如他们被重命名的名字一样，旅部被撤销或分拆了。

在斯大林格勒危机和1943年1月古德里安被任命为装甲部队总监察长之后，陆军进行了一次新的改组。摩托车营改名为装甲侦察营，最重要的是，装甲团恢复到标准的两营制组织。然而，由于每个团的一个装甲营都要重新装备豹式坦克，大多数装甲团在接下来的许多个月里只有一个营。

由于缺乏全面的编制，而且若干战时编制图已丢失，因此很难评估装甲师的总实力。到1941年6月，标准的两装甲营的装甲师的人数约为1.33万人，尽管最终增加到1.56万人，其中包括第3装甲营、陆军防空营以及满编的野战替补营。除了装甲战斗车辆外，总体武器装备，包括火

1942年，在斯大林格勒的废墟中，德国分队在一辆StuGIII突击炮后面向前推进。斯大林格勒的毁坏是如此彻底，以至于在1942—1943年严冬，城里的士兵很难找到任何可燃材料来给营地生火。

1941 年 6—11 月，南方集团军群的士兵。他们（从左至右）是第 13 装甲师的协军人员、第 230 步兵团的一名少尉和第 203 步兵团的一名上等列兵。（Stephen Andrew © Osprey）

1941年12月—1942年3月的东线。图中展示出德国士兵在苏联第一个冬天所面临的挑战。中间的中士穿着不合时宜的标准冬季制服，左边的步兵是临时的伪装打扮，右边士兵则穿着草鞋制的靴套，以提供额外保护。（Stephen Andrew © Osprey）

炮数量，在 1941—1943 年间急剧增加。

1941 年，装甲工兵营是装甲师最强大的支援单位之一，拥有 900 名士兵和 200 辆车辆。它最初的 2 个轻型工兵连，以 2 吨的装甲工兵 III 型卡车实施摩托化，每个连下辖 3 个轻型工兵排，装备 9 挺轻机枪（1942 年 18 挺）和战斗工程装备。1941 年 1 月，第 3 装甲工兵连改编为全装甲连，其第 4 轻型排提供支援，前两个排各有 5 辆（加上连队的 1 辆）改装为携带可拆卸战斗载荷的一号坦克 B 型，而第 3 排有 6 辆 SdKfz251 型半履带装甲运兵车，配备了 Wurfrahmen40 型火箭炮发射架，能够发射 280 毫米高爆弹和 320 毫米燃烧火箭弹。桥梁设备由专门的纵队提供，可以建造供坦克通过的约 100 米长的桥梁。

在 1941—1942 年冬季，所有的一号坦克损失殆尽。由于缺乏适当的替补，前两排装甲工兵排缩编为一个轻型工兵排，而原来的第 3 排成为唯一的装甲排，装备有 6 辆 SdKfz251/5 型车辆和 1 辆 SdKfz250/3 型车辆。1943 年 3 月和 4 月进行了重大改组：轻型连和装甲工兵连都配属一支迫击炮分队和一支重机枪分队，装备 18 挺轻机枪和 2 挺重机枪、6 具火焰发射器、2 门重型迫击炮和 3 支反坦克步枪；装甲工兵连还装备 2 辆 SdKfz250/3 型、23 辆 SdKfz251/7 型和 2 辆 SdKfz251/2 型车辆。在 1943 年 7 月，除了 6 个装甲师有 1 个装甲工兵连外，第 7 装甲师有 2 个。

战斗能力

在东线战争的第一阶段，有三个因素特别影响到装甲兵种的要素构成：首先是磨损；第二是坦克产量不足和替补不足；第三是苏联坦克的技术优势。在战争的头几个月消耗就造成了损失，虽然坦克的损失很明显不仅是对敌作战造成的，且或多或少是由于机械故障所致。到 1941 年 7 月 9 日，第 3 装甲师第 6 装甲团的 58 辆二号坦克中有 13 辆、110 辆三号坦克中有 24 辆、32 辆四号坦克中有 8 辆永远失去了战斗力；2 辆二号和 7 辆三号坦克正在维修中，该师仍然有大约 144 辆坦克可以完全投入使用。到这个月底，同一团又注销了 4 辆三号坦克，大约 50 辆坦克处于维修状态，连同移交给其他单位的坦克，使其总实力仅有 5 辆二号、35 辆三号和16辆四号坦克。其他单位的情况更糟。1941年7月21日，第7装甲师第25装甲团报告，它损失了全部53辆二号坦克、167辆PzKpfw38(t)型坦克中的112辆、30辆四号坦克中的15辆和15辆PzBefh型坦克中的8辆，尽管其中许多正在修理中。很明显，尽管消耗不断，装甲师仍然能够继续战斗，在大多数情况下他们有效的野战维修系统能够迅速修复。然而，从长远来看，这并不能阻止它们的战斗效能不断下降。完全恢复需要长时间的休整或者足够的替补，这两者装甲师什么也得不到。

在1941年7月中旬，尽管报道显示出坦克损失高达50%（这一数字可能包括在维修的坦克），然而希特勒只拿出70辆三号和15辆四号坦克，加上可用的捷克坦克作为东线的替补坦克。希特勒决定要为新组建的装甲师保留坦克生产。因此，尽管形势严峻，到1941年9月，已有137辆替补坦克开进东线。9月5日的一项统计数字报告，在3397辆坦克的总兵力中，只有1586辆装甲坦克仍在全面战斗，约占47%。全部损失包括，702辆坦克注销，542辆坦克在修理中，另有567辆坦克前途未卜，不过估计其中多达30%已永久丧失战斗力、大约23%的坦克正在修理中。平均而言，装甲师只有编制坦克实力的34%。

长时间的休整或足够的替补，本来可以让装甲师从消耗的侵蚀中解脱出来，但唯一的改进却是派遣最后两个未赋予任务的装甲师于9月到达东线，增加了大约380辆坦克。在对莫斯科的进攻中，已经消耗殆尽的坦克力量进一步萎缩，直到1941年12月苏联的进攻最终导致了最后的灾难。到12月中旬，第2装甲集团军的坦克数量从10月中旬的248辆减少到40辆；第3装甲集群从之前的259辆坦克减少到34辆。到1942年1月，只有1138辆替补坦克送达东线，占同期损失的3252辆坦克的35%，这一数字本身与1941年6月部署的3377辆坦克太接近，令人不安。

1942年春季的重组采取双层理念，一些师被提升到足够的实力以参加新的进攻，而其他师则毫发未损，甚至没有因分拆而进一步削弱。结果只有少数几个装甲师恢复了某种程度上的全部效能，而大多数师只具有部分行动能力，其他一些师无法参加进攻行动。坦克产量是造成这种状况的部分原因。虽然自1940年6月在法国取得胜利以来，坦克产量一直在稳步增长，但从未达到峰值，1941 年的产量只是略高于 1940 年。

装甲部队的坦克也出了问题。现在三号坦克是德国的主战坦克，但它与敌人装甲对抗时不再是势均力敌。1941 年 6 月第一次见到苏联 KV 型和 T-34 型坦克时，德国人惊呆了。虽然德国人已经经历过与敌人的重型坦克作战，但 T-34 型坦克的速度、机动性、装甲防护和强大的火力，让德国人留下了最深刻的印象。没有多久，德国的坦克兵开始称 T-34 型为“胜利武器”，因为这种坦克没有 1940 年法国坦克的缺点（缺乏无线电设备；只能作为指挥坦克使用；两人操作的炮塔影响坦克车长发挥主要作用）。而且最重要的是，如果苏联坦克乘员训练有素、经验丰富的话，则

三号坦克在步兵的配合下向乌克兰挺进。前线的士兵携带泰勒地雷，里面装有 5.5 公斤 TNT 或阿马托（Amatol）高爆炸药，能够摧毁敌方的任何车辆，包括主战坦克。

更为致命。此外，在“巴巴罗萨行动”的早期阶段，T-34 型坦克以小队编组使用，两辆最多到五辆坦克，这样德国人还可以应付。更大的问题出现在 1941 年秋季，当时苏联开始大规模使用他们的坦克，带来了更多的防御问题。

1941 年，德国坦克很容易受到 T-34 型攻击，而后者只有在 100 米到 200 米之间非常近的距离被击中后链轮时才能被摧毁。T-34 型坦克能够在 1000 米甚至更远的地方很容易击中德国坦克的（两侧和前部）并将之摧毁。因此即使是 50 毫米 PaK38 型对 T-34 和 KV 型坦克也几乎毫无用处，唯一现成的解决方案也只是权宜之计：使用缴获的苏联 76.2 毫

米反坦克炮，最好安装在其他过时坦克的底盘上。德国人生产的第一辆自行式装甲猎兵从1942年4月开始生产，要么是在二号坦克底盘（黄鼠狼II，Marder II，从1942年6月开始，也装备一门75毫米PaK40型反坦克炮）上改装，要么是在PzKpfw38(t)型的基础上（黄鼠狼III，MarderIII，从1942年11月开始，也装备一门75毫米PaK40型反坦克炮）改装。1942年，184辆76.2毫米黄鼠狼II和327辆75毫米黄鼠狼II（1943年的数据分别为8辆和204辆），加上344辆76.2毫米黄鼠狼III和110辆75毫米黄鼠狼II（1943年生产了19辆和799辆）生产。已经过时的37毫米PaK35/36型火炮最终于1941年停产（尽管1942年又生产了32门），而50毫米PaK38型反坦克炮的生产从1940年的388门上升到1941年的2072门，最终在1942年达到4480门（1943年仅生产2626门）。75毫米PaK97/38型是一种被缴获的法国

1941年夏天，三号坦克在俄罗斯大草原上全速前进。这辆坦克防护板上的标记表明它属于第14装甲师。在战争的这个时期，德国坦克的基本颜色是所谓的“装甲灰”。这并不是一种特别有效的伪装，但正如这里所示，坦克很快就被一层厚厚的灰尘覆盖，使它的深色变得淡化。（Velimir Vuksic © Osprey）

炮，被大量引入部队服役对抗苏军T-34型和KV型坦克（1942年达2854门），但这种新的75毫米PaK40型是德国人获得的合适的反坦克武器（1942年生产了2114门，1943年生产了8740门）。从1942年起，装甲师的装甲猎兵营由牵引式反坦克炮和自行反坦克炮混编而成，从37毫米PaK35/36型到最新的75毫米PaK40型不等，只有10个师拥有自行反坦克炮连。然而反坦克炮只是一种防御性武器，为了保持某种进攻能力，坦克急需改进。

1942年，在三号和四号坦克上安装了长管的50毫米和75毫米火炮，这可能使装甲部队恢复某种进攻能力。虽然前者在正面射击时，在非常短（100米）的距离内才能有效对抗T-34型坦克，但在侧面射击时，有效距离在500米左右，而长管四号坦克则在同样的距离能够有效地与T-34型正面交战，能够在大约1000米的距离与T-34型的侧面交战。与这些性能相匹配的是改进后的德国装甲，

1941年7月，第269步兵师的士兵用缴获的反坦克炮摧毁苏联的T-34型坦克。在战役的早期，普通的德国反坦克武器不敌新的苏联装甲。对德国人来说，很常见的情况是，苏联坦克被击中几十甚至几百次都没有明显的损毁。（Peter Dennis © Osprey）

它与 T-34 型坦克正面交战的有效距离减少到 500 米，很明显，某种进攻力量已经恢复。然而，直到豹式坦克真正配发到装甲师（1943 年 9 月列装），他们的顶峰才到达，但主战坦克只能改进装甲而不是火炮。事实上，1943 年引进的新型号三号和四号坦克保持火炮不变，但由于增厚了装甲，现在 T-34 型能正面挑战他们的有效射程减少到 100 米左右。这也不是没有代价的，德国坦克的速度、机动性和灵活性因此而降低，影响了装甲部队的行动能力。

关于坦克的生产情况，在战争的头两年什么型号都有。1942 年上半年，二号坦克仅 256 辆，三号坦克 1339 辆（其中 1042 辆装备 50 毫米 L/60 型火炮），PzKpfw38(t) 型坦克 195 辆（6 月停产），四号坦克 362 辆（其中 237 辆装备 75 毫米 L/43 型火炮），PzBefh 型坦克 14 辆。到 1942 年 6 月 1 日，德国坦克的库存包括 979 辆二号（被认为不适合战斗，但在侦

战场另一方的视角。身穿暖和冬装的苏军分队，看着四号坦克在反坦克炮弹的冲击下爆炸。许多德国步兵经常使用缴获的苏联轻武器，事实证明，这些武器在当地气候条件下更耐用。

1942 年，北方集团军群。图中远处最左边的人实际上是一名野战兽医，被临时借调到第 81 步兵师的兽医连。陪同他的是一名工兵（中），携带一枚泰勒地雷，和一名步枪手，身上裹着迷彩图案的遮蔽具。（Stephen Andrew © Osprey）

一名坦克乘员小心地引导三号坦克通过浮桥。士兵们穿着1935年配发的经典全黑装甲车辆乘员制服。贝雷帽里加了衬垫，作为坦克内的防护头盔。

察任务中仍有很高的需求），454 辆 PzKpfw38(t) 型（同样不适合战斗，但很难取代），2306 辆三号，681 辆四号和 264 辆 PzBefh 型。与前一年的数据对照，这些数据显示了坦克的总体实力是如何增长的（1942 年的 5385 辆对比 1941 年的 5262 辆），尽管德国陆军仍然主要依靠过时的坦克，即使 1941 年 6 月的 4198 辆坦克只剩下 3251 辆可供作战。

到 1942 年 7 月 1 日，东线坦克总实力为 2535 辆，比前一年 6 月减少了四分之一。6 月下旬至 7 月中旬，装甲师坦克总实力包括 297 辆二号、614 辆短管三号、380 辆长管三号、296 辆 PzKpfw38(t) 型、205 辆短管四号、89 辆长管四号和 52 辆 PzBefh 型。总计大约 2000 辆坦克，装甲师仍然是德国陆军在东部的主力先锋部队。

1942 年 7 月，最后的 20 辆建造完后，二号坦克停产。由于没有任何合适的替代品，装甲师在未来的几个月里将没法继续配发这种坦克。然而，坦克生产现在主要是满足战场的需求。1942 年下半年，1266 辆三号坦克被生产出来，装备 50 毫米 L/60 型火炮（12 月停产）或在四号坦克（1942 年生产 449 辆）装备 75 毫米 L/24 型火炮。四号坦克目前的产量为 632 辆，全部配备 L/43 型火炮（36 辆 PzBefh 型也得以生产）。

1942 年 11 月 18 日在东线的坦克实力显示出，自“巴巴罗萨行动”以来情况如何发生变化：总共有 164 辆二号坦克（135 辆配发到装甲师），107 辆 PzKpfw38(t) 型坦克（全部配发到装甲师），264 辆短管 50 毫米三号坦克（261 辆配发到装甲师），381 辆长管 50 毫米三号坦克（287 辆配发到装甲师），93 辆 75 毫米三号坦克（65 辆配发到装甲师），99 辆短管 75 毫米四号坦克（91 辆配发到装甲师），183 辆长管 75 毫米四号坦克（128 辆配发到装甲师）和 50 辆 PzBefh 型坦克（43 辆配发到装甲师）。产量与实际实力的巨大差异是因损失造成的：1942 年，二号坦克约 287 辆，三号坦克约 1501 辆（对比产量 2605 辆），PzKpfw38(t) 型坦克 196 辆，四号坦克约 502 辆（对比产量 994 辆），PzBefh 型坦克约 99 辆。装甲师数量的增加和来自其他前线部队的需求使装甲兵种更加紧张。

在 1941 年的东线战场上，海因茨·古德里安上将（左）与第 4 装甲集团军指挥官赫尔曼·霍特（Hermann Hoth）将军在一起的轻松时刻。和许多将军一样，霍特与希特勒关系紧张，在 1943 年库尔斯克会战后被解职，后在战争即将结束时被重新任命为指挥官。

PzKpfw VI 型（后称六号虎式坦克）也在战场上粉墨登场。实际上在战前虎式坦克已经开始了其研发之路，当时最高统帅部正在考虑研发一款更为重型、更为强大的坦克，以替换三号和四号坦克。研发过程中，开始时涉及克虏伯、保时捷和亨舍尔，后者的设计方案通过，成为六号虎式坦克 E 型的基础。1942 年 8 月投入生产。

虎式坦克是战场上的怪兽。它重达惊人的 55 吨，装甲的最大厚度达到 110 毫米，火炮改装于 88 毫米高射炮，几乎可以摧毁战场上的任何装甲对手。希特勒急于将虎式坦克投入战场，于是在 1942 年盛夏将它扔进了东线的大锅中，随后在北非、意大利和北欧服役。

虎式坦克的战斗表现喜忧参半。当一切顺利时，虎式坦克是一种可怕的野兽，它精准而强大的火炮把盟军坦克撕得粉碎。在 1943 年库尔斯克会战中，一辆武装党卫军的虎式坦克与大约 50 辆 T-34 型坦克交战，摧毁了 22 辆，迫使其余的坦克退出战斗。这一传奇在诺曼底登陆之后再度续写，当时一辆虎式坦克在咽下最后一口气前摧毁了 25 辆盟军车辆，直接阻碍了盟军的整师推进进程。后来，随着虎式 II 型坦克（亦称虎王坦克）的问世，盟军的情况变得更加糟糕。虎式 II 型坦克拥有更强大的 88 毫米火炮、更厚的倾斜装甲。

然而，虎式坦克最终未能达到预期。庞大的体型意味着它们没有战场灵活性，在穿越松软地形和跟上摩托化程度更高编队方面，能力有限。机械故障是严重问题，坦克的重量导致发动机、刹车和变速器的压力过大。在东线的冬天，泥土和积雪会被卷进交错式负重轮中，整夜冻结，导致到早晨车辆动弹不得。这种坦克对燃料需求巨大，导致对后勤供应的要求更高。因此总体上辩证地说，虎式坦克对德国资源的消耗超过了其内在的价值。然而，在公开战斗中，如果遇到虎式坦克，大多数盟军坦克都处于严重的劣势。

虎式坦克，作为一种特殊的车辆，通常只被配发到特别的重型坦克营，在战斗中被打造成增援其他单位的力量。虎式坦克营被赋予了精英的地位，因此只有少数几个师得以接收，包括大德意志装甲掷弹兵师和装甲教导师。

值得注意的是，尽管德军存在种种问题，但他们在对抗苏联红军装甲时仍占了上风。1942 年 1 月 1 日，苏联拥有 7700 辆（门）坦克和自行火炮，其中 2200 辆（门）属于野战部队；年内又生产了 24500 辆（门）。然而，到当年年底，德国人摧毁了约 15100 辆坦克，几乎占全部可用坦克数量的 47%，尽管很难说有多少是德军装甲师的“功劳”（以及哪些武器实际摧毁了它们）。

到 1943 年 7 月，大多数装甲师只剩下一个装甲营，依旧装备着各种新旧型号的坦克。最重要的是，看一下 7 月 1 日东线的实际坦克实力。我们可以看到坦克和突击炮的数字为 3524，这是“巴巴罗萨行动”开始以来最高的数字，说明德国人甚至能从斯大林格勒战役的灾难中复苏；同时再仔细看看装甲师中的坦克总数（1451 辆），这揭示出对于德国陆军来说，那时装甲师不再是主要和唯一可用的战争手段。相反，他们现在只是众多战争手段之一，其中包括陆军和武装党卫军中的联合兵种的装甲掷弹兵师，加上独立的坦克和突击炮部队（武装党卫军的三个装甲掷弹师坦克总实力为 494 辆；两个独立的重型装甲营有 90 辆虎式坦克；独立的突击炮营有 305 门突击炮）。除了这种碎片化的装甲单位之外，还需要考虑另一个因素。正如装甲师坦克力量遭到削弱所揭示的那样，尽管装甲车辆严重混编，但现在的趋势是清晰的。事实上，这 1451 辆坦克包括 90 辆二号坦克、611 辆三号坦克（所有类型）、12 辆 PzKpfw38(t) 型坦克、665 辆四号坦克（短管和长管）和 73 辆 PzBefh 型坦克。再也没有什么可怀疑的了，轻型、快速机动坦克的时代即将结束，重装甲、强火力坦克的时代已经开始。

装甲战术

虽然在东线战争的头两年内，德国装甲作战的基本战术原则没有多大变化，但由于几个因素，装甲师将这些原则付诸实施的方式在很大程度上有所不同。首先，早在 1941 年秋季，地形和气候就开始影响作战和战术。同样的情况也发生在装甲师战斗能力下降的情况下，这是损失增加和替代缺乏的结果。由于他们行军道路限定在为数不多的铺砌路面，装甲师不能再像去年夏天那样深入对手的领土。此外，履带单位，比如装甲团和装甲步兵营不仅带头推进，而且由于其独特的机动能力，很快就成为唯一能够带头进攻的单位。因敌人和天气造成的消耗，外加没有一列满载反坦克炮、勤务车和卡车的德国补给列车开始滚滚向东。在1941—1942年的苏联冬季，采用比苏联车型更为敏感的工程技术制造的德国火车，出现了数以千计的故障，其中高达80%的列车无法运行。

LAVAGNA

足够的增援，最终导致了损失，直到1941—1942年冬季红军的反攻才给装甲师的战术带来了第一次真正的变化。装甲师不仅第一次被迫以守势作战，而且他们主要还不得不使用非装甲部队作战，因为大多数装甲部队实际上已不复存在。

德国的防守战术，基于“据点死守”原则（面对敌人的进攻，无论侧翼和后方发生什么，部队都必须保持在他们的位置），再加上在敌人突破时立即反击的需要，这一战术被证明尤其适合装甲师，尽管造成的重大损失进一步降低了他们的作战效能。而这种作战效能即使在重组之后也从来没有完全恢复，随之而来的是装甲师的速度和机动能力大大降低。在攻击火力和机动能力两种因素之间的天平，明显向着有利于火力的方向倾斜。这种倾斜的主要后果是无法深入敌占区，至少在战术层面上是这样，而且各级指挥和控制都在加强。在战场上，装甲师相比对手仍然享有优势，仍然是德国陆军的先头部队，但他们再也不能确保突破并且包围敌军。1943年夏天，特别是库尔斯克会战的失败，标志着德国装甲战术演变的转折点，从那时起，装甲师变成了“消防员”。

速度、机动和灵活性是使装甲师在早期战争的快速推进中赢得战斗的关键因素。战场上这些行动的实施可能是由德国的指挥系统促成的，因为它有“任务战术”和“靠前指挥”概念这两个高效的工具。在实践中，战场上的装甲师被分成一系列不同的战斗群，每个战斗群都独立行动，只专注于自己的任务，而忽略了其他一切。每一个战斗群的指挥官都要关注自己所受领的路线和目标，通过与下属单位保持密切联系，处理任何意外情况，最终决定如何最好地达成目标。除非受到直接威胁，否则他不会关心自己的侧翼和后方，最重要的是，他不会关心其他战斗群在做什么，因为这是留给师指挥官的任务。

在他的司令部的支持下，师指挥官是唯一一个想全面了解师整个前线态势的人。他可以根据对全局的了解，直接向战斗群指挥官下达命令，帮助他们处理面临的实际局势。然而，在一般情况下，只有在下属单位控制的阵地受到威胁，或者可以通过从其他战斗群调换部队从而利用形势的时候，师指挥官才会介入，而第二种情况的前提是，如果从别处调动整个战斗群又无法利用形势的时候。速度、机动性和灵活性将由负责战场整体情况的更高级指挥官来确保。这个制度实际上在每一级都起作用，从营级往上，但是在师这一级的控制需要尽可能的小心和注意，因为这一级的任何失败都可能影响到整个师。

这些司令部的指挥分遣队在机动中与各作战部队保持紧密联系，紧跟先头部队和战斗群行军，在适当位置建立指挥所，与师指挥官、师属后方部队和补给部队保持联系。在需要的时候，指挥官会亲自带路，加入司令部指挥分遣队，与他们的指挥官沟通，直接评估形势，让其能够在正确的时刻做出正确的决定。在战场上战斗最激烈的时候看到自己的指挥官，也有助于提高士兵的士气，尤其是在面对压倒性优势时。

然而，指挥体制很快成为装甲师的一个关键问题。几乎在每一个级单位都严重依赖熟练而有能力的部队指挥官，更不用说支持他们的熟练而训练有素的兵员（通信领域是一个例外）。在1941—1942年和1942—1943年冬天遭受重创后，装甲师遭受人员的短缺，这种形势因装甲师数量的迅速增加而进一步恶化了。随着战争的继续，要赶上闪电战年代的标准变得越来越困难，装甲师的指挥体制最终将转向由上级指挥官直接控制下级单位。

装甲兵的指挥部

1942年，一个装甲师的指挥部既不庞大也不臃肿。总共只有61人，包括17名军官、11名行政人员、17名士官和16名其他军衔人员。实际的指挥层人员，被赋予在战场上领导装甲师任务的，甚至更少。除了师指挥官和他的勤务兵外，只有3名军官、2名士官和1名其他军衔人员在作战分遣队，还有4名军官、1名士官和3名其他军衔人员在情报分遣队。他们将组成前进指挥分遣队——指挥梯队，负责带领装甲师的战斗单位前进，而后勤分遣队则负责尾随师后方和供应单位。

中央集团军群的士兵接受一名装甲信号营士官的命令。中间的人持有单兵背包型火焰喷射器，而他的步兵同伴展示出一种典型的单兵负重安排。(Stephen Andrew © Osprey)

东线战场的一门 88 毫米高射炮。这种火炮击毁了数千辆苏联 T-34 型坦克和其他装甲车。这种特殊的火炮通过炮管上的白环展示其装甲杀伤力，而用飞机符号来表示防空杀伤力。这名士兵正在使用 1 米基座的立体测距仪。

武装党卫军

在“巴巴罗萨行动”开始之前，德国陆军并不是战场上唯一的主要陆地作战部队。事实上，自二战爆发以来，随之而来的还有另一支更注重意识形态的力量——武装党卫军。到 1939 年 9 月战争爆发时，武装党卫军从纳粹德国党卫军这个保护伞下发展起来了。这个组织可以追溯到 20 世纪 20 年代初，当时阿道夫 · 希特勒的一支小型卫队与纳粹党统一的大规模准军事部队冲锋队（德语：Sturmabteilung，SA；英语：Storm Detachment）一同组建。1929 年，整个党卫军不足 300 人；到 1933 年，这一数字已增至 3 万左右。在海因里希 · 希姆莱的统一指挥下，党卫军拥有三个武装宪兵营，为 1934 年 6 月 30 日发动的反对冲锋队领导层的内部政变提供了关键人员。

武装党卫军帝国师的步兵和通信骑兵。武装党卫军早在 1938 年就开始试验迷彩作战服，这里我们看到的是早期迷彩服罩衫之一。它们最初被设计成穿在腰带装备外面，但很多士兵把腰带系在迷彩服外面，如图所示。

此后，党卫军在德国公共生活大部分的领域里，规模和影响力都有了巨大的增长，而且是复杂的，几乎没有遭遇到任何挑战。然而，在1939年战争爆发时，当时称为党卫军特别机动部队（德语：SS-Verfügungstruppe，SS-VT；英语：SS-Dispositional Troop）的武装单位人员仍然很少，在军事上也无足轻重。他们被武装部队视为一支政治宪兵队，怀疑其在战场上没有真正的作用。党卫军早期在西部的战斗经历，特别是在苏联作战的第一年，改变了上述看法，导致了一轮又一轮大量持续的扩张，也就是我们现在说的武装党卫军。到1943年年底，这个久经沙场的组织已经装备了几个满编装甲师和机械化师。

党卫军编队成为德国军队在东线值得信赖的先头部队，并服役于除北非以外的所有其他主要前线。从1943年初—1945年春季，武装党卫军表面上的作战序列从8个师增加到不少于38个师，尽管许多大数字编号（大部分是外国）的部队远远低于早期师的设定标准。1943—1945年，大量军级单位的编队开始出现，甚至会出现一个或者两个名义上的“党卫军集团军群”，下面同时包含了党卫军和集团军单位。

武装党卫军在许多方面都与军队保持着距离。作为一个整体，它赢得了双重声誉：一方面是令人印象深刻的攻击性和忍耐力，另一方面却是对平民和囚犯的杀戮暴行。虽然在战场上它的师隶属最高统帅部的战术指挥，但武装党卫军有自己独特的内部指挥结构，在其顶端坐着帝国党卫军元首海因里希·希姆莱。整个党卫军的作战指挥是在党卫军领导总部的主持下进行的。这个新的总部创建于1940年夏天，大约是在武装党卫军的前身党卫军特别机动部队转变为武装党卫军的时候。

武装党卫军的军衔结构和军衔名称直接改编自普通党卫军（德语：Allgemeine-SS；英语：General SS），尽管普通党卫军显示军衔分级的方法由右肩的单肩带最终被陆军时尚的成对的双肩带所取代。普通党卫军显示特定等级的左侧领章得以保留，在1945年5月以前只有轻微的变化。

除了采用陆军风格的肩带，还进一步强调了武装党卫军的军事性质，即在原来相当于陆军将军的党卫军军衔后面加一个后缀，表示武装党卫军的将军衔级。因此，最初党卫军内的军衔“党卫军旅队长”在武装党卫军里变成了“党卫军旅队长兼武装党卫军少将”。

一般说来，在陆军和武装党卫军中，类似的职位由等级相当的士兵担任。因此，在陆军中指挥连级单位的上尉（德语：Hauptmann；英语：captain），在武装党卫军单位中有与上尉军衔相当的军官。同样，在陆军中指挥团的上校（德语：Oberst；英语：colonel）也会有一个与之相当的党卫军旗队长。最初的党卫军的军衔精确地标明了军人将要指挥的部队规模，以“领导人”（Führer）或“领导”为后缀：如三级小队长、下士（Scharführer），突击队长（Sturmführer），二级突击队大队长、少校（Sturmbannführer），旗队长、上校（Standartenführer），地区总队长、中将（Gruppenführer）等。

还应当注意到，在后期发展起来的“非北欧”志愿兵单位中，军衔前缀“SS-”被“Waffen-”所取代。因此，从技术上讲，一名与上尉级别相当的德国党卫军志愿兵不应该被称为党卫军一级突击队中队长、上尉（SS-Hauptsturmführer），而应该被称为武装党卫军一级突击队中队长、上尉（Waffen-Hauptsturmführer）。在各种外国志愿兵国家军队的情况中，使用了前缀“军团”（“Legions-”），即“外籍军团一级突击队中队长、上尉”（Legions-Hauptsturmführer）。大多数这种既无意义也无必要的复杂称呼，是由于希姆莱奇怪的种族信仰，以及他坚持那些被认为不是雅利安种族的党卫军志愿者不应该使用党卫军的前缀（“SS-”）。也正是因为这个原因，许多外国志愿军被迫采用特殊的单位领章来代替“SS”这个标志。这些单位的德国骨干人员有权佩戴左胸口袋上的符文，以显示他们是党卫军的真正成员。

那么，是什么促使一个人加入武装党卫军而非正规陆军呢？大多数情况下，答案是纯粹的野心和渴望成为精英。1935 年重新实行征兵制度后，军队的征兵标准有所降低。一个有抱负的人，同时也意识到自己的局限性，自然会宁愿做小池塘里的一条大鱼，也不愿做大池塘里的一条小鱼。军队领导人也意识到这一点，并严格控制有资格服兵役从而参加党卫军的人数。看到这种情况，希特勒把党卫军整体预算记到警察头上，而不是陆

1940—1943 年党卫军骷髅师的 4 名士兵。他们是：1. 1940 年的党卫军二级小队长（SS-Oberscharführer），为战地宪兵（Feldgendarmerie）；2. 1941 年年末的步兵党卫军二级突击队大队长、少校；3. 1942 年的步兵党卫军突击队员（SS-Sturmmann）；4. 1943 年年末的武装党卫军第 6 装甲掷弹兵团的党卫军分队长（SS-Rottenführer）。（Stephen Andrew © Osprey）

武装党卫军部队的四号坦克E型在俄罗斯大草原上驰骋。俄罗斯和乌克兰腹地的地形和广阔的地域，消解了德军集中有效兵力的能力，就像它在西欧战役中表现的那样。

1941年，在苏联的武装党卫军部队，图中正值冬季。到1941年11月，武装党卫军约3万人伤亡，到次年年中，许多师需要休息和调整，这些师在东线的危机点被当作“消防队”高强度使用。

军。这让陆军有更多的钱来投入发展，也有助于减少对党卫军成长壮大的敌意。这种敌意是基于在传统意义上，陆军是国家唯一的核心武装，尽管在战前武装党卫军是相对小的组织，然而这种敌意也未见削弱。

在武装党卫军志愿者和陆军志愿者之间还有另外两个显著差异。虽然党卫军的身体条件要求更高，但受教育程度更低。近一半的武装党卫军新兵只接受过最低限度的教育，尤其是预提军官的学历比陆军里的同伴要低得多。当然，这也使他们更能服从严酷的纪律，更便于接受意识形态的灌输。

另一个不同之处在于，武装党卫军的志愿者大多来自农村地区，而陆军的大部分军人则由城市居民组成。这一自然选择的过程后来以一种似乎相当令人惊讶的方式证明了自己的正确性，五十多年前农村的生活条件远比现在原始，而且不夸张地说实际上比今天更接地气。因此，很明显，在东线党卫军师的大多数人在战场上生活得更舒适，比他们的城市战友更擅长野外生存和木工活。由于士兵的基本要求之一是生存以便能够战斗，这并不是一项无关紧要的能力。武装党卫军的新兵必须满足严格的身体和道德条件，至少在战时被迫放松标准之前的早期是这样的。希特勒的党卫军贴身卫队——阿道夫·希特勒警卫旗队的指挥官塞普·迪特里希（Sepp Dietrich），想要成熟男性，而非心性不定的青少年，所以只招募年龄在 23 至 35 岁之间、身高至少 1.8 米、身体条件最好的人群。任何有犯罪记录的人都会被拒之门外，而且他必须能够证明自己是纯正的“雅利安”血统，而没有犹太血统的“污点”。

在因需要替换伤员而被迫放松自己的标准之前，迪特里希甚至不会接受补了一颗牙的人进入警卫旗队。他下定决心，这将是元首部队中最坚韧、最健康、纪律最严明的部队，直到最后它吸收了武装党卫军中的志愿者精英。

然而，尽管有严格的身体、种族和道德方面的高准入门槛，但志愿人员并不短缺。但在早期，党卫军严重缺乏经验丰富的军官，这是造成 1940 年战役中高伤亡率的一个因素。

训练和战斗能力

最初的武装党卫军训练在每个团所在家乡的城外基地进行。首先，由于开始时训练没有连贯性，所以1936年希姆莱设置了武装党卫军督察，由经验丰富的前陆军军官保罗·豪塞尔（Paul Hausser）担任。崭新的军官培训学校在巴特特尔茨和布伦斯威克建立起来，兵营和教室明亮且通风。

豪塞尔在启动培训计划时得到了两个人的帮助：费利克斯·施泰纳（Felix Steiner）和卡西乌斯·佛莱赫尔冯·蒙提格尼（Cassius Freiherr von Montigny）。施泰纳在一战期间曾是突击部队的一员，他想给武装党卫军注入类似的风格和活力。这些突击部队由少量志愿者组成，他们全副武装，不仅第一批配发冲锋枪，而且还即时制作武器，比如一根棍子上缠着数串手榴弹，像中世纪骑士盾牌，野战构工的工具边缘像刺刀一样锋利。他们是真正的轻装步兵，正如武装党卫军后来的掷弹兵一样，不受常规单兵装备重量的束缚，只携带武器、弹药和水壶，通过战壕展开大胆的突袭。施泰纳认定，这就是党卫军的风格，他的想法无疑是让军队提供炮灰。

蒙提格尼，一战时期U型潜艇的艇长，对纪律也有类似的强烈想法。他和施泰纳决心建立一支坚强、无情、自律的军队，他们在很大程度上取得了成功。他们还创建了一支部队，几乎是鲁莽无畏，在涉及人类生命的问题上完全冷酷无情，这些因素在战场上产生了影响，表现为大量骇人听闻的暴行。

武装党卫军的训练一直很艰苦。一旦这些人熟悉了武器，就会开始学习步兵进攻技术，用固定的刺刀攻击沙袋。教官们非常重视攻击性，不断强调猛烈的攻击既能快速赢得战斗，又能减少伤亡。这一阶段结束时，具有资格的传统武术教官开始组织士兵学习徒手格斗技巧。后来，当士兵足够熟练到能够互相练习而不会造成伤害时，他们将使用步枪和刺刀模拟战斗，或者只是用刺刀。为了进一步鼓励攻击性，拳击成为课程的主要部分，帮助士兵克服对受伤的本能恐惧，并教他们先下手为强。

事实上，运动在武装党卫军的训练计划中发挥了重要作用，比在军队中发挥的作用要大得多。不只像在军队中是为了放松，武装党卫军中所有形式的田径赛都受到鼓励，而且是训练的一部分，作为提高身体素质和反应能力的一种手段。当然，为了培养体力和耐力，他们会进行无止境的按既定路线行军和越野跑步，有时全副武装，有时没有。

在思想教育方面，每周至少有三次正式讲座，内容涉及纳粹党的政策和党卫军哲学的密集灌输，特别是种族优越论，根据这些理论注定了他们要统治所谓“亚人类”的犹太人、斯拉夫人、吉卜赛人和共产主义者。入侵后不久，当损失越来越大时，党卫军的等级制度中的一些种族观念开始改变。他们认定拉脱维亚人、立陶宛人和爱沙尼亚人不是斯拉夫人，而本来是日耳曼人。因此，随后的结果是，乌克兰人、阿塞拜疆人以及其他任何憎恨莫斯科的人，无论出身如何，几乎都变成了日耳曼人，因为伤亡造成了巨大的人力需求。

进入这个大熔炉的人群中，也包括印第安人和巴勒斯坦人，以及每一个欧洲国家（除了英国，但也有少量的志愿者加入），他们的誓言就是武装党卫军基本誓言的几个不同版本，并作为座右铭坚持，“我的荣誉是忠诚”(Meine Ehre heis Treue)，也可以翻译成“我的忠诚是我的荣誉”，或者“荣誉是我的忠诚”。因此，最初的理想主义扩散开来，武装党卫军实际上变成了一个涵盖多种语言的组织，其成员远远达不到豪塞尔、迪特里希、施泰纳和其他“老一代卫道士”所要求的标准。

一旦武装党卫军新兵通过了这种基础训练以及思想和精神的灌输，他就能像任何部队的受训新兵一样学习更复杂的技能。特别值得一提的是，在英国突击队和美国游骑兵出现之前，武装党卫军的训练比当时任何武装力量训练都更为复杂。例如，施泰纳及其教练团队的意图是，党卫军掷弹兵能够在任何可能的战场形势下，游刃有余地运用武器并独自从容应对，无论白天还是晚上，也不管地形和天气。单兵训练仍在继续，但逐渐让位给分队训练，首先是班一级的八人训练，然后逐渐扩大到连、营、团级的训练。最后，将举行包括整个师的全面演习。

正如我们所看到的，这种训练与军队的唯一不同之处在于强调攻击性

武装党卫军“欧根亲王”志愿山地师的人员，在战争的后半期穿着典型的武装党卫军服装。他们都穿着山地靴，左边的士兵穿着 M1940 式可双面穿的党卫军迷彩服外套，春夏两季的一面朝外，上有独特的悬铃树叶图案，并头戴相配套的第一款钢盔罩。（Stephen Andrew © Osprey）

和压倒性火力。至少在最初阶段，武装党卫军进攻性十足，但在获得压倒性火力方面受到了阻碍。他们的处境很像陆军的装甲部队，知道自己想要什么，但却无法在足够的时间内得到足够的装备。随着战争的进展，情况发生了变化，希特勒越来越依赖他的武装党卫军师来“完成任务”，在新装备的配发上给予他们优先权，尽管在战争初期并非如此。

党卫军第1阿道夫·希特勒警卫旗队装甲师展示出党卫军的能力。它起源于1933年，1939年7月达到团级规模，在1940年的西欧战役和1941年的希腊都证明了自己的价值，但在1941年6月入侵苏联时，警卫旗队经受了最严峻的考验。当时一支不到11000人的旅成为南方集团军群的一部。在穿越切尔森时，它占领了塔甘罗格，11月占领了罗斯托夫并俘虏了1万多人。在这里，党卫军一级突击队中队长、上尉海因里希·施普林格（Heinrich Springer）因夺取了顿河上的关键桥梁而赢得了铁十字勋章中的骑士十字勋章。然而，随着年底临近，前进的动力开始似风雨般飘摇，苏联的抵抗却与日增长。苏联的反攻使警卫旗队处于危险之中，然而希特勒拒绝同意全面撤退。尽管如此，因苏军以大规模兵力反击，武装党卫军还是被迫离开了罗斯托夫，转入了顿涅茨盆地地区一系列残酷的冬季防御战中。

警卫旗队作为一流的战斗部队，其声誉得到了极大的提升，赢得了此前对武装党卫军不屑一顾的陆军将领们的称赞。第3装甲军的指挥官曾说过，“这确实是一支精锐部队”。然而，这一声誉的取得并非没有代价：该旅伤亡人数超过5200人。

1942年6月，警卫旗队从米乌斯河沿岸的防御阵地撤下，转到法国。在那里得到极大的增援，并被重新组建为机械化师或装甲掷弹兵师。这个新成立的师花了几个月进行组建和训练，然后前往法国南部城市维希执行占领任务，报复法国军队向在北非登陆的英美联军（Anglo-American）的投降行为。在此期间，警卫旗队的分遣队获得了属于自己的六号虎式重型坦克。1943年年初，当斯大林格勒陷落后整个军事形势恶化时，警卫旗队被迅速抽调赶回东线。此后，它周转在各个前线和战场中，其表现令人印象深刻，但“消防战斗”的角色在备受打击中每况愈下。

1943 年，帝国师的装甲部队在苏联春天的泥泞中行进。在远处最左边可以看到一辆虎式坦克。这时，虎式坦克还在试图解决机械问题，但它已经证明自己是苏联坦克的强大杀手。

一名德国狙击手在斯大林格勒废墟中瞄准目标，这个布满碎石的战场是狙击战争的理想场所。7.92 毫米 98 式狙击步枪（Scharfschützen Gewehr 98）在条件较好的视野下，在有天分的狙击手手中，能够击中 600 米射程以外的目标。

外观

总体来说，当然在战争的早期，党卫军掷弹兵与其陆军战友穿一样的衣服，携带相同的个人装备，只是在风格和党卫军师的徽章方面略有不同。然而，武装党卫军是首批使用“颠覆性图案”服装的德军单位之一，这种服装的设计目的是帮助士兵融入背景环境，让他们在敌人面前更难以被发现。当然，伪装本身的想法由来已久，但从现代意义上来说，应该从世纪之交的英国军队终于决定采用卡其色开始算起，这是因为穿着红色外衣的士兵易成明显目标。穿着卡其色服装后，在颜色的深浅上有多种变化，这种做法很快被大多数军队复制。卡其色，或者是与德国相当的田野灰颜色，是实用的中性色调，但武装党卫军认为这还远远不够。他们需要的是这样一种服装，让士兵不仅能融入不同类型的野外地区，还能融入不同季节的草地和植被颜色。

自 1939 年 9 月战争爆发以来，大多数武装党卫军战斗部队在军种外衣外面穿了一件宽松且长及大腿的罩衫。它由人造丝和混纺棉制成，剪裁大方，便于移动，可以用一根拉绳在腰部拉紧，额外提供了一定程度的防风保护。无领的头部开口也有一根拉绳，袖口也是如此，强调了宽松的外表（有意设计），本身也是一种伪装。早期罩衫的胸部有两个口，可以把手伸进里面的外衣口袋里，但因为罩衫外面必须系带，很快人们发现这是不可能的，因此罩衫就停产了。此外，人们还经常在肩膀、上臂和头盔罩上缝上圆圈，以便将树叶作为额外的伪装。

冰冻阵地

1942 年，德国人在《冬季作战手册》中承认，必须在坚硬的冰冻地面上使用完全不同的遮蔽系统。在这里，原木被切割并捆绑在低矮的墙壁上，形成一个三面围墙，由一个或多个武器槽刺穿。飘雪提供了某种额外的保护，但更重要的是，它使阵地难以发现。白色衣服或者覆盖着白雪的帆布让这种错觉更加完美。把沙袋埋进雪地里挖的洞，直接放在冰冻的地面上，也可以达成相似的效果。

1942—1943 年，党卫军装甲人员。注意，武装党卫军生产出自己装甲制服的迷彩版本（左下），用轻型的粗斜纹布材料裁剪，印上豌豆图案迷彩，与战斗罩衫不同，它不是双面穿的。其他士兵穿着党卫军装甲兵夹克。（Stephen Andrew © Osprey）

1941 年炎热的夏季，在苏联的行动中，党卫军掷弹兵在战壕中疾跑。这些士兵穿着混合的国防军和武装党卫军制服；从 1941 年起，武装党卫军开始发行自己的野战衬衫，同时也穿着陆军版本。

1943 年纳粹党卫军冬季制服。最上图士兵身穿党卫军双面迷彩服（白色冬季制服），搭配特制的冬季毛毡靴。在陆军和武装党卫军中，人们普遍戴着兔毛内衬的冬帽。（Stephen Andrew © Osprey）

这些罩衫双面可穿，并印有各种图案，以适应变化的季节：春天是淡绿色和深绿色，夏天是两种绿色和一种棕紫色，秋天是三种赤褐色和棕色。如此复杂的大量织物印花以前从未尝试过，必须发明特殊的染料和技术。早期的罩衫是丝网印刷的，但由于这需要时间，特别是罩衫还必须做防水处理，后来的版本是机器印制的。这些图案经过精心设计，打破穿着人员的轮廓，在对比色中勾勒出棱角分明的带色小斑块，以至于一个人站在树林或灌木篱墙里几乎看不见。战争中使用了四种基本的图案模式，为了方便起见，通常称为“法国梧桐”迷彩、“棕榈树”迷彩、“橡叶”迷彩和“豌豆”迷彩。没有哪一种样式比其他样式能够提供更好的伪装保护，因此寻求改变的原因似乎仅仅是实验性的。

1942 年党卫军掷弹兵新制服开始设计，M1943 式训练迷彩制服得以推出，其中包括一件单排扣夹克和一条人造丝裤子，迷彩只印在一侧，颜色主要是暗黄色，带有绿色和棕色斑点。紧随 M1943 式之后的 M1944 式套装由粗糙的人字形斜纹面料制成，暖和度和防水性能不如 M1943 式。M1944 式野战制服的推出标志着德国军队服装进入了简化和退化的最后阶段。

到了 1944 年，由于物资短缺和出于节约的需要，德国陆军和武装党卫军被迫采用另一种束腰外衣和裤子。M1944 式野战服是短上衣，很像英国陆军的作战服。为了节约，它用帐篷帆布的原材料制成，明显粗制滥造，也没有早期的束腰外衣那么暖和。与之配套的裤子长度齐腰，而且更紧致修身，用腰带而非背带拉起来的。

命运改变

在“巴巴罗萨行动”中，武装党卫军对无辜人员和战俘实施的种种暴行，让德国军队变得更臭名昭著。然而，总而言之，重要的是要提出这样一个宏观性问题：为什么在西欧取得胜利的德国陆军，在导致斯大林格勒灾难的“巴巴罗萨行动”和“布劳行动”中都未能战胜苏联？有人认为，德国之所以未能击败苏联，是因为德国的战争方法及其作战方式。在二战期间，德国国防军对战略的理解仍然包括19世纪的“歼灭战”概念，大致意思是通过单独的一次战役赢得战略性的军事胜利。具有通过科学的战术和优异的作战从而消灭敌军的能力，将很快取得战略层面的胜利，从而达成战争的政治目的。正如在序言和第一章中提到，在两次世界大战期间，德国军队通过一战学到了许多教训，但他们拒绝相信“施利芬计划”，该计划本身就是一个强有力的歼灭战例子，因执行中的战术缺陷而失败，但是英国和法国军队也未能采取特定的战术方法。

1939年9月—1941年6月，德国闪电战的成功似乎证明继续采用歼灭战是合理的。在对低地国家和法国的战役中，双方在人员、坦克和飞机上势均力敌，但在六周内，国防军取得了德意志帝国军队四年也无法取得的成就。看来，要打败苏联，同样的原则可以再次适用。

在许多领域里，我们所说的闪电战的发展和使用构成了战争技术的革命性进步，但对德国人来说，这个词本身很少使用，因为尽管使用的是新

德军的补给卡车行驶在东线结冰的道路上。在东线作战的第一年，由于缺乏防冻车辆，卡车常常甚至在不行驶时也不得不保持空转状态，以免冻结，这一措施消耗着燃料。

武器，但它只是一个用来描述已经成形的战斗方法的新词而已。德国的战术方法再次受到19世纪“包围战”概念的严重影响，这是在战场上实现歼灭战的实用方法。实际上，它包括包围并摧毁敌军。在战争早期，国防军使用包围战取得了明显的胜利，尽管事实上并没有什么特别复杂的东西。因此，包围行动的数量取决于敌人的规模和作战技巧。

德国国防军注重将创造性、主动性、胆量魄力和适应性相结合，充分认识到机械化、空军力量、炮兵、通信和机动的价值，实现战术上的超越，从而包围和歼灭敌人。然而，在东线战役中，包围战形成的口袋规模造成了一些问题，因为德军基本上有两支军队，一支是占少数的机械化部队，另一支是占多数的步兵部队。为了诱捕围困苏联军队，装甲集群需要承担巨大的包围机动任务，以防止苏军撤退进入腹地。但是，因为需要等待得到空军支援下的步兵配合，装甲集群才能继续向前机动，这种等待导致兵力不断消耗。装甲集群的机动速度远远超过步兵，最终将削弱装甲兵继续向前的势能。缓慢推进将有机会适当地消除包围圈中的敌人，但也可能形成有利于苏联的消耗战。在当时的情况下，德国国防军的全面机械化是不可能实现的，所以德国人在问题变得过于严重之前，把赌注押在了取得一场彻底的胜利上。如果成功了，1942年的战役（将不得不面对同样的问题）将变得无关紧要。因为斯大林，这场赌博如此接近成功，在“巴巴罗萨行动”开始后，他不允许红军用空间换时间，因此给了德国人所希望的一切。

德国人也未能取得胜利，因为苏联拥有巨大的人力和工业资源，而且有能力迫使德国人为了特定目标打消耗战，首先是莫斯科，然后是斯大林格勒。此外，入侵苏联和东线行动涉及德国人在早期战役中没有真正遇到的问题。这些问题涉及地理、距离、时间和规模，在1941年和1942年的战争中，这些问题的影响越来越明显。在地理上，由于普里佩特沼泽地控制着苏联西部，因此陆军进入乌克兰之前，装甲部队在南部的行动是孤立的。苏联规模和关涉距离影响了德国的作战和后勤。装甲部队在法国战役中严重损耗，但由于从阿登高地到大西洋海岸只有320公里，支援相对容易。然而，从华沙到莫斯科的距离约1600公里；从列宁格勒到罗斯托夫

乌克兰哈尔科夫战壕中，一个机枪小组操纵一挺 MG34 通用机枪。在东线战争期间，这座陷入黑暗的城市爆发拉锯战，城市多次易手，约 70% 的建筑被摧毁，也夺去了德国数千条生命。

1943年，一组三号和四号坦克在乌克兰充当德国装甲掷弹兵的运输工具。图中最近的坦克在侧面安装了装甲裙。这些改装从1943年春天后就成为大多数德国坦克的标准做法，目的是为了加强装甲保护。

约1930公里；从柏林到斯大林格勒约3220公里。因此，粮食、弹药、备件、新设备和人员的补充，比以前机动的距离更远。俄罗斯的气候限制机动作战在5月和11月之间，所以一年中的时间很重要。所有这一切，以及国防军不得不承受的作战规模，比以前在任何一个缺乏现代化基础设施的国家所遇到的困难都大，因为在苏联，即使在最有利的条件下，快速机动作战的后勤支援也受到了阻碍。

东线也见证了国防军变为一支更加注重防御的部队，这一点值得详细阐述。1941 年 12 月，德军为应对东线的危急局势，采纳了新的防御观念。1941—1942 年冬季的最初计划是把红军赶到乌拉尔山脉，夺取主要的人口和工业中心，然后撤出三分之二的德国军队，剩下的人建立坚固的据点，以保卫第三帝国的新边疆。坚固的据点防御是一种节省兵力的方法，使用尽可能少的部队覆盖尽可能广泛的前线。12 月 16 日，希特勒发布了“不撤退命令”，停止了当时正在进行的局部撤退，因为部队正在寻找更容易防御的地形来度过冬天。官方对“坚固据点”的称呼是“据点”（Stützpunkt），尽管这一说法在官方出版物中被广泛使用，但希特勒更喜欢称“刺猬阵地”（德语：Igelstellung；英语：hedgehog position）。

“不撤退命令”否定了指挥官们应对苏联大规模进攻的有效对策。不管命令是什么，原有对策在某些情况下仍在执行。当苏联的进攻迫在眉睫时，前线部队在大炮轰击据点之前就被撤回。根据地形的不同，只需要撤退 800 至 2000 米到二线阵地。当苏联步兵在坦克的支援下冲上前线时，炮弹落在空无一人的阵地和障碍物上。德国人从远处用大炮、迫击炮和机关枪开火，等苏联人的进攻势头减弱，阵形变得混乱、人员不知所措时，然后要么撤退，要么踉踉跄跄化整为零进入准备好的防御工事。德军反攻后，前沿阵地通常可以重新占据。

中央集团军群在 8 月和 9 月成功运用了这种弹性防御，但到 12 月，德国部队的兵力已严重不足，以至于这种弹性防御也无法建立，而只能建立单薄的一层屏障。在如此广泛的战线上，没有足够的部队来组织多层防线，实施纵深防御，也没有必需的机动预备队。装甲师只配备了 12 辆坦克，其余的坦克乘员转为步兵。后方勤务单位被取消服务保障，转而作为替补步兵。步兵营兵力不到连的实力，步兵连有 25 至 70 人。整个军的步兵力量不足 2000 人，其中仅一个 250 人的营被认为运作良好。许多分队只拥有四分之一的重型武器。“空心师”的防御正面不是作战学说规定的 6 至 10 公里宽的防御地段，而是承担了 30 至 60 公里宽的防线，以对抗苏联无法预料的反攻。所有三个团都必须安排在主要战线上，通常是全部九个营一起上。除了各营有预备连，不允许团有预备队，而营的预备队也

党卫军骷髅师的士兵们开着克虏伯 Kfz81 型轻型卡车，在东线涉水过溪。由于其全面独立悬挂，Kfz81 型具有良好的越野性能，通常被用作轻型野战炮、反坦克炮和高射炮的火炮牵引车，如图所示。

负责较大纵深的据点。德国人称之为“背水一战”。分散的班和排将由各营和连的预备队管理，以便组织即时的局部反击。一个兵力不足的侦察营担负师唯一的机动预备队，不过如果可能的话，师保留一个步兵营作为预备部队。更糟糕的是，德国紧张的后勤系统处于崩溃的边缘。

兵力不足的连队可组成两个排，每个排有三个 6 至 10 人的班，每个班有一挺机枪，两人一组占领一个射击阵地，这样一个班负责据守三到五个射击阵地。额外的机枪通常由勤务单位提供，作为步枪兵的替代武器。50 毫米迫击炮集中在后方 50 米处，由连队统一控制。反装甲火炮被配置在后方，以应对敌方坦克的突破。在某些情况下，反装甲火炮被部署在据点，使得后方几乎无法阻挡敌人的突破。

在建立战斗阵地和掩体之前，据点通常建立在村庄周围，以便控制道路，并提供躲避恶劣天气的庇护所。其他的据点建立在可以利用的小高地上。武器部署在与敌人交火的最大距离处，并能与左邻右舍的据点相互支持，填补据点之间的火力空隙。

为了掩护不同的据点，所剩无几的大炮部署得比平时更远，同时也增加了被袭击的危险。许多师只剩下一个兵力不足的炮兵营，而非四个，使为数不多的几个炮兵连散布很广，以期覆盖所有的据点。这就妨碍了炮兵火力集中在主要攻击面上，因为不是所有的炮兵连都能在广阔的师正面防线作战。迫击炮分布在各个据点，而不是集中在前方部队后面，这意味着迫击炮无法覆盖所有据点。不过，它们通常可以覆盖邻近的据点。轻型防空部队将他们 20 毫米高射炮部署在据点，这被证明是粉碎大规模步兵攻击的理想选择。

在一些地区，据点防御一直持续到 1943—1944 年中期。从那以后，德国人节节败退。防御包括仓促建立起来的分散防线，没有连续的防御正面，浅纵深，几乎没有预备队。随着盟军对所有德军战线组织持续的进攻，德国人几乎没有时间和资源建立起任何接近军事作战理论所要求的防御正面。工兵部队经常建立防御阵地和障碍物等待撤退的步兵；在河流上修建防御工事以提供天然的主要障碍；村庄和城镇转化成据点；城市变成堡垒。其中一些防御配置良好，建立多层环形据点，由反坦克壕沟和雷区提供保护。通往要塞城市的道路上已构筑好纵深防御工事。为了防止突破，在加固的防线之间构筑了斜切阵地[4]。

正如盟军在1944年和1945年发现他们的损失那样，德国国防军在防御与和进攻两方面都声名在外。然而对国防军来说，事实证明东线是它的天敌，是任何防御战术都无法控制的死敌。

注释

[1]　这里“盟国”指的是德国的盟友。

[2]　1941年6月22日，德军发动“巴巴罗萨行动”入侵苏联。在战争爆发伊始，苏军统帅部就依据动员计划，在国土西部的五个军区基础上迅速组建了二战时期最初的五个方面军，即北方面军（列宁格勒军区）、西北方面军（波罗的海特别军区）、西方面军（西部特别军区）、西南方面军（基辅特别军区）和南方面军（莫斯科军区的机动部队）。后来陆续组建了更多的方面军。

[3]　原文如此，疑似M193X，即20世纪30年代某一个年份的样式。

[4]　斜切阵地，各防御阵地之间构筑的斜方向的防御阵地，用于割裂敌人进攻战斗队形，限制敌人机动，阻止敌人扩张和作为反冲击、反突击的依托。

在西线，一支机枪和反坦克小组埋伏等待盟军。如果运用得当，这种组合将是毁灭性的，反坦克炮可以摧毁敌人的坦克，而 MG42 通用机枪将压制任何试图前来救援装甲车的步兵。

第四章 意大利和西线（1943—1944）

1943—1944 年见证了战争天平不可逆转地向德国的对面倾斜。到 1943 年年底，德国陆军在东线节节败退，无法阻止苏联的排山倒海之势。西部新战线的开辟更是雪上加霜，首先是西西里和意大利，然后最关键的是 1944 年 6 月的诺曼底。从那时起，希特勒陷入了一场无法取胜的两线战争，他的军队在战争中不断透支，直至土崩瓦解。

意大利的溃败

1943 年 7 月 10 日，正如温斯顿·丘吉尔明确但不太准确地提到的意大利战役——争夺欧洲“软肋”的战役打响了。英国和美国军队在西西里岛东南部登陆，由意大利第 6 集团军和在西西里岛北部拥有 3 个师的德国第 14 装甲军负责防御。德国军队领导了轴心国对该岛坚定但最终无效的防御，并于 8 月 17 日基本完好无损地撤退到意大利南部的卡拉布里亚。

意大利政府为西西里的即将丢失感到震惊，于 7 月 25 日逮捕了墨索里尼，并任命皮埃特罗·巴多里奥（Pietro Badoglio）元帅为总理。希特勒正确预见到意大利即将投降，预见到盟军部队即将冲向奥地利南部边境，于 1943 年 8 月 15 日在卡拉布里亚周围各师的基础上组建了高度机动的第 10 集团军。这支集团军，向驻地罗马的德国空军南方司令部报告，在卡拉布里亚分布着 10 个师的 56 支部队，还有 3 个师在意大利中部担任预备队，后来这 3 个师转隶第 14 装甲军。

9 月，盟军将战争扩大到意大利。1943 年 9 月 3 日，他们在卡拉布里亚登陆，9 月 9 日在阿普利亚的塔兰托登陆，第 10 集团军向北且战且退。意大利于 8 日宣布投降，促使希特勒派隆美尔的 B 集团军群占领意大利北部。与此同时，盟军于 9 月 9 日在萨勒诺登陆，但第 10 集团军在 9 月

18 日之前一直猛攻桥头堡。第 10 集团军继续开始熟练地撤退，9 月 20 日撤出波腾察，9 月 27 日撤离福贾，10 月 1 日撤离那不勒斯，10 月 8 日在加普亚—泰尔莫里“维克托防线”停留。

1943 年 11 月 26 日，由陆军元帅阿尔贝特·凯塞林（Albert Kesselring）领导的 C 集团军群组建，第 10 集团军下辖的 18 个师部署在意大利中部，第 14 集团军于 1943 年 11 月 18 日在北部成立。第 10 集团军以高超的技术和谋略保卫了狭窄的意大利防线，为失去的土地付出了高昂的代价，于 1943 年 12 月 27 日在穿过蒙特卡西诺据点的桑格罗河和加里格利亚诺河上的“古斯塔夫防线”和“希特勒防线”停下来。

1944 年 1 月 18 日，盟军毅然决然地向古斯塔夫防线发起猛烈进攻，并于 1 月 22 日在安齐奥和内图诺登陆。第 10 集团军一直坚守到 1944 年 5 月 13 日，而第 14 集团军将安齐奥滩头阵地控制到 5 月 23 日。然而，德国人必然地向北机动。国防军于 6 月 4 日撤离罗马，并迅速向北撤退，8 月 4 日放弃佛罗伦萨，8 月 19 日在“哥特防线”上停下来。同时，1944 年 3 月 17 日，在意大利北部组建了冯·灿根加强军，1944 年 7 月 31 日扩编为利古里亚集团军（Liguria Army），由两个意大利师和六个德国师组成。

1944 年 8 月下旬，盟军终于突破哥特防线，于 9 月 21 日攻占里米尼，但在 1944 年 12 月 29 日在博洛尼亚南部停止前进的 C 集团军群的反击下，继续缓慢推进。到此时，盟军在意大利的胜利似乎已成定局，但德国陆军却让他们损失惨重。

诺曼底登陆日和西部战役

意大利将吞噬数千名德国士兵的生命，但到 1944 年年底，德国国防军甚至更担心西部。希特勒预测盟军将进攻法国，1944 年 6 月法国、比利时和荷兰由西线最高指挥部驻守，控制着 B 集团军群，覆盖了法国北部、比利时和荷兰，还有法国南部的加强 G 集团军群。由隆美尔指挥的 B 集团军群有两个集团军和荷兰要塞区。第 7 集团军在布列塔尼和诺曼底

1943年，德国军队从西西里岛的一艘运输船上下来，许多人仍然穿着他们在北非服役时穿的沙漠制服。注意中间的士兵，他的“小甜心锹”（kleiner Spaten，一种构工工具）按照规定的方式挂在左臀。

1943 年 9 月，在罗马巷战中，德国伞兵躲在他们的车后。尽管在这个时候，伞兵几乎完全被作为地面部队使用，但他们通常保留着空军制服，包括精简版的伞兵头盔。

西部有 12 个师，以及在英吉利海峡的第 319 步兵师。再往东，第 15 集团军的 18 个师驻守在诺曼底东部、加来海峡地区和比利时，荷兰则由 4 个师防守。1944 年 8 月 5 日，西线装甲集群再次改编为第 5 装甲集团军[1]，下辖 9 个师，在巴黎附近组成冯·伦德施泰特的战略预备队。总体上说，德国军队是相当不错的，但很快就会受到考验，直到被毁灭。

1944 年 6 月 6 日也是星期二，午夜刚过，诺曼底登陆日开始，当时盟军的第 21 集团军群，包括 8 个师（3 个空降师和 5 个步兵师），3 个装甲旅和全面的空中优势，在诺曼底西面登陆后，向德国第 7 集团军第 84 军的 3 个静态步兵师（第 352 师、第 709 师、第 716 师）发起进攻。希特勒糟糕的战略本能使其部队毫无准备，他的谨慎妨碍了部队的快速反应或机动部署。因此，只有第 21 装甲师在卡昂附近进行了果断反击。由于白天的行动几乎被盟军的空中力量完全控制，到 6 月下旬，西线装甲集群和 G 集团军群部署的 7 个一线机动师已经来不及摧毁盟军的桥头堡。到 7 月

冯·伦德施泰特的弱点

1942年3月起担任西线总司令的是陆军元帅格尔德·冯·伦德施泰特。这位1940年法国战役中备受尊敬的胜利者，被其一位装甲指挥官描述为“一位上了年纪的老人，受过全面训练的士兵，拥有足够的实战经验，但对德国陆军、德国海军和德国空军的三军立体联合作战不甚了解。他是一个绅士，自信且赢得了下级指挥官和部队的尊敬。他的权力有限，而且常受掣肘。他的参谋长京特·布卢门特里特（Günther Blumentritt）将军无论在能力还是性格上都不是一个合适的补充人选”。战后美国陆军的一项研究得出结论，在盟军登陆后，德军在法国缺乏统一指挥，比起军队和装备的短缺更为致命。

初，美国、英国和加拿大共有28个师（3个空降师、19个步兵师、6个装甲师）和5个装甲旅加强了兵力。斗争的差距开始拉大。

7月17日，隆美尔被一架英国皇家空军战斗机扫射致重伤，陆军元帅京特·冯·克鲁格（Günther von Klugethen）担任B集团军群指挥官，直到1944年7月20日刺杀希特勒未遂后被捕，并于8月17日被莫德尔替换。盟军的桥头堡在德国的反击下扩张缓慢，但英国最终在7月10日占领了卡昂，这意味着登陆现在是安全的。7月25日，盟军冲出桥头堡，8月7日，德军第7集团军失去了布列塔尼。第1集团军被短暂地划转到B集团军群，但未能阻止盟军的进攻。8月20日，第7集团军和第5装甲集团军在向西撤退的过程中，以巨大的代价从法莱斯包围圈中脱身，渡过了塞纳河，23日放弃巴黎。

1944年8月25日，盟军在塞纳河对岸发动了进攻。西线司令部和B集团军群在盟军猛烈的空袭下向东快速撤退，在9月6日之前撤离法国北部，但仍然拒绝放弃拥有独立“堡垒”驻军的有价值的英吉利海峡港口，其中一些驻军一直坚守到1945年5月。英国穿越比利时的进展甚至更快，

盟军向轴心国横贯意大利南部的主要防线——古斯塔夫防线推进。

9 月 3 日占领了布鲁塞尔，9 月 4 日占领了安特卫普（除海上航道之外），9 月 10 日占领了卢森堡。9 月 15 日，B 集团军群的大多数部队只剩下零星的装甲车，也没有预备部队，在比利时境内（仍然拒绝盟军使用安特卫普的港口设施）沿着比利时和德国边界 1939 年齐格菲防线（西墙）上的防御工事构建了一道防线。

9 月 15 日，惊讶于德国瓦解的速度和燃料的缺乏，疲惫不堪且战线过长的盟军暂时中止进攻，这让德国人获得了宝贵的时间加强防线，得以抽调日益萎缩的由本土守军、边防军和国民掷弹兵部队组成的混杂部队组建预备队（见第五章）。1944 年 9 月 4 日，德国空军第 1 空降集团军（1st Luftwaffe Airborne Army）的 7 个师增援在荷兰的 B 集团军群，在党卫军第 2 装甲军的大力帮助下，在 9 月 17—26 日期间击退了在阿纳姆登陆的英国空降部队。然而，到 10 月 21 日，盟军占领了荷兰南部，接着，德国西部第一个主要城镇亚琛陷落。1944 年 11 月 11 日，德国组建了由德国空军上将库尔特·施图登特领导的 H 集团军群，下辖第 1 空降集团军和第 15 集团军，防卫荷兰剩下的领土。

然后盟军迎来了一个惊喜（下一章将更深入地探讨）。1944 年 12 月 16 日，德国国防军以 B 集团军群 24 个兵力不足的师和西线司令部下辖的党卫军第 6 装甲集团军，通过比利时阿登高地发动进攻，耗尽了德国空军的空中支援。最后将证明这是德国陆军进攻生涯的最后一搏。

1944 年的德国陆军

仔细观察 1944 年 6 月在法国的德国守军，可以看出希特勒军队面临的一些更广泛的问题。到 1944 年夏天诺曼底登陆时，德军已经在与苏联三年的残酷冲突中打光了血本。东线对人员的巨大需求导致了德国在法驻军被不断分拆和抽走。希特勒“想要比实际更强大一些”，因此国防军的战斗命令变得越来越不切实际，只是虚张声势的纸上力量，但是部队却走向日薄西山。

1943 年 10 月，为了回应冯·伦德施泰特对驻法军队现状的强烈批

1944年，诺曼底，一名伞兵机枪手占据了一个偏僻的前哨阵地，他装备MG42通用机枪。图中，他打开顶盖，并将7.92毫米子弹的弹带送入装弹机。MG42通用机枪的射速如此之快，以至于盟军称之为“希特勒的电锯”。

评，希特勒发布了“第51号元首指令”，以重振西线的国防军。从1943年10月2日起，M1939式步兵师改编为一个12772人的M1944式师，编有11317名德国人员和1455名从苏联招募的协军人员，相当于人力减少了28%，但火力略有增加。M1944式师有3个M1944式步兵团（每个团编制1987人）、1个反坦克连、1个步兵炮连和2个步兵营。6支师直属的支援单位是1个炮兵团（2013人）、1个包括四个燧发枪连的自行车侦察营（708人）、1个野战替补营、1个反坦克营（484人）、1个工程营（620人）和1个信号营（379人）。2380人的师后勤单位包括马拉和摩托化运输队、1个医疗连、1个野战医院、1个兽医连、1支宪兵分队和1个野战邮局。

1944年5月30日起，现有的独立加强步兵团改称掷弹兵旅，1944年7月13日扩编为掷弹兵师，10月9日更名为国民掷弹兵师，加入1944年8月26日下达命令的其他同类部队。作为7月20日的“狼穴”炸弹阴谋(Bomb Plot)的衍生品，10072人的国民掷弹兵师成立了，理论上是在希姆莱的直接指挥下提供政治上可靠的步兵。这是一个M1944式的师级单位，通常由疲惫不堪的战斗部队组成，以燧发枪连代替了燧发枪营，但人力和火力却分别减少了18%和16%，战斗力参差不齐，从强悍到从虚弱，不一而足。

重组后，冯·伦德施泰特指挥的部队从46个师增加到58个师，部分是从东线撤回来的筋疲力尽的部队转移到法国进行重建，部分是新组建的师。因此，科唐坦半岛上的部队是二流单位。1942年，冯·伦德施泰德还发起了静态师的组建。与普通步兵师相比，这些师兵力不足，缺乏通常的侦察营，只有3个炮兵营。此外，他们大多数人员年龄偏大。

1943年秋季的大部分时间里，精英部队被抽走了，以满足东线战场对替补部队永无止境的需求。取而代之的是如涓涓细流般的稳定兵员——由苏联红军战俘中的志愿兵组成的东方营。第6伞兵团的弗里德里希·冯·德·海德（Friedrich von der Heydte）上校回忆说，“抵抗盟军登陆的部队无法与在苏联的部队相比。他们的士气低落，大多数入伍人员和士官缺乏作战经验，军官们主要是由于缺乏资格或受伤或生

1944 年，驻扎在法国北部的三名士兵（从左至右）：1944 年 6 月 6 日，诺曼底奥马哈海滩，第 914 掷弹兵团的掷弹兵；1944 年 8 月，巴伦顿，第 901 装甲掷弹兵训练团的豁免兵；1944 年 6 月，诺曼底，装甲火箭发射器连的炮兵上士。（Stephen Andrew © Osprey）

西线总司令格尔德·冯·伦德施泰特在法国南部与其军官们议事。1942年起，冯·伦德施泰特担任德国西线总司令，1944年7月，由于未能阻止或遏制盟军的登陆行动，他被解除职务。

病而不再适合在东线服役的人”。这些武器“来自世界各地，似乎是从20世纪各个时期攒起来的”。例如，在长达2公里的卡伦坦防线的战斗中，冯·德·海德的部队装备了4种口径的迫击炮，从78毫米到82毫米不等，分别出自德国、法国、意大利和苏联的设计。埃里希·马克斯（Erich Marcks）将军在1944年的瑟堡军事演习中评价概括道：“有炮位但没有炮、有弹药库但没有弹药、有雷场但没有地雷，以及有大量穿制服的人，但几乎没有一名真正的士兵。”

被派去执行多年和平占领任务的狭隘心态困扰着占领军。第709步兵静态师指挥官卡尔－威廉·冯·施利本（Karl-Wihelm von Schlieben）将军回忆道：

> 对于我这样一个只在东线服过役的人来说，如洪流般发向部队的源源不断的命令、指示和规定，真是上不了台面的新鲜事物。这种纸面洪流给我的印象比大西洋海岸的潮水还要深刻。上级司令部关心下级指挥员的琐事。例如：一挺机枪是否被配置20米处，是向左一些还是向右一些，居然成了一个问题……一位高级指挥官想拆掉一间摇摇欲坠的小屋以开辟更好的火力场，需要向对应的区域司令部提交书面申请，而且还要附上示意图。

隆美尔抵达法国后，1944年2月和3月间官僚主义的惯性开始抬头，当时他接管了沿法国海岸的防御工事。隆美尔坚持要在盟军登陆前加强海滩防御。但是，准军事部队托特组织没有足够的人手来完成这项工作，因为他们正忙于为秘密的V-1和V-2导弹建造一系列大型的混凝土基地。取而代之是相应防守地段的步兵完成建筑工程，代价是牺牲他们的战斗训练。

保卫犹他海滩的第709静态步兵师是该地区德国部队受此弊病侵蚀的典型。该师于1941年5月作为占领师组建，1942年11月改为静态师。1943年10月，它的一个营被派往苏联。1944年6月，11个步兵营中，3个由以前的苏联红军战俘组成，其中2个营主要是东方营成员，由各种红军战俘组成，另一个营是从格鲁吉亚战俘中招募的。因并入了大比例的

“日耳曼语系”部队，该师被进一步削弱了，因为并入的部队大部分是1939年并入德国后波兰边境内的人。师指挥官后来指出，他们在战斗中的可靠性值得怀疑，他不认为东方营会在紧急情况下顽强战斗。

该师的德国人超龄了，平均年龄为36岁。尽管部队素质平平，但相对于静态师来说，该师规模还是很大的，达12320人，有11个步兵营，而不是1944年新编制的9个营。在这些部队中，有333名格鲁吉亚志愿兵和1784名前红军战俘。师属炮兵有3个营：第一个营混编法国和捷克的装备，第二个营使用法国大炮，第三个营使用苏联大炮。在反坦克防御方面，它装备了12门牵引式75毫米反坦克炮和9门75毫米自行反坦克炮。坦克支援由第101装甲营提供，这是一个训练单位，装备很弱，仅有10辆35R型坦克歼击车（Panzerjäger 35R），是捷克产的47毫米反坦克炮与过时的法国雷诺R35型坦克底盘的临时组合。

该师最初沿着整个科唐坦海岸线展开，长度约240公里。随着5月第243步兵师的到来，它的正面防线缩短了，但仍然从犹他海滩一直延伸到瑟堡周围的北部海岸，长度约100公里。因此，它的防御仅仅沿着海岸外围，纵深很浅。隆美尔希望以混凝土防御工事弥补兵力的不足，但科唐坦海岸的建设与其他防区相比不够重要，处于低优先级。

该地区另外两支主要编队是第243步兵师和第91空降师。第243步兵师成立于1943年7月，是一个静态师，并于1944年1月重组。它的两个步兵营从静态单位转换为一个自行车步兵营，尽管在这个过程中该师失去了一个步兵营。该师最初是预备队，但在5月下旬被换防去保卫西海岸，接替防线过度扩展的第709静态步兵师。在诺曼底登陆当天，大约有11530人，略低于编制实力。它的火炮主要是缴获的苏联型号火炮，但它有一个自行反坦克炮营，配备14门75毫米黄鼠狼III和10门StuGIII自行突击炮。该师得到第206装甲营的增援，该营装备各种老式法国坦克的大杂烩，包括20辆霍奇基斯H39型（Hotchkiss H39），10辆索玛S35型（Somua S-35），2辆雷诺R35型（Renault R-35），以及6辆Char B1 bis型。该营部署在科唐坦半岛的西北端海牙角。

第91空降师成立于1944年1月，参加“坦妮奥斯特行动”

一门德国反坦克炮在诺曼底战斗中开火。德国国防军反坦克小组充分利用了该地区更有利于他们的错综复杂的地形，在法国狭窄的巷子里对敌军装甲发起近距离伏击。

(Operation Tanne Ost)，这项打算在斯堪的纳维亚空降的行动计划于 1944 年 3 月流产。任务失败后，新组建的师部分被派到诺曼底，于 1944 年 5 月到达，增援 2 个静态师。在登陆时，它的兵力不足，只有 2 个步兵团和 1 个单独的燧发枪营，人数约为 7500 人。然而，在诺曼底战役中，来自第 2 伞兵师的第 6 伞兵团配属到该师。

冯·德·海德上校认为该师的作战效率很低，特别是与其德国空军的精锐部队相比。师炮兵以 105 毫米 GebH40 型山地榴弹炮为基础，使用与师里的普通 105 毫米火炮不同类型的弹药。一旦该师消耗了弹药基本携行量，火炮也就没有用了。在战斗过程中，它的炮兵团重新装备缴获的多种火炮型号，包括捷克和苏联的火炮。营部设在弗兰克托城堡的第 100 装甲营提供装甲支援。缴获的法国坦克五花八门，包括 17 辆雷诺

德国营的进攻

德国陆军的营经常在400至1000米的狭窄正面发起进攻，以一个特定的“主攻点”或者“要点”作为主要目标。进攻可以是正面进攻，或者侧翼进攻，最好是侧翼进攻。通过正面牵制开展的包围式攻击被称为“迂回进攻”，这个德语术语包含了用“手臂环抱”或“包围”的意思。还发现一种“侧击”或叫“翼击”的战术，在这种情况下，德国步兵虽然不能以合适的角度攻击敌人的侧翼，但却可以倾斜地冲入敌人的侧翼。侧翼是明显的攻击点，即使一开始不存在侧翼，德国步兵也可以通过机动，或者从敌人连续的防线或者战线上挑出一个薄弱点来制造侧翼。进攻可以直接从行军队列开始，从行军纵队迅速重组，转换为进攻性队形。虽然鼓励营长设立指挥所以便全面观察行动，但连长也要“组织持续地抵近侦察”，因为时间至关重要。准备工作预计将不超过40分钟，突击时从打击一个障碍开始。普通的战斗模式分三步推进：努力接近，即设法向前直到进入突破地带；突破，即突入敌人阵地；纵深战斗，即在敌人阵地位置开展纵深战斗。

R35型、8辆霍奇基斯H39型、1辆索玛S35型、1辆Char B1 bis型和1辆三号坦克。

该地区也有大量的小编队单位。集团司令部第7突击营是配属于第7集团军司令部的一个突击步兵营。在诺曼底登陆日，它在维尔河附近的行动中从瑟堡重新调配给第701步兵师。

即使科唐坦半岛上的德国部队不是国防军中最优秀的，他们仍然是一支可靠的战斗部队。训练和战术源于来之不易的战斗经历，许多师都有东线老兵。在战斗中，美国将军雷蒙德·巴顿（Raymond Barton）视察了一个曾被德国的防御部队拖住的营，他向军官们保证，他们面对的德国军队

党卫军伞兵为一门 80 毫米 GrW34 型中型迫击炮做发射准备。迫击炮是在诺曼底波卡基地区作战的理想武器，能够从遮蔽物后面间接发射炮火。GrW34 型可以打击距离达 2400 米的目标。

是二流部队。一位年轻的中尉回答说：“将军，我想你最好把德国人列入公文的收文名单。因为他们似乎没有意识到！”

除了步兵编队外，在科唐坦半岛周围还有大量的岸炮连。陆军控制着两个岸炮团，第 1262 岸炮团部署在半岛西海岸，第 1261 岸炮团部署在半岛东海岸。他们中的一些分队参加了后来的反登陆行动，最著名的是第 1261 岸炮团部署在圣马尔库夫附近的阿兹维尔和克里斯贝克炮兵连。

奥马哈海滩的德军

与犹他海滩上的德国军队相对比，美军另一个登陆区奥马哈海滩周围的编队值得注意。1944 年 6 月 6 日，美军涌向奥马哈海滩，造成了盟军在那决定性的一天中最大的伤亡（3000人伤亡）。这一事实说明，即使在1944年年中，在经过最后三年透支性地东征西讨之后，国防军仍然不容小觑。

自1942年6月以来，第716步兵师一直驻扎在奥马哈海滩，被德国人称为“大营地区”。这支静态师的防线从卡伦坦延伸到奥恩河口，因此该师负责守卫除西部犹他海滩以外的所有诺曼底海滩。1942—1943年，第726掷弹兵团负责防守奥马哈海滩地区。第4营是由原苏联红军部队组成的第439东方营。该师兵力明显不足，与名义上超过12000人的兵力相比，只有大约7000名士兵。另一方面，它的部队大部分部署在掩体或野战防御工事，配备大量后来补充的武器，包括197挺机枪、12支反坦克步枪、75门中型迫击炮和249具火焰喷射器。

1944年3月15日，第352步兵师受命接管诺曼底海滩的巴约区，作为隆美尔加强该地区防御的一部分。这个师于1943年12月在圣洛附近组建，成员由被击溃的第321步兵师的残部组成，后者被从苏联召回重建。它的大部分人员都是1925—1926年出生，刚刚应征入伍，也就是十八九岁的年轻人。然而，与老的第716步兵师不同，第352步兵师满编，由3个步兵团组成，每个团有2个步枪营，连队编号分别为1至4和5至8。第13连是一个加农炮连，配备2门150毫米和6门75毫米的步兵榴弹炮，提供直瞄火力。每个团的第14连是一个反坦克部队，配备了“坦克杀手”反坦克火箭筒。1944年师的结构用一个燧发枪团取代了原来的侦察营，该营编制1个自行车侦察连和1个摩托化侦察连。师的炮兵团有4个营，3个营各有12门105毫米榴弹炮，第4个营有12门150毫米火炮。师反坦克营拥有一个连，配备了14辆黄鼠狼III坦克歼击车M型，另一个连配备了10门StuGIII自行突击炮，第3连配备了临时改装的欧宝卡车上加装37毫米火炮。

因缺乏燃料、弹药以及需要将部队调遣到战场防御工事以加固大西洋壁垒，师的训练被耽误了，连以上级别的训练机会很少。尽管并非按照美国陆军的训练标准，但这支部队曾经按照德国1944年的标准进行了相当扎实的训练。1944年，德国步兵师的人力比对手美国步兵师少，但火力更强，尤其是在自动武器方面。

1944 年 3 月下旬，巴约海岸防御力量的重组使师的兵力增加了两倍多。奥马哈海滩地区过去以来由第 726 掷弹兵团的两个营控制，现在得到沿海岸的第 352 步兵师的两个团加强，另有一个加强团在距离海岸几个小时行军路程的地方，作为军的预备队。奥马哈海滩防区的第 726 团的两个营隶属于第 352 步兵师指挥部，仍保留他们在海滩沿岸阵地和战壕驻守的任务。第 914 掷弹兵团负责奥马哈海滩以西的伊斯尼—奥克角防区，而第 916 掷弹兵团负责奥马哈海滩防区和黄金海滩东段防区。第 3 个团，也就是第 915 掷弹兵团和师的第 352 燧发枪营组成迈耶战斗群，驻扎在海岸后方的圣洛附近，作为军的预备队。

得到增援的第 352 步兵师负责保卫 53 公里长的海岸线，远远超出了德国战术理论中所认为的谨慎范围。这导致隆美尔和师指挥官迪特里希·克赖斯（Dietrich Kraiss）中将之间发生了数次争执。隆美尔希望所有步兵连都沿主要的防御线部署，这样就可以在盟军登陆时开火。克赖斯想采用一种更为传统的防御方式，在海滩上使用相对较少的兵力，沿海滩设置一层薄薄的屏障，而大多数连队都在后方作为预备队，待敌人突破渗透后从那里发起反击。两人最后达成了妥协。在奥马哈海滩防区，该师的一个步兵营向海岸线移动，将其两个连队部署在前沿防御工事，挨着第 726 掷弹兵团，该营其他的连队部署在距沙滩后方几公里的村子里。其他营作为该团防区的预备队，与师的自行反坦克营并肩战斗。

盟军情报部门认为，整个第 352 步兵师都在圣洛附近，作为军的预备队，而事实上，1944 年 6 月 6 日，它的 3 个步兵团中只有 1 个在预备队。为了解释它为何会出现在诺曼底登陆日奥马哈海滩上的战斗中，有一种说法是，在诺曼底登陆日前几天，第 352 步兵师被部署在海滩附近进行训练。但事实并非如此，在诺曼底登陆前，这支部队已经在奥马哈海滩附近驻扎了 2 个多月。

除了步兵的轻武器外，奥马哈海滩还被营部设在埃特勒姆的第 352 炮兵团第 1 营 3 个连的 105 毫米榴弹炮所掩护。这个营的前方观察哨设在沿海岸的地堡内，当攻击奥马哈海滩上的目标时，能极大增强杀伤力。营部

1944 年 6 月，盟军进军欧洲之前，陆军元帅埃尔温·隆美尔视察了大西洋壁垒防御工事。隆美尔的战略重点是不惜一切代价阻止盟军在滩头阵地站稳脚跟，但他不得不采纳冯·伦德施泰特等指挥官的观点，放弃了自己的这一战略目标。

位于圣克莱门特东部的第 352 炮兵团第 2 营，其射程也覆盖了奥马哈海滩。炮兵营只有一个射击单位，意味着每门 105 毫米榴弹炮有 225 发炮弹，每门 105 毫米火炮有 150 发炮弹。已经好几天没有补给了。在这一区域炮兵部队的最后一个单位是 1944 年 5 月 9 日增援的，当时第 84 火箭炮团下辖的一个重型火箭炮连被派来驻守这一区域。在第 352 步兵师的后面，是德国空军第 11 高炮师第 1 高炮团，为该地区的防御增加了 36 门 88 毫米高射炮。

在奥马哈海滩和犹他海滩之间的奥克角突出部上，部署了第 1260 岸炮团的第 2 连，装备有 6 门法国 155 毫米大炮和 5 挺轻型机枪。到 1944 年 6 月，6 个炮台中有 4 个已经完成，但盟军的猛烈轰炸把炮台周围的地面夷为平地，变成如月球上的陨石坑一样。1944 年 4 月 25 日轰炸之后，炮兵连已将大炮撤到炮台以南的果园。炮兵们在原先的位置上用木材伪装出假火炮，让盟军的情报人员误以为火炮还在。

防御战

美军在奥马哈海滩造成的重大伤亡，是多种因素综合作用的结果：配备自动武器的防守方理想的火力战场；盟军难以将足够装甲车运上岸；德国大炮的纵向射击。然而，它也是德国防御建设改进的产物，毕竟随着战争的进行，防御对国防军来说变得越来越重要，因为战争更多地集中在防御上。

虽然我们下面将继续深入研究野战防御工事，但奥马哈海滩提供了一个有用的例子，阐释了德国陆军如何在有时间的情况下建造永久性防御工事。1943 年秋，隆美尔被任命负责重振大西洋壁垒后，奥马哈海滩沿岸的防御工事不断扩大。尽管希特勒和德国的大多数高级指挥官预计主要的进攻将发生在加来海峡，但隆美尔认为登陆诺曼底海岸或奥里山附近的布列塔尼是有理由的。因此，他下令在最有可能登陆的海岸线地区修建防御工事。

隆美尔认为，大海本身就是最好的防御屏障，而且奥马哈海滩周围的地形提供了良好的防御条件。最初的防御工事从水边开始，设置障碍物对抗登陆艇。外围的屏障从低潮线向前约 100 米，距海堤 250 米，由一串被德国人称为“科林泰门”的钢铁屏障组成，这些设计是为了阻止登陆艇接近海滩。下一道屏障是木桩，离海岸大约 25 米，插在面向大海方向的沙地上，像一个巨大的三脚架支撑着。这些木桩上面通常安装着泰勒 42 型反坦克地雷，目的是把登陆艇底部炸穿。在有些防区，紧随其后的是“感应曲线”(Hemmkurven)，盟军称之为斜坡障碍物，这是一种弯曲的钢结构，用来阻挡登陆艇。最后是一排各种类型的“刺猬弹”，最常见的是“捷克刺猬弹”，被盟军称为“隆美尔的芦笋”，它是一种由钢梁构成的反舰和反坦克障碍物。滩涂障碍物主要是为了在涨潮时阻止登陆艇接近海堤，它们在涨潮时被淹没而看不见，使得船员驾驶登陆艇无法轻易地通过任何缝隙。奥马哈海滩上共有 3700 个障碍物，是诺曼底登陆海滩中障碍物密度最高的海滩。

在高水位处有一排高尔夫球大小的圆形石块，有时有海堤支撑。从这里开始，一排或多排蛇腹形铁丝网或其他铁丝网在陆地排开。1943 年秋以前，海岸线上还有许多供度假者和当地居民居住的小型海滨住宅和其他建筑物。这些房子被拆掉后，盟军的步兵失去了可以掩护的遮蔽物。沿海岸的一些更坚固的建筑被完整保留下来，但被改造成步兵的据点。海滩区域埋设大量地雷，尽管仍有空隙没有埋设地雷，但空隙处设置了雷场警告标识以迷惑盟军部队。

与诺曼底其他 4 个相对平坦的海滩相比，奥马哈海滩的特点是高出海平面 50 米的悬崖，最引人注目的是在其西侧。这些悬崖的边缘为步兵提供了理想的防御阵地，下面的部队暴露在没有遮挡的清晰火力之下。在海滩东侧的一些悬崖上，吊着 240 毫米口径的炮弹，上面绑着炮弹绊线，作为任何试图攀登悬崖的步兵的陷阱。这些被称为“滚筒手榴弹”，它们的间距大约为 100 米。

从海滩进入的通道被限制在 5 条冲沟内，被美国陆军称为“最优路线”，其中只有 2 条装甲车或摩托化车辆可轻易通过。这些成为了奥马哈海滩德军防御的中心点。由于防守的战术目标是防止盟军离开海滩，5 条冲沟都通过在其内部和周围建立防御地带进行顽强的防守。14 个据点沿着海滩建造，编号从 WN60 到 WN73。大部分冲沟都被两侧山顶上的据点所覆盖。另外 2 个据点在海滩东侧的阿雷德拉普角据点建造，以沿着海滩开火，另外 3 个据点紧靠海滩后面，覆盖着冲沟出口。

因地形原因，这些据点的布局各不相同，1944 年 6 月 6 日盟军登陆时，有些据点还在建设中。一般来说，它们是由小碉堡或者混凝土加固的托布鲁克碉堡组成，位于断崖的底部，挡住通往冲沟的入口。更大的冲沟也被障碍墙、反坦克堑壕和反坦克陷阱所阻挡。最有效的防御措施是在悬崖两侧内部建造的构型 667 反坦克炮掩体，炮与海滩平行。这些掩体在面对大海的一侧有一道防御墙，这使得军舰很难炮击。通过精心布置，他们可以近距离攻击盟军坦克脆弱的侧面装甲，进而阻止盟军坦克进入冲沟。此外，大炮合理的配置得以使其在遮蔽下向整个海滩开火。掩体通常装有老式的反坦克炮，比如过时的 PaK38 型。然而，这种武器足以穿透谢尔曼坦克的侧面装甲，而且对登陆艇也很有效。奥马哈海滩上总共有 8 个反坦克炮

掩体，包括两门 88 毫米大炮。

除了全封闭的反坦克炮外，有 3 门 50 毫米反坦克炮安装在混凝土掩体内的底座上，另外还有 10 门反坦克炮和野战炮安装在各个据点的露天掩体。作为一种额外的防御设施，过时的法国和德国坦克的炮塔也安装在混凝土掩体上。围绕着这些防御工事，德国步兵挖掘了一系列战壕，作为创建一系列连锁遮蔽所和受保护通道的第一步。然而，1944 年春天混凝土的短缺，意味着这些战壕只有小部分是用混凝土加固的。这些防御工事的建设受到陆军、空军和托特组织随意优先次序的阻碍。例如，德国空军在邻近的阿雷德拉普角为其雷达站建造了一个精致的混凝土掩体，这对保护雷达免受攻击毫无用处。与此同时，悬崖上许多重要的步兵战壕由于缺乏混凝土加固，在春雨中被淹没，在攻击时变得毫无用处。

在奥马哈海滩附近的所有防御工事中，迄今为止设防最强的防御工事是奥克角。该工事最初是为了在露天炮位中容纳 6 门 155 毫米火炮而建造的，但是在诺曼底登陆时，德军正在重建防御工事，以保护置于全封闭的构型 671 钢筋混凝土避弹堡内的火炮。此外，该工事在

1944 年 6 月 8 日，阿登修道院，党卫军希特勒青年团第 12 装甲师指挥官党卫军地区总队长（Gruppenführer）弗里茨·维特（Fritz Witt）乘坐由团长库尔特·迈耶（Kurt Meyer）驾驶的带跨斗摩托车[2]离开了第 25 装甲掷弹兵团指挥部的北门。（Kevin Lyles © Osprey）

诺曼底的一辆 StuGIII 自行突击炮坦克，紧裹一层植物叶子进行伪装，以躲避盟军空军。事实证明，盟军在 1944 年夏天的诺曼底占据了制空权。虽然空袭造成的实际装甲损失可能被夸大，但空中威胁确实阻碍了装甲车在前线及时而有效的部署。

海岬的临海一侧设有全封闭的火炮观察点，以及全面防护的班组遮蔽所和弹药地堡。

战场防御工事

与二战中德国陆军的大多数防御工事相比，德国在西欧海岸线上的防御工事自然大不相同。单兵掩体或者小分队防御阵地的建设一直是国防军训练的一部分，但从 1941 年起，这项技能就成为关乎前线士兵生死攸关的大问题。它也变成了一种精确的艺术，在手册和培训中都明确列出了这些阵地的细节。

步枪兵的基本掩体，单兵射击阵地是一个两人使用的狭长堑壕，类似于散兵坑，也被戏称为“狼坟”。虽然在必要时使用单兵射击阵地，但两人射击阵地更受欢迎，它为士兵提供了精神上的支持，允许一人休息而另一人保持警戒。此外，如果一个单兵掩体被破坏，在防线上就会产生很大的缺口，而在双人射击阵地中，如果一人死亡，另一人仍然可以进行防守。步枪兵的单兵掩体，绰号“俄罗斯洞”，是一个简单的 70 厘米宽、60 厘米深的洞，这个深度可以让一个人跪在里面。挖出的土堆在洞的前方成新月形，这样可以减少需要的挖土量。和其他阵地一样，土要被移走[3]，但因时间的限制常常意味着很矮的护墙仍然存在。在没有矮护墙的情况下，步枪被支在一个小土堆上，或者用一个“Y”形的叉状物插在地上作为支撑。

“俄罗斯洞”可以加深，这样就可以站立，后来还可以加宽到两人同时站着。最初，双人掩体被明确为一个短的直线堑壕，80 厘米 ×1.8 米。稍微弯曲的堑壕也得到了认可，并于 1944 年成为标准堑壕。这种类型的掩体有两个射击台阶，中心区域更深，这样就允许步枪手受到炮轰时坐在射击台阶上，而他们的腿放在中心洞中，如此便于受到保护，同时也防止碾压。装甲防护壕沟使用了相同的思路，它们也适用于步枪掩体。它们可以是 V 形、W 形或 U 形，也可以是浅新月形。射击台阶建议为 1.4 米深，更深的中央部分 1.8 至 2 米。所有这些掩体都建议顶部宽 60 至 80 厘米，底部宽 40 厘米。掩体之间的距离建议为 10 米，但实际区别较大，主要取决于部队分配的正面、地形和植被。

反装甲步枪被配置在双人掩体中。“铁拳”反坦克火箭筒没有专门的掩体；他们可以从任何开放的掩体射击，但要多考虑一些因素。这种火箭发射器通常在手臂下发射，也可以在掩体位置从肩膀发射。在后一种情况下，由于 30 米的后冲击波，后膛端后方必须清除所有的障碍物，即没有矮护墙；后膛端也不能向下倾斜太多。它们不能从建筑物内部发射，除非是从一个非常大的房间，比如大仓库，打开门窗以减轻爆炸冲击波产生的巨大气压。88 毫米“坦克杀手”反坦克火箭筒也受到同样的限制，而且它具有更强的后冲击波。它们通常是三具一组，两具配置在前，一具配置在后，距离取决于地形。这使得发射装置可以攻击从任何方向逼近的坦

Sharp 02

克，并提供纵深防御：至少两具发射器可以应对一辆坦克。一种 2 米长的 V 形狭长堑壕也在使用，“V”的两端远离敌人。炮手将占据“V”的两条斜臂，提供了对目标坦克的最佳交火方式，副手可以装弹，还能够在“V”的另一条斜臂躲避来自火箭筒的冲击波。

班的双人轻机枪掩体，或叫机枪射击阵地或机枪掩体，是一个稍微弯曲的 1.4 至 1.6 米长的堑壕，在后方成一定角度有两个短的装甲防护堑壕。在前方一侧是一个 20 厘米深的 U 型平台用于架设双脚架机枪。这个掩体可以设置在班防线的任何位置，以提供最佳的战场火力。可替换的掩体位置应该距主掩体远达 50 米，但通常更近一些。三人的重机枪掩体与机枪掩体类似，但从末端延伸出装甲防护战壕。平台仍然有 20 厘米深，需要挖进放置长三脚架以降低前方能观察到的武器的轮廓。轻机枪和重机枪掩体之间的设计差异是一个弱点，因为它便于航空侦察进而判读出不同的掩体类型，一个通用设计可以避免这种情况。

德国的野战防御工事。图中所示，如果该部队在此停留数天以上，这两条战壕最终将由一条交通壕连接起来。这意味着这些人在这个阵地内走动时不会因观察或射击而暴露。而后还将挖更多的战壕，通往厕所、指挥部、弹药所和野战厨房。（Elizabeth Sharp © Osprey）

德国伞兵在蒙特卡西诺的废墟中操作一挺MG42通用机枪。这场史诗般的战斗以德国的又一次失败告终，但它却进一步捍卫了德国伞兵的声誉，盟军称他们为“绿魔”，因为他们身着碎片迷彩，而且作战勇猛。

6
1
FP

构筑掩体通常权宜行事，就便取材。1944年年末，当苏联横扫战场跨入东普鲁士时，德国人雇用平民在野战军后方修建防御阵地和障碍物，以便他们能够撤退到那里。两段直径1.5米、长2米的混凝土涵管用于建造“托布鲁克坑”式的机枪掩体。挖一个坑，其中一段涵管水平放置在底部，一端用沙袋或木板支撑，形成了小分队的掩蔽所。第二根涵管垂直放置，底部一端切出U形截面与水平涵管的另一端相配合。垂直涵管的顶端与地面齐平。它建造很快，易于伪装。

如果一个阵地被占据的时间足够长，步枪和机枪的掩体可能会用堑壕连接起来。堑壕系统在西部沙漠战役中得到了广泛的应用，因为它允许士兵在射击掩体之间在没有掩蔽物的地

在西墙防区，原木机枪地堡松散地建在更大的混凝土防御工事的基础上。掩体的射击口（FP）垂直于敌人的预计推进线，以便从侧面攻击。这使得敌军一侧的墙体比普通墙体更厚，并能发起出其不意的突然攻击，这也使得掩体更容易隐蔽。内部包括：1. 战斗室；2. 邻近的机枪弹药所；3. 入口小室；4. 连接通向其他掩体；5. 双层原木墙内填满岩石或袋装土；6. 屋顶由多层原木、黏土、岩石和泥土组成。侧边和屋顶覆盖草皮，并小心确保掩体融入地形。图中巨大的红色箭头指示了敌人的方向，这种类型的掩体也朝向前方建立了射击孔。（Ian Palmer © Osprey）

六号虎式II型坦克（亦称“虎王”，King Tiger）隐蔽在诺曼底森林里，试图躲避盟军对地攻击机的注意。虎王坦克的火炮可以摧毁盟军的任何坦克，它的装甲防护令人生畏，但由于其机动性差（重量超过69吨）和机械故障，战斗影响力大打折扣。

114

形上隐蔽地移动。它们也被广泛地用于各个据点。堑壕顺应地形的轮廓，与一战时忽略地形挖掘的几何图形形成对比。堑壕系统不一定是连续的。有些地段可能已经被树枝和树苗覆盖了，也许还覆盖了一层薄薄的土或雪。

战壕的形状是“之”字形，每段10至15米长。炮弹或迫击炮击中战壕时，这种线路走向只会在被击中的那一段造成伤亡。各段之间带角度的之字形堑壕，还可以防止敌人无障碍地对整条堑壕进行射击。匍匐式堑壕的上部有60至80厘米宽（所有此类堑壕的规定），底部为60厘米深，60厘米宽。交通壕1.8至2米深，底部40厘米宽。战壕是一样的，但是有射击台阶，在侧面还有向里带壁龛的弹药所。为实现全方位防御，可以在战壕的后侧开出一些射击台阶。交通壕也可以设置射击台阶，相邻的装甲防护战壕的间距建议为40米。

双人步枪兵掩体和机枪掩体通常在战壕前方2至3米开凿，并由狭长堑壕连接。这些都位于堑壕拐角，但是沿堑壕直线段配置。保护1至6人的地下室掩蔽所，每隔一段距离会配置一处，设在战壕面向敌人的前侧，戏称为“住宅掩体”。这些工事可以防止突然的炮袭、空袭和坦克碾压。它们被建造得尽可能小，形式多样。随着阵地的发展，全班和半个班的掩体建立在交通壕之外，既可以保护免遭炮袭，又可以作为生活区。在泥泞和潮湿的条件下，木板可以放置在堑壕底部的中央排水沟上。

重武器掩体

重武器野战防御工事自然是令敌人更加垂涎的大目标。50毫米迫击炮阵地是一种简单的狭长堑壕，类似于双人的步枪兵掩体，迫击炮阵地前方有一个70厘米 × 100厘米 × 70厘米的台阶。浅浅的矩形坑也被挖掘成临时掩体，伴有前方开口的U形矮护墙。80毫米迫击炮掩体是一个底部直径1.8米、深1.6米的圆形坑。顶部会稍微大一点，侧面斜坡的角度取决于土壤的稳定性。后面切出一个1米长的搁板存放弹药。两边都是装甲防护堑壕。

有影响力的战术手册

德国步兵战术由来的基础是战前的服役规章制度《部队指挥》（德语：*Truppenführung*；英语：*Troop Leading*）的HDV300/1这一章节。它被一语双关地称为“*Tante Frieda*”，主要是由路德维希·贝克（Ludwig Beck）上将创作的。在其导言中概述的思想为所有其他战术学说奠定了基础。它认为战争是一门艺术，但它建立在科学基础上，对个人品质提出了最高要求。战争是不断发展的，它的变化必须被预测和评估，而它的种类是无限的。也许最重要的是，这是一个无法详尽总结的问题，也正因如此，重要的是规章制度的“本源”，因情施策。还强调了个人的作用和人的因素：“尽管技术重要，但人的价值是决定性因素，特别是零星的战斗使它变得更加重要。战场的虚无需要那些能够独立思考和行动的军人，需要那些深思熟虑、善于决断、大胆利用每一种形势的军人，需要那些坚信成功是每个人责任的军人。在身体践行、自我尊重、意志力、自信和胆识的磨炼方面养成习惯的人，能够控制最严重的情况。”另一本发人深省的出版物是埃尔温·隆美尔的《步兵攻击》，该书是对一战中战斗的战术观察体会，1937年首次出版。据一名消息人士称，希特勒正是读了这本书，才促使他在次年任命隆美尔到其指挥部任职。

1943年，由于采用新的120毫米迫击炮作为重型迫击炮，将原来的“80毫米迫击炮掩体”重新命名“中型迫击炮射击掩体”。120毫米迫击炮掩体只是80毫米“小弟”的简单扩大版，直径2米，深2米。由于迫击炮具有高度的机动性和相对较小的体积，它们往往只是简单地安置在任何可用的遮蔽物后面，例如冲沟和沟渠，或土丘、墙壁或碎石堆后面。

1943年，步兵火炮和反装甲火炮的掩体也被重新明确为“射击掩

这张德国步兵向意大利前线行进的照片提供了陆军单兵负重系统的正面视图。标准的织带系统由一组黑色皮质的“Y”形带子支撑着一个双肩背包和一条腰带，腰带上携带着弹药袋、构工工具、防毒面具筒、面包袋和水瓶。

体”。反装甲火炮掩体是圆形或椭圆形的，大约 4 米宽（虽然这个数据经常变化），深度较浅(37 毫米反装甲炮为 40 厘米，50 毫米和 75 毫米的略深)。为了模糊这些反装甲火炮的轮廓，有时会在车轮上挖出凹槽。步兵炮掩体相似，但更深一些（75 毫米步兵炮的直径 3 米、深 50 厘米；150 毫米为直径 6 米、深 1.3 米）。在掩体后方挖出一条坡道以便火炮进出掩体。在坡道最上端的后方约 2 米处设置了一道低矮的护墙，以保护掩体的后方畅通。如果在火炮掩体两侧不开凿装甲防护战壕，则在阵地内紧邻火炮的地方凿出浅浅的狭长堑壕，有时在火炮的正下方，且在车轮之间。一个构工完善的掩体，有时会挖一个向下倾斜的斜坡，火炮可以从阵位上往下移动，这样就完全在地面以下。坡道的下端有时会放置架空盖板，被称为“有盖车位”。

步兵炮，比炮兵的炮种更小更轻，常常被配置在仓促建造的掩体内，就像迫击炮一样。不可避免，反装甲炮必须以良好隐藏的掩体才能生存下来，并打击敌人的坦克。一旦被敌人发现，还必须能够迅速转移到其他掩体。因此，虽然一门火炮的最初位置可能是完全准备好的，但随后的位置往往准备有限，甚至只是匆忙选定的一个地点而已，能隐蔽的同时，具有必要的火力范围。

单管和四管的 20 毫米高射炮越来越多地在前沿阵地使用，以发挥其地面火力的作用，特别是在东线。当它们被这样使用时就部署在前线。20 毫米高射炮的射击阵地为圆形，直径

1944 年 7 月 18 日，在法国卡尼附近，德国空军 88 毫米高射炮与英国装甲部队交火。德国空军的火炮班班长在一名装甲兵上校枪口的威胁下，被迫实施火炮机动并向英国坦克开火，给英国坦克造成了大量损失。88 毫米火炮的使用使德国人在卡尼建起更为坚固的防御。（Peter Dennis © Osprey）

一门 20 毫米高射炮阵地。德军发现单管和四管 20 毫米 Flak38 型高射炮对东线的大规模步兵攻击极为有效，它们也被用来对付轻型装甲车，以及执行对地任务的强击机。(Ian Palmer © Osprey)

5.5 米，深 45 厘米，内侧沿线设置壁龛式弹药所和火炮的装备小间。20 毫米和 37 毫米高射炮被安置在一个略高的三角形平台上。88 毫米高射炮作为反坦克武器使用时，它的射击阵地非常大，轮廓很高，难以隐藏，需要大量力气挖掘。其庞大的体型和对重型牵引车的需求，使其在放列和撤去时既缓慢又困难。因此，当用于执行反装甲任务时，88 毫米高射炮被隐藏在建筑物中，或树木繁茂的地区，或者隐藏在冲沟和切断的道路里。

师的野战火炮有圆形或概略三角形的射击阵地，被称为“火炮阵地”。这些阵地通常有坚固的全方位护墙，而且比其他更靠前的阵地要深，以免受反炮兵火力的打击。构筑好的壁龛式弹药所可能被挖进掩体前侧，装甲防护战壕设置在两侧，增加了后方出入坡道，以及单独的壁龛式弹药所和火炮班人员掩体位于后方。挖一个浅坑，把土堆到前面，一个简单的火炮射击阵地就准备完成。任何现有的掩护都可以用于此目的。

1944 年，在意大利，一门 75 毫米 PaK40 型反坦克炮被放置在一堵临时搭建的墙后。PaK40 后来得到发展，可以对付更大型的战场坦克。正如这里所看到的，它较低的身形使其可以一直隐藏到发起袭击的那一刻。

火炮两侧会构筑装甲防护战壕或者非常简单的狭长堑壕，以免炮班人员受地面、火炮和空中力量的袭击。随着空袭越来越频繁，这些狭长堑壕被配置在离火炮阵地更远的地方，后方挖了几个壁龛式弹药所。一个炮兵连四门火炮的掩体相距 30 至 50 米，可以成直线式、交错线式、正方形或菱形配置。炮兵连的连指挥所在阵地后方，而马匹和弹药车停放在炮兵连阵地后方（远达 200 米）的隐蔽区域，以保护免受炮火袭击。伪装对炮兵连的生存至关重要，所以连阵地经常用伪装网覆盖。每个炮兵连有两挺轻机枪，用于地面防御和防空。

后方区域挖了许多狭长堑壕作为防空洞。这些堑壕在形式和尺寸上各不相同，但有两种典型的堑壕是直线堑壕（长 2 米，宽 40 至 60 厘米，深 1.6 米）和“三笔之字形”堑壕，每一笔的尺寸与直线堑壕大致相同。堑壕可以用原木覆盖，上面再铺一层泥土，或者使用草丛覆盖，以迷惑敌人。有趣的是，这些防空洞配置在前线后方 40 公里的地方。

1943—1944 年欧洲战场的显著特征是，德国的制空权不断被盟军夺走。因此，德国伪装的做法，试图将防御工事融入周围的地形和植被，以防来自地面和空中的侦察。伪装网、障碍墙和图案粉刷都使用了天然材料。德国指令明确，掩蔽和伪装措施不应阻碍武器火力的发挥。

意大利的防御阵地

通过对意大利战场特殊地形下野战防御工事的审察，可以对德国的阵地防御理论进行实际的说明。战场实际表明，虽然整个官方的学说规定很重要，但在复杂或不寻常的地形中，临场应变是构筑良好防御的关键。

意大利本身的地形地貌也有利于防御战争。亚平宁山脉几乎贯穿整个意大利半岛，而流入大海的河流穿过丘陵式的沿海平原，与狭窄平坦的山谷交叉划分半岛。冬天和春天，山谷泥泞不堪，部队在穿越意大利时面临着重重山脊和陡峭的山崖。柑橘园、橄榄园和葡萄园都是地势较低的山坡，而常青树和灌木丛覆盖着山坡的高处。道路稀少，且难以通行，局限于山谷之中，隘口极少，而地面是岩石铺就，突兀不平。村庄坐落在自然形成的地形上，使它们成为防御和躲避恶劣天气的理想场所。这些厚墙建筑，基本上用石头和灰浆建造，大多有地下室。城镇的布局不规则，当它们变成废墟时，甚至能提供更好的防御。反装甲炮和机枪被配置在地下室和用碎石加固的地面上。装甲战斗车辆被限制在容易堵塞的狭窄道路上，当接近城镇时能被直接看见暴露在外。

虽然战斗阵地之间需要相互支持，也就是凯塞林所说的“珍珠串”，但是地形往往太过崎岖，太多阵地需要设立障碍来阻挡每一条进入的通道。因此，反步兵地雷被广泛使用，反坦克地雷和爆破可轻易封锁道路。虽然山脉和山脊为防御方提供了优秀的远距离观察条件（在云、雾、雨和雪允许的天气条件下），但在防御阵地附近的火力射界和观察范围通常是有限的。因此，突然袭击和近距离战斗很常见。

大量可利用的岩石是碉堡、掩蔽壕和其他阵地时最常用的建筑材料。水泥有时可用作灰浆，这样便可以构筑一些相当坚固的建筑物。铁路枕木和铁轨也可利用。在准备充分、具有防御纵深的防线上，例如横跨罗马东南半岛的古斯塔夫防线，建造了混凝土防御工事。隐藏在灌木丛中的岩石防御工事很容易融入周围的地形，从地面或空中很难侦察。

由于在多岩石、多山的地形中挖掘很是困难，甚至不可能，防御者就充分利用峡谷、沟壑、小山和地面起伏的各种地形。许多掩体需要爆破施工。如果在必要的位置，为掩护通道，通常总有足够的角落和裂缝，上面以原木覆盖，再铺上岩石，作为构筑合理的战斗位置和掩蔽所。岩石砌的矮墙应用广泛，有时也会被覆盖伪装。迫击炮在短距离作战中被证明是特别有效的，因为它们反应迅速，而且弹道轨迹很陡峭，可以到达峡谷和陡峭的山脊后面。

在意大利的德国人也擅长城镇防御。意大利的建筑特别适合用于防御，它们的建筑坚固结实，使用石头和混凝土结构的多层建筑，而且带有地下室。在这种建筑物密集的地区作战，对防御方和攻击方来说代价都是高昂的。德国人尽可能占领城镇，作为对盟军的惩罚，并利用城市风貌的掩护和隐蔽，使其免受炮火和空袭，同时也利用这种占领赢得时间。

在意大利山区，德国炮兵观测小组向野战炮部队发回射击方向。该小组由一名前方观测员（如图所示，带着笔记本）和一名无线电操作员（传输其同伴的指令）组成。

对德国人来说，城镇是已经建成的据点，是敌人坦克的死亡陷阱。主要的防线位于城镇内部，位置优越，以防止敌人的观测并直接对防御工事进行火炮和坦克射击。前哨站和观察哨被安置在城镇的边缘，与城镇外其他配置良好的哨所一起观察进入的通道。地雷和其他障碍物封锁了道路，桥梁被拆毁，地雷和反装甲壕沟横跨战场设置在坦克可能的通道上。城镇外的小山、连片的树林和建筑物群可以作为全方位据点加以防卫，或至少作为战斗前哨，以阻止或拖延敌人使用这些据点，或者防止城镇被包围。

主防线呈不规则的布局，使其更难定位，并防止被突破时侧翼包抄。在贯穿城镇的主要道路上，特别坚固或能发挥主导性火力的建筑物被作为据点加固。狙击手、配置“铁拳”反坦克火箭筒的反装甲小组和机枪手被

1943 年，意大利，工兵们正在准备拆除一座桥梁。作为一个山脉纵横、关隘众多的国家，桥梁控制权对于意大利的战争双方而言至关重要。坐在桥上的士兵佩戴一枚铁十字勋章，这是工兵在前线工作的标志。

1943—1944 年时期，武装党卫军第 10“弗伦斯堡”装甲师士兵身着武装党卫军制服。他们（从左至右）是：1944 年装甲部队的一名党卫军旅队长；1943—1944 年，党卫军的一名掷弹兵；1944 年，党卫军第 10 突击炮营的一名三级突击队中队长。（Stephen Andrew © Osprey）

在法国，武装党卫军士兵快速穿过一条马路，冲向下一个掩蔽点。武装党卫军在法国的战争罪行（特别是帝国师的罪行）以及后来在阿登高地的战争罪行，使盟军对其恨之入骨，几乎没有俘虏党卫军士兵的想法。

部署在其他建筑物中，以及主防线前方的小据点中。敌人在到达主防线时，这些防御工事就将其打散了。第二防线与转换路线共同阻止敌人的渗透。即使把一个设防的城镇纳入主防线，也要做好全面防御的准备，以防外部防线被突破，城镇被包围。预备队被部署在城镇内坚固的建筑物里，而其他则可能被部署在城镇外。

街道可能会被碎石、报废的车辆和有轨电车以及垂直埋入地下的沉重原木筑成的路障堵塞。这些原木墙可能是高达 3 至 4 米的巨大障碍，由倾斜的树干支撑，尽管这些在德国更为常见。穿过城镇的河流、小溪和运河被纳入防御计划。有时建筑物被推倒在街道上，以其碎石堵路。地雷也被使用。一些街道畅通无阻，允许敌人的坦克进入近距离伏击或坦克陷阱的死胡同。相反，有时会封锁小巷，以防坦克在交战时拐弯逃走。这些路障被部署到小巷中，以防在通过之前被发现。城镇广场和环形交叉路口被设置为杀戮区。

个别建筑物被设下饵雷，以消耗敌人步兵的兵力，在某些情况下，它们已做好爆炸准备，只待敌人占领时引爆。门和一楼的窗户被瓦砾和家具堵住，小巷也是如此。其他的窗户则是敞开着的，这样敌人就无法确定是从哪个窗户发射的。墙上打出了很多枪眼，屋顶瓦片和瓦板被移走，其中许多都未使用过，只起到误导敌人的作用。用烟囱作为掩护可建立阵地。瞭望人员和炮兵观察员确实使用教堂钟楼作为哨点，但一旦敌人接近该镇，他们就会撤离。因为目标明显，狙击手避开了他们，尽管在电影中他们经常是目标。

奥尔托纳战役

奥尔托纳是德军在意大利实施大规模防御和拖延战斗的第一个城镇。奥尔托纳位于意大利中东部海岸，与罗马相对，是古斯塔夫防线的东部重镇。这个拥有 1 万人口的小镇地势平坦，郊区开放，几乎没有遮挡。由于没有自然地形来辅助防御，所以盟军指望德国人会放弃这个城镇，防御更北的地区。北部的老城镇有狭窄而曲折的街道、大型广场，建筑更加密集。较新的南部地区有宽阔笔直的街道。这些建筑是砖石结构，许多有 3 至 5 层楼高。

加拿大陆军在通往奥尔托纳的南面遭遇了一场艰苦的战斗。德国的两个加强伞兵营全面防守该镇，覆盖 500 米 ×1500 米的区域。1943 年 12 月 21 日，加拿大人发动了进攻，德国人逐渐被击退，依托连续的据点后撤。防御者和进攻者的战术和技术，通过德国人不断引入新方法而发展。在 12 月 28—29 日晚，德军在拖延盟军推进古斯塔夫防线 9 天后撤退。加拿大人戏称奥尔托纳为“小斯大林格勒”，他们在占领这座城市时遭受了 2300 多人的伤亡，还有更多的人遭受了战斗疲劳综合征。结果，第 1 加拿大师暂时性丧失战斗力。

进攻方沿着街道，紧贴建筑的墙壁向前移动，因此防守方的步枪手和机枪手占据街道两边的位置，以便火力覆盖对面。住宅大多是由相邻的几排房屋组成的。在内墙打上“老鼠洞”，连接建筑内包括地下室在内的不同楼层，有时还将同一街区的地下室连接起来，部队就可以在不离开掩体的情况下重新部署或相互增援。他们也经常会重新占领已被敌人清除的建筑物。老鼠洞有时用家具遮住。暴雨排水道也用于在不同阵地之间移动。反装甲炮和机枪被部署在地下室中，其他机枪放置在上层窗户上，因为坦克火炮的射击角度有限，无法与更高楼层的射击位置交火。

这幅插图展示出典型的德国露营地，位于亚平宁山脉的橄榄林中，德国伞兵部队正休整的分排在等待命令。这只是一个临时营地，事实证明，这些人能够白天避暑和夜间山区防寒的唯一遮蔽物是一套防水帐篷布。（Velimir Vuksic © Osprey）

瓦砾堆中隐藏着射击阵地。“铁拳”反坦克火箭筒不能从建筑内部射击，所以选择从小巷和其他开放的隐蔽点开火。坦克和突击炮藏在建筑物里，沿街射击。

德国人新发现的防御技术和意大利本身的地形相结合，使得意大利的战役对盟军而言代价惊人。从西西里岛登陆到1945年德军在意大利的最后投降，盟军共伤亡34万人。尽管正在走向失败，但德国人确信，“软肋”对于那些试图摧毁它的人来说，着实坚硬无比。

地雷

地雷成为德国防御战争的组成部分，数百万枚地雷埋设在各战线上。地雷可以在埋设在指定区域，其战术目标包括阻挡敌人的前进，引导敌人进入死亡地带或者保卫某个特定地点。反步兵地雷可以埋设在反坦克地雷之间，甚至可以附在反坦克地雷上，从而使清理坦克通行的道路极为危险。否则，它们就会被散布开始从事“令人讨厌的采矿”工作。

战争爆发时，德国的主要反步兵地雷是小型的圆柱形S35，其中包含大约360个钢球，可以通过一个压力触发器、一个带有拉绳的绊线或一个电

步兵单位展示各种反坦克武器。它们是：1. 7.92 毫米 PzB39 型反坦克枪；2. 39 型烟雾手榴弹和 39 型烟雾弹；3. 双份装药，一对 1 公斤的 TNT 炸药块，固定在一段短电线末端；4. 6 枚 24 型柄式手榴弹头集中装药；5. GG/P40 枪榴弹发射器，安装在 Kar98k 步枪上。（Steve Noon © Osprey）

子指令点火系统来起爆。一旦被激活，在地雷爆炸成弹片四射的弹片云之前，内壳被投射到空中 1 码或更高的地方，因此被美国人戏称为“跳跃的贝蒂”（Bouncing Betty）。《1944 年 5 月英国步兵训练备忘录》记录了这种武器带来的残酷现实：

> 我的理解是，如果你踩到一枚反步兵地雷，唯一要做的就是把脚压在地上，身体向后倾斜，接受那只脚可能被炸掉的事实，但希望地雷不会在地面上爆炸。第 8 集团军的工兵们对 S 型地雷有丰富的经验，他们告诉我，虽然这种观念已经流行了一段时间，但它是错误的。反步兵地雷有 3 或 4 秒的延迟。当你踩到它时，地面中有一声沉闷的滴答声。滴答声的 3 到 4 秒钟后，也就是说，当火帽被点燃后，罐体会向空中喷出 4 到 5 英尺高。圆柱体很少沿轴体垂直上升，通常向一侧或另一侧倾斜。罐体下面的碎片飞向距离地雷 3 码左右的地面；那些从上方飞出的碎片远离地面三四英尺。底部通常向下击中地雷原来的位置……
>
> 最好的做法是，移动到距地雷 3 码或者 4 码远的地方并躺下。尽管 3 秒钟的时间延迟相当长，而且一个人平躺在 20 码外的地上，不太可能被从罐体飞出的碎片或钢球击中，但不建议跑开，无论多远。敌人有布设地雷群的习惯，一个人从一个地雷跑出来，很可能在不知不觉中踩到另一个地雷，可能踩在地雷旁边，甚至直接踩到地雷上。当然，他也可能这样做，即使他从第一声滴答声开始只离开很短的距离，但总比冒险把脚留在地雷上要好。有时，德国人也会埋设无延迟的地雷，它们直接跳出地面，没有时间采取任何行动。

到诺曼底登陆的时候，S 型地雷只是致命家族的成员之一。一些德国装置是用绝对最少的金属制造的，因此很难用电子手段进行探测。42 型木盒地雷的地雷壳是一个木制盒子，在脚的重压下，旋转的盖子会激活击针。另一个优点是，木盒简单，可以在学校和小车间生产，从而节省了工

1944 年在意大利使用的德国非金属地雷，减少了被盟军地雷探测设备探测到的机会。这类地雷往往装有反拆除装置，以防被发现和拆除。

业生产能力。43 型玻璃地雷，主体为厚玻璃，较薄的剪力板（shear plate）被向下的压力破坏时，会触发地雷。

到战争后期，德国地雷战理论得到了高度发展。主要的反坦克雷场将以统一的模式布置，反步兵地雷散布在前缘，而且往往带有反提升装置或绊线。在所有情况下，雷场在受到火力覆盖时是最有用的。德国的地雷埋设人员用旧电话线制成的地雷测量线来追踪地雷的布局。它通常有 24 米长，上面有尺寸记号和地雷的位置。通常，交替的行是交错排列的。S 型地雷的最佳间距为 2 至 4 米，而木盒地雷尽可能地每隔 50 厘米布置一枚。反步兵地雷带的深度达 12 行，密度约为每米 4 枚。主战场的前方是散布的未做记号的地雷，覆盖补给场或废弃的防御工事，以便阻断进入的道路。

装甲兵的作用

虽然德国陆军从 1943 年夏天开始被迫处于守势，但它的主要作战原则没有改变：进攻，或者反攻，仍然是对敌军取得胜利的最佳方法。面对更多的敌人，同时在多个前线作战，德军在装甲师中找到了一种权宜之计：在敌人发起进攻的时间和地点发起反击。直到 1944 年以前，德国的

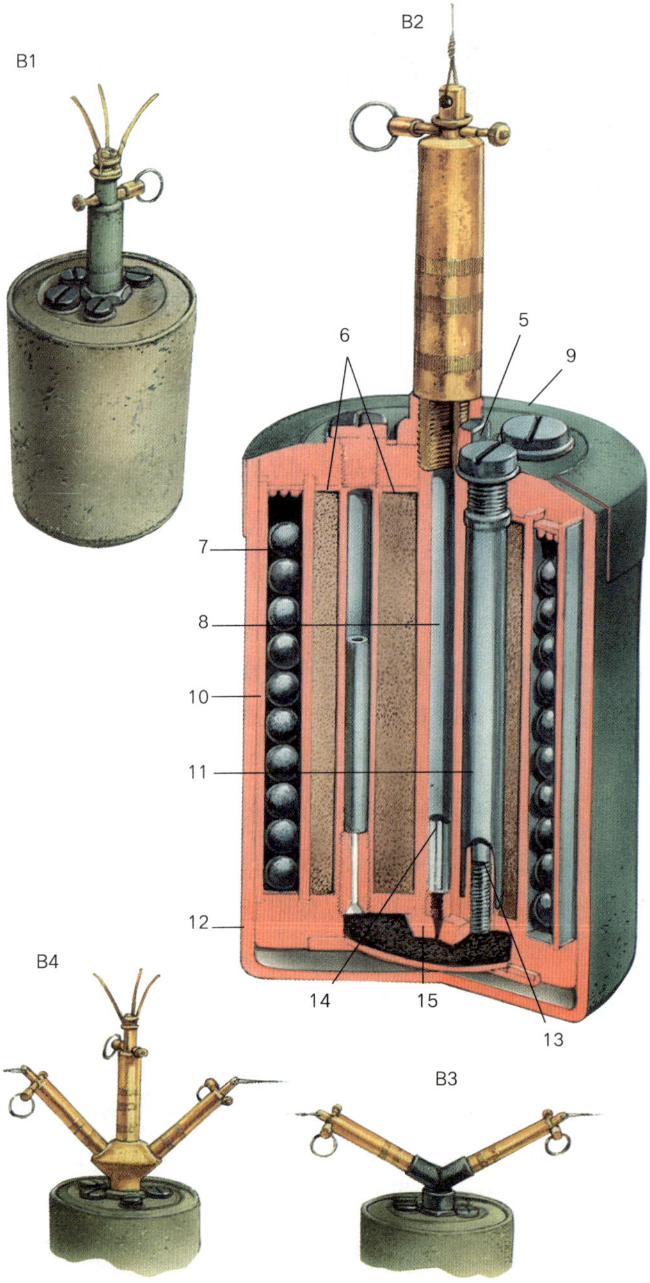

德国的S型地雷，被称
Schrapnellmine35型（即S.Mi.35）。
用作饵雷时，它可以安装S.Mi.Z.
的压力引信（B1）；Z.Z.35的拉发
信（B2）；一个“Y”形接头，包
两个Z.Z.35拉发引信（B3）；两
Z.Z.35拉发引信中间带一个S.Mi.Z.
压力引信的三通适配器（B4）；或
Z.u.Z.Z.35拉发释放引信。无论采
何种启动方式，在3.9秒的延迟后
内壳体被投射到空中1至3米处引爆
360个滚珠轴承爆破半径超过150米
组成部分有：

5. 雷管插头（×3）；

6. TNT起爆装药；

7. 钢珠轴承；

8. 导爆索管；

9. 加注孔塞；

10. 内壳；

11. 雷管井和雷管（×3）；

12. 外筒；

13. 0.4至1.4秒的延迟装（×3）；

14. 4.5秒的主延迟装药；

15. 作为抛射药的黑火药。

（Peter Dennis © Osprey）

军事理论还设想在一条主要防御线的基础上建立线性防御，无论敌人的如何突破，都不惜一切代价固守阵地。机动部队，首先是装甲师，接到命令进行反击，包围并最终消灭敌军，恢复局势。这种战术制度在1944年中期之前在东线运作良好，但也有几个缺点。为了应对威胁战线（即使不是全部，至少也是在前线防御受到威胁的情况下）敌人的攻击，装甲师不得不分散在整个前线作战，因为缺乏预备队，而且有限的补给也不允许迅速调动另一支部队去应对眼前的危机。这导致了与德国作战的主导原则之一完全相反的现实：集中兵力。结果，德军仍然可以在局部对付敌人的突破，恢复局势（虽然往往损失惨重），但他们再也无法恢复主动权，发动任何重大进攻。

最终，由于缺乏力量和资源，出现了纵深防御的概念。鉴于敌人严重依赖火力，前线防线被大幅削弱，只由一系列前哨站组成，目的是减慢敌人的进攻速度，同时在后方建立了一条主要的抗击防线。当敌人进攻时，装甲师必须控制他们的攻势，最终按照常规的指导方针进行反击。这再次导致部队的分散，正如在诺曼底登陆所见，建立主要防线几乎不可能实现。隆美尔和冯·伦德施泰特关于装甲师部署的辩论清楚地反映了这种情况：隆美尔充分承认盟军的空中优势及其对装甲师作战能力的影响，而冯·伦德施泰特则试图通过集中兵力和大举进攻重新获得主动权。值得注意的是，两人的观点都是正确的，正如1944年12月阿登高地攻势所示，只有集中兵力，设法对较弱的敌人阵地进行重点突破的战术攻击，才能产生突破，最终可能导致包围和摧毁敌军，并夺回主动权。

军事理论和训练

在战争的最后几年，德国的装甲理论没有发生重大变化，只是对地形和新武器装备的有关部分进行了调整。1943年，装甲团，有时是装甲营规模，是建立主要战斗群的主导单位。在战争的最后阶段，许多师能够建立包括装甲兵、装甲掷弹兵、工程兵、装甲猎兵、炮兵和其他支援部队在内的全装甲战斗群。在使用上，它们像一个小型装甲师，遵循着相同的装甲部队战术理论原则；装甲部队在前面开路，突破敌人的防御，并得到自

背景中的德国车辆是象式坦克歼击车。它们在 1943 年迅速投产后，在库尔斯克会战中的表现令人失望，许多车辆被送往意大利，在那里继续遭受故障和缺少备件的困扰。

行火炮的密切支援，而后续步兵在装甲猎兵分队和工兵分队的支援下，保卫该地区，为装甲行进编队提供侧翼防御。虽然它一直使用到 1945 年，但由于战斗前线的一些新因素，这一理论发生了几次变化。

向东看，苏联红军采用的新战术，建立在反坦克防御屏障的基础上，以应对德国装甲的反击。由于装甲部队再也不能承受重大损失，步兵现在必须直接对付反坦克防御屏障，而装甲部队则常常在装甲侦察营的支援下对付敌人的先头部队。由于它的组织结构，装甲侦察营现在很少执行传统的侦察任务，取而代之被用作常规的战斗单位。另一个决定性因素是盟军的空中优势和火力，这对德国的装甲理论产生了相当大的冲击。虽然在东线仍有可能集结大量部队，但在意大利（盟军的海军支援非常强劲）和西北欧战场已无可能，因为这些部队将成为敌人空军和大炮的猎物。因此，装甲部队不再是主导战斗群的先头部队，而是被分成更小的连级单位，用于支援装甲掷弹兵和装甲侦察分队。战斗群变小了，学说又回到渗透战术，目的是取得适度的突破，然后迅速前进。这种变化最合乎逻辑的结果是较小的、不再具有决定性的、几乎没有影响的突破。

从 1943 年起，装甲军和装甲集团军都只是名义上的装甲部队。他们变成了包含装甲部队和非装甲部队的混合部队，虽然很适合防御，但缺乏进行重大攻势行动所需的弥补措施。由于防御需要，装甲师和其他师之间不得不需要更密切的合作，这进一步限制了装甲师行动。诺曼底战役就是一个完美例子。尽管在该地区集中部署了装甲部队，但几乎没有任何装甲师集结起来发动大规模反击行动；的确，由于缺乏兵力，导致他们被部署在前线，但机动性和速度优势因此被限制而难以发挥。尽管在防御方面仍然相当有效，但正如在德国边境的战斗所示，装甲师显然已经失去了优势。

尽管他们的火力比以往任何时候都要强大。我们在前面的章节中已深入讨论过，每摧毁一辆虎式坦克，盟军就会损失数辆装甲战斗车辆。新式豹式坦克虽然交付缓慢，但为装甲部队提供了大大优于盟军对手的坦克，并与苏联同类坦克势均力敌。归功于新型手持反坦克武器，如“坦克杀手”和“铁拳”反坦克火箭筒，以及新式驱逐坦克[4]，反坦克防御系统也得到了改进。该驱逐坦克是用一辆多用途的重型装甲火炮运输车，取代了旧式装甲猎兵。最终德国的军事学说发生了彻底改变：像突击炮和新式驱逐坦克这样无炮塔、自行推进的火炮运输车成为进攻性武器，尽管它们现在需要与步兵更紧密的合作。然而，由于当时敌人的空中优势行动多是在夜间或有利天气，德国陆军每一级的单位都需要高射炮（往往是自行火炮），而高射炮的存在进一步限制了装甲师的速度和机动性。

然而，在过去两年的战争中，装甲师也面临着重大的训练危机，这抵消了装甲火力的提升。前几年大量的人员损失，加上在 1944 年夏天遭受的损失，只有部分单位可以充分使用新兵。但这些有机会接收新兵的单位中，师和各级部队的指挥官发现，这些替补人员在加入他们经验丰富、身经百战的战友的队伍之前，需要大量的额外训练。师属野战替补营允许替补人员同该师的人员一起完成训练，这不仅提高了他们的技能（例如使用重型武器和大炮），而且有助于新兵自己熟悉前线情况。另一方面，装甲兵部队、侦察部队和工兵部队所需要的技术训练，意味着这些部队需要被送回德国进行重新调整和重组。此外，1944—1945 年，由于缺乏训练有

德国在阿纳姆击败了英国的空降部队，证明了国防军和武装党卫军的力量仍然不可忽视。图中为英国战俘步履蹒跚地经过党卫军第 9 霍亨斯陶芬装甲师的 StuGIII 突击炮。

豹式坦克

五号豹式坦克的设计始于1941年，当时德军震惊于在东线遭遇的T-34型坦克。奥格斯堡—纽伦堡机械工厂股份公司（MAN AG）试图创造一种具有战场优势的坦克，在很大程度上他们成功了。豹式装甲很重，但是最大速度仅55公里/小时，装备一门莱茵金属—博尔西格生产的75毫米Kwk42（L/70）型火炮，实际上比虎式坦克的88毫米主炮的穿透能力更强。它宽阔的履带在松软的地面上表现良好，细长的船体外形使其成为敌方炮手具有挑战性的目标。然而，豹式坦克被过早地投入战斗，1943年7月，在库尔斯克会战中亮相时，遭遇了机械故障和战斗损失。脆弱的驱动系统从没有被完全修复，但稳步的改进使它无可争辩地成为战争中最佳坦克，总共大约生产了6000辆。其最终的毁灭更多是由于盟军的空中优势和坦克乘员训练水平不断下降，而非来自敌人装甲的威胁。

素的军官和士官，德国人面临着严重的问题，只能通过提升其他军衔人员来弥补。在1944年秋季进行的最后一次重大改编期间，尽管新的编制表全面、大幅度地减少了兵力，但局势变得愈发严峻。

图中场景展示出德国第 3 伞兵团的伞兵在大陆酒店的废墟中保卫蒙特卡西诺。一辆四号坦克退到酒店的接待区，机枪和迫击炮合理部署，覆盖每个入口。图中的伞兵正在操作一挺 MG34 通用机枪，一名士官通过他的双筒望远镜获取目标。所有人都身穿第二款迷彩伞兵服，右胸有一只银色的德国空军鹰。（Howard Gerrard © Osprey）

尽管存在所有这些问题，但值得注意的是，即使在困难的战争最后一年，装甲师的表现往往比他们的武装党卫军同行要好，正如阿登高地的攻势行动最终表明，他们仍然能够取得一些决定性的结果。

1943—1944 年的装甲兵组织架构

1943 年 9 月 24 日德国国防军最高统帅部的一道命令，为所有装甲师（除了第 21 装甲师和挪威装甲师）引入了一个共同的组织架构，除了有一些小的变化外，与 6 月参加东线“堡垒行动”（Operation Zitadelle）的装甲师所采用的组织结构相一致。实际上，这只是对当时编制现状的一种确认，因为由于缺乏人员和设备，不可能进行全面的改组；尽管如此，1943 年 11 月 1 日，最高统帅部为 1943 年的装甲师组织发布了一系列新的战时编制表（KStN）。新编制的总兵力 16385 人，装备 10808 支步枪，1818 支冲锋枪，695 挺轻机枪和 103 挺重机枪，36 门中型迫击炮和 14 门重型迫

1944 年 6 月，一辆四号坦克驶往诺曼底登陆海滩。注意坦克前部的备用履带链节和车轮，不仅为战损配件提供了替代品，而且还在坦克的前部增加了一层临时装甲。

上图基于德国国防军于 1944—1945 年在意大利中部和北部作战的照片绘制。他们是：1. 1944 年 9 月，哥特防线上第 25 步枪团的一名高级豁免兵；2. 1944 年 2 月，古斯塔夫防线上帝国掷弹兵“德意志至高无上”团的一名士官；3. 1945 年 4 月，在波河的第 26 装甲侦察营的一名参谋军士长。（Stephen Andrew © Osprey）

击炮，25门反坦克火炮，外加174具“坦克杀手”反坦克火箭筒，25门野战炮，4门步兵炮和榴弹炮，8门88毫米高射炮和38门20毫米高射炮（不包括自行式），771辆车，1946辆卡车，226辆半履带式非装甲车，662辆摩托车，215辆坦克（其中99辆为豹式坦克，98辆为四号坦克），45辆装甲猎兵和405辆装甲战斗车辆，其中包括37门各种类型的自行火炮，39门半履带式高射炮，近300辆半履带式装甲车辆（233辆SdKfz251型和64辆SdKfz250型）和32辆轮式装甲车。实际上，战场上没有一个师的装备与其编制表相一致，这主要是因为大多数需要装备PzKpfw V型（后称五号豹式坦克）的装甲营仍在组建中。

因为也预见到了即将供应新武器，1944年4月1日，新的“1944型装甲师”组织就这样成立了，尽管战时编制表直到7月才发行。事实上，1944年4—5月间，有几个装甲师本打算要重组，但只有少数几个师在投入前线前完成了重组。1944年8月3日，所有师（第21装甲师和莱尔装甲师除外）得到命令开始基于现有的装备和人员进行改组，同时报告实际状况，以便配发需要的武器，补充所需的兵力。

“1944型装甲师”的总体组织仍

在欧洲西北部，一名美国步兵携带 20 磅的 M1 炸药包从坦克乘员驾驶盲区冲向一辆 IV 号坦克 H 型。他可能会把炸药放置于坦克履带、发动机舱上或者炮塔座圈下。（Steve Noon © Osprey）

1943 年 9 月 12 日，一支由德国伞兵组成的精锐部队从大萨索山上戒备森严的旅馆里救出被罢黜的意大利独裁者贝尼托·墨索里尼。这次行动是戏剧性的，具有很大的宣传价值。图为参与行动的两名人员。

与 1943 年相一致，主要在团级和营级发生了变化。首先是引入了新的自由组织，从每个连抽调补给单位和补给运输队，为每个营组建了一个补给连。由于补给连的连长也是副营长，新的组织使后者能够完全专注于战斗任务，而前者则专门负责所有的后勤和行政需求。

其他的变化也影响了整体实力和装备。最值得注意的是，步兵分队撤销了许多反坦克排，同时引进了重型迫击炮和火焰喷射器排。1944 年德军装甲师的整体实力是 14053 人，9103 支步枪，1637 支冲锋枪，768 挺轻机枪和 98 挺重机枪，16 门中型迫击炮和 18 门重型迫击炮，13 门反坦克炮和 9 具“坦克杀手”反坦克火箭筒，25 门野战炮和榴弹炮，8 门 88 毫米高射炮，36 门 20 毫米高射炮和和 6 门 37 毫米高射炮，303 辆车，852 辆卡车，95 辆半履带车和 171 辆摩托车，外加 179 辆坦克（79 辆豹式坦克，81 辆四号坦克，8 辆装甲自行高射炮和 11 辆指挥坦克和坦克牵引车），31 辆装甲猎兵车，372 装甲战斗车，其中包括 16 辆安装高射炮的半履带式装甲车、36 辆火炮运输车、约 300 辆半履带式装甲车和 16 辆轮式装甲车，全部都是重型。

即使如此显著的减少也未能缩小可用量和需求量之间日益扩大的缺口，夏季遭受的严重损失以及人员和装备的全面缺乏进一步扩大了这一缺口。因此，1944 年 11 月 1 日，新的战时编制表发布，出现了 1944 年后期的装甲师组织，不过只影响了装甲团和装甲掷弹兵团，以及装甲侦察营和反坦克部队。调整后的编制整体实力下降到 13067 人，8719 支步枪，270 支 StG44 突击步枪，1527 支冲锋枪，574 挺轻机枪和 32 挺重机枪，12 门中型迫击炮和 18 门重型迫击炮，13 门反坦克炮，加上 96 具“坦克杀手”反坦克火箭筒，25 门榴弹炮和野战炮，8 门 88 毫米高射炮外加 36 门 20 毫米和 37 毫米高射炮，601 辆车，1469 辆卡车，201 辆半履带车，529 辆摩托车，160 辆坦克（包括 8 辆装甲自行高射炮、67 辆豹式坦克、69 辆四号坦克和 9 辆牵引坦克），21 辆装甲猎兵车和 366 辆装甲战斗车，其中包括 16 辆自行高射炮、36 门各种类型的火炮，约 300 辆半履带式装甲车和 15 辆轮式装甲车。

装甲掷弹兵组织

尽管形势不断恶化，1943 年装甲掷弹兵部队在武器装备、摩托化水平和个人装备方面却比以往任何时候都好。根据 1943 年装甲师编制，一个装甲掷弹兵团（即装甲步兵团）包括一个团部和一个团部连，下辖一个侦察排、一个喷火器排、一个装甲猎兵排和一个通信排，两个装甲掷弹兵营加上一个团属防空连，一个重步兵炮连和一个装甲掷弹兵工程连。两个装甲掷弹兵营都有相当强的兵力。1943 年 11 月，一个装甲掷弹兵营包括三个装甲连和一个重型连，后者下辖两个炮兵排和一个装甲猎兵排。单个装甲掷弹兵连有三个排，第四排为重型排，包括两个重机枪组、一个火箭炮组和一个加农炮组。一个装甲掷弹兵营的总实力包括：928 人，552 支步枪，208 支冲锋枪（包括安装在装甲战斗车辆上的），57 挺轻机枪和 12 挺重机枪（装甲战斗车辆上安装的除外），39 具“坦克杀手”反坦克火箭筒，两门轻型步兵炮，三门 PaK 型反坦克炮，16 辆汽车，44 辆卡车，6 辆非装甲半履带车和 91 辆半履带装甲车，以及 30 辆摩托车。摩托化装甲掷弹兵营虽然较强，但机动能力较差，火力也较弱，只有 900 多名人员，579 支步枪，96 支冲锋枪，59 挺轻机枪和 21 挺重机枪，39 具“坦克杀手”反坦克火箭筒，3 门 PaK 型反坦克炮，6 门 81 毫米迫击炮和 4 门 120 毫米迫击炮，52 辆汽车，81 辆卡车，9 辆半履带车和 24 辆摩托车。

德国的突击步枪

德国没有类似美国 M1 加兰德（Garand M1）的半自动步枪，而且在 1941 年遭遇苏联的托卡列夫（Tokarev）步枪之前，德国似乎对突击步枪的开发没什么兴趣。德国出现的第一种类似步枪是 41W/Gew41（W）/41M 系列的武器。41W 步枪（3a）由瓦尔特设计，是一种半自动步枪，使用枪口冲击波通过安装在枪管顶部的杆来操作。它的枪膛适用于标准的德国服役的 7.92 毫米口径子弹，但既重（4.65 公斤）又笨拙。第二种设计 41M 由毛瑟主刀，后来成为 Gew43 或 Kar43（3b）。这种武器的枪膛再次使用全尺寸的德军作战用弹，但重量只有 4.03 公斤。它有一个容量为 10 发子弹的可拆卸弹匣，和苏联的托卡列夫武器非常相似，虽然制造粗糙，但设计精良。它也可以配备狙击用的望远镜瞄准镜。真正的突击步枪出现在 MP43 和 MP44 武器中，它们被设计用来发射 7.92×33 毫米的中型军用子弹，而不是由标准的德国步兵武器发射的威力更大的 7.92×57 毫米子弹。短弹药筒的优势在于，虽然其有效距离较小，但武器可以全自动发射，操作者可以在发射过程中保持对目标的控制。MP44 也被称为 StG44 突击步枪，是一种非常有效的中短程武器，其更轻的弹药筒意味着操作者可以携带更多的弹药，通过 30 发钢质弹匣发射。长弹匣的缺点之一是在俯卧位射击很困难。几乎可以肯定，这支步枪是卡拉什尼科夫 AK47（Kalashnikov AK47）自动步枪的前身。

这些士兵代表了 1944 年西线战场所穿制服的样式。掷弹兵营的营长（左）和装甲掷弹兵（右）穿着 Zeltbahn31 式迷彩色面料上衣，而高射炮兵少尉（中）穿着 M1940 式夏季野战制服。（Stephen Andrew © Osprey）

1944 年，德国军队占领了阿纳姆周围的狭长堑壕。防御阵地主要是一系列的射击洞，为相对较浅的两人战壕，但在阵地也能看到单人的俄罗斯洞。

装甲掷弹兵营和摩托化装甲掷弹兵营之间的显著差异，最终为装甲师提供了两种截然不同的步兵部队，装甲掷弹兵团更加强大，也更适合与装甲团保持同步。然而，这种情况不会持续太久，因为新成立的“1944 型装甲师”组织在结构和实力方面都带来了一些变化。首先，装甲掷弹兵连的每个重型排都撤销了一个重机枪组，剩下的一个被防空和机枪组取代。同时，重型连现在只剩下重型火箭排和加农炮排。装甲掷弹兵连的总实力缩减到 3 名军官、36 名士官、151 名其他军衔人员，94 支步枪、44 支 MP 冲锋枪、18 挺轻机枪、2 辆汽车、4 辆摩托车和总计 23 辆各种型号的 SdKfz251 型轮式装甲车。装甲掷弹兵营拥有 841 人、444 支步枪、173 支冲锋枪、58 挺轻机枪和 9 挺重机枪、4 门 120 毫米迫击炮、17 辆汽车、30 辆卡车、24 辆摩托车和 6 辆非装甲半履带车和 101 辆半履带装甲车。

最糟糕的是，武器、车辆和装备的缺乏大大阻碍了这些装甲掷弹兵部队的改组和任何新部队的建立。由于还普遍缺乏机动车辆，1944 年 11 月 1 日一种新组织发展起来，不仅降低了整体实力，而且设想创建新的基于自行车的装甲掷弹兵连。这种连尽管极度缺乏摩托化（它只有一辆汽车和一辆摩托车），但是武器相对更好，它的第一排完全变成一个突击排，装备新的 MP44 突击步枪。它有 3 名军官、17 名士官和 120 名其他军衔人员，配备 67 支步枪，加上 37 支 MP44 突击步枪、15 支冲锋枪、12 挺轻机枪和 3 具“坦克杀手”反坦克火箭筒。

虽然缺乏全装甲部队的机动性和火力，摩托化装甲掷弹兵团是更常见的单位，更适合防御作战时装甲师的战术需要。虽然整个组织结构由装甲部队衍生而来，与装甲部队近似，但装甲掷弹兵营的重型连只有一个装甲猎兵排和一个火箭炮排。同时，战斗损失和武器、设备和车辆的全面缺乏也影响到这些营的组织结构。“1944 型装甲师”组织结构以与装甲师相同的方式，导致了反坦克（PaK）单位的撤销和补给连的成立，还有实力的总体降低。1944 年 11 月 1 日的新组织带来了进一步的变化，包括在每一个装甲掷弹兵连中增加一个突击排，增加后有 3 名军官、18 名士官、105 名其他军衔人员，配备 60 支步枪加上 30 支 StG 突击步枪、21 支 MP 冲锋枪、12 挺轻机枪、3 具“坦克杀手”反坦克火箭筒、1 辆汽车、8 辆卡车和 3 辆摩托车。因此，摩托化装甲掷弹兵营的整体实力在 4 月 1 日和 11 月 1 日之间有了以下变化：军官从 20 人到 21 人，士官从 148 人到 117 人，其他军衔人员从 697 人到 506 人，步枪从 548 支到 382 支（11 月时加上 90 支 MP44 突击步枪），冲锋枪从 91 支到 86 支，轻机枪从 60 挺到 41 挺，重机枪从 12 挺到没有，“坦克杀手”反坦克火箭筒从零到 12 具，汽车从 50 辆到 24 辆，卡车从 75 辆到 62 辆，履带或半履带车从 17 辆到 12 辆，摩托车从 25 辆至 21 辆（6 门牵引式 20 毫米 Flak38 型高射炮及 4 门 120 毫米重型迫击炮的配发维持不变）。在一年的时间里，摩托化装甲掷弹兵团的总兵力从 1943 年 11 月的 2513 名各级人员，下降到 4 月的 2258 人，最终在 1944 年 11 月下降到 1747 名，这明显影响了装甲师的战斗力。

1944年，德国军官在意大利。德国在意大利的军事行动使盟军付出32万人伤亡的惨重代价。然而，德国的伤亡是这个数字的两倍，大约5万人死亡，主要是盟军在炮兵和空军实力上占优势的结果。

炮兵

与第 1 营重组为一个自行式的、混编轻型和重型榴弹炮营的装甲炮兵团相比，1943 年装甲炮兵团给予装甲师更大的火力支援。团部炮兵连除 1 个通信排外，还包括 1 个武器维修分排和 1 个医疗分排，而每个营的营部炮兵连包括 1 个通信排、1 个轻型高射炮分队，包括 3 门 20 毫米 Flak38 型高射炮，外加 1 个炮兵标定分遣队以及补给和运输分队。每个营由 3 个炮兵连组成，每个炮连要么有 6 门火炮（在自行式火炮分队中），要么有 4 门火炮在 2 个炮兵班中。第 2 营全部装备 105 毫米 LeFH18 型榴弹炮，第 3 营第 1 连装备 4 门 105 毫米 Kanone18 型火炮，第 2 连和第 3 连均装备 8 门 150 毫米 sFH18 型榴弹炮。第一，自行式野战榴弹炮营完全摩托化，重火力主要得益于安装在二号或者四号坦克底盘上的 12 门 105 毫米

德国士兵抓住法国 37 毫米 Pateux 火炮。国防军使用大量缴获的外国武器，虽然这听起来像是常识，但事实上使已经超负荷运转的后勤系统变得复杂，尤其是为战场上各种不同口径的火炮提供补给。

“黄蜂”火炮和6门150毫米“大黄蜂”火炮，以及指挥坦克和装甲观察坦克、装甲战斗车，不仅完全有能力跟上师里所有的装甲单位，而且也能提供更紧密的和更准确的火力支援。

“1944型装甲师”组织引入后的重组，造成某种程度的实力下降和一些变化。第一个炮兵营的士官人数从135人缩减到129人，其他军衔人员从413人缩减到365人。第2营虽然维持其12门LeFH18型榴弹炮，但已经改组为两个6门炮的建制连，从而造成更大的人员裁减：军官从17名减少到15名，士官从107名减少到89名，其他军衔人员从361名减少到267名。另一方面，1944年第3营只有其他军衔人员被裁减到344名。总的来说，装甲炮兵团是少数几个较少受到重组影响的单位之一，这从其车辆配发可以看出，卡车的数量从227辆减少至167辆，而半履带非战斗车辆则从31辆减至28辆。1944年11月没有进一步的重组。

反坦克战争

到1944年6月，与国防军战斗的敌人，他们投入战场的坦克和装甲车辆数量远远超过德国可能生产的数量。因此，正如已经指出，反坦克战争在德国陆军的防御任务中变得越来越重要。此外，在战争后期，国防军使用了一系列新的手持反坦克武器，这些武器在战场上逐渐产生了重大影响。

例如，反装甲投掷雷1型是1944年配发的1.35公斤手抛空心装药的地雷。它由一个带长尾梁的半球鼻形弹头和四片布料旋翼叶片组成。当它被抛出时，点火器启动，旋翼叶片像一把伞一样张开以保持地雷平衡。它的抛掷距离约为20米，被认为相当有效，能穿透80至100毫米装甲，但手持有些不安全。

相比之下，88毫米Raketenwerfer43反坦克火箭发射器或“洋娃娃”看起来像是一种小型火炮，一个后膛装填式炮管架在两个轮子上。其高爆反坦克火箭弹对运动目标的杀伤距离可达200米，对静止目标的杀伤距离可达350米，穿透160毫米。武器没有后坐力，也没有炮尾焰。它的制造成本很高，而且对于步兵来说携带不便。它重 149 公斤，被拆解成七个部分用于人工打包携带。

缴获美国的 2.36 英寸 M1 肩扛式火箭筒启发出新的设计，88 毫米的 RPzB43（Raketenpanzerbüchse43，字面意思为“火箭坦克步枪”，通俗来说就是“反坦克火箭筒”），也就是著名的“坦克杀手”或“烟囱”。这种电子打火的肩扛式武器长 1638 毫米，重 9.5 公斤，它使用与“洋娃娃”相同的 88 毫米口径弹头，但是采用一种重新设计的发动机，射程大约 150 米。“坦克杀手”反坦克火箭筒高度便携，成本低廉，并且可以快速大量生产。几乎完全相同的 RPzB54 型反坦克火箭筒在 1944 年开始生产，重达 11 公斤，因为增加了一个盾牌，以保护炮手免受炮口气体后泄。RPzB54 型在 RPzB54/1 型出现之前只有少量生产，而且随着重量减少到以前的 9.5 公斤，它能发射一种改进型火箭，射程大约 165 米。这是最常见的型号，生产了近 29 万枚（RPzB43 型无法发射新火箭弹，被重新配发给二线部队）。团属反坦克炮连被装甲歼击连取代，3 个排共装备“坦克杀手”最多达 54 辆，每个排 3 个班，共有 18 具发射器。一些连队保留了一个排，配备 3 门 75 毫米大炮。

“铁拳”反坦克火箭筒是德国最著名的新式反装甲武器，是真正的革命性武器。“Faust”实际上是一门单发无后坐力炮，在推进剂的作用下发射一枚带有尾翼稳定的锥形装药弹头。它由一根不到 100 厘米长、44 毫米口径的钢制炮管组成，炮口适用一枚超口径的聚能装药弹头。它可以通过夹在胳膊下或肩膀上来控制，由一个击发点火器实施发射，当炮手把一个可折叠瞄准器向上翻转到枪管上部时，击发点火器就暴露在摆动扳机下。炮手通过后面三个孔中的一个孔中向前方看过去，视线将凹状准星瞄准器与弹头上边缘和目标连成一线。一旦发射，不可重复装药的管子就废弃了。

1943 年 7 月，第一款反坦克火箭筒 Panzerfaust klein（“铁拳”全称，又名 Panzerfaust 1，或 Gretchen）配发，拥有直径 100 毫米的弹头，重 1.5 公斤，在 30 米距离能穿透 140 毫米的装甲。“铁拳 30”反坦克火箭筒紧随其后，总重 5.22 公斤，具有相同的射程，但是它和随后的型号使用了一名美国士兵正在检查一具缴获的88毫米Raketenwerfer43无后坐力反坦克火箭发射器，也就是著名的“洋娃娃”。这种武器可发射尾翼稳定式聚能装药的导弹，射程约350米，总共只生产了大约3000具。

一枚 3 公斤的 150 毫米弹头，能够以 30 度的碰撞角穿透 200 毫米装甲。这一型号和随后的型号都是根据它们的有效射程（以米为单位）来确定的，而且它们的推进剂装药量也在不断增加。1944 年夏天推出了 6.6 公斤的“铁拳 60”反坦克火箭筒，由于弹头相同但射程翻倍，它得到了最广泛的应用。1944 年 9 月，“铁拳 100”反坦克火箭筒出现，重量与 60 相同。当战争结束时，更先进的型号仍在研制中。

各种型号的“铁拳”反坦克火箭筒一共生产了 800 多万具。它们的射程较短，但仍是有效的武器，这主要是因为可用的绝对数量大。这种武器不需要专业的操作手，而是像手榴弹一样配发给个人。事实上，在战争的最后几个月，德国宣传了这样的事实：希特勒青年团的青少年、老的国民突击队本土卫兵，甚至家庭主妇经过训练都可以使用这种武器。步兵师内，每个步枪连和工兵连配发 36 具，每个反坦克连和其他连规模的单位配发 18 具，每个炮兵连配发 12 具。

虽然这些武器本身并不能阻止苏联和美国的装甲部队，但与其他反坦克武器和有效的战术理论相结合，确实使前进的盟军困难重重。德国反装甲理论要求包括后方分队在内的所有单位通过配置反坦克武器来为坦克防御做准备，覆盖盟军前进的可能通道，将有利于防御坦克的地形纳入防御计划，并提供原来只有侦察分队和步兵前哨才拥有的预警功能。地形被划分为防装甲地形，装甲战斗车辆不能通过；装甲风险地形，装甲战斗车辆难以通过；或者装甲易通行地形，装甲战斗车辆易于通过。这一决定是通过地图和地面侦察作出的。防装甲地形包括茂密的森林、沼泽地、深泥潭、大岩石和冲沟、陡坡、铁路路堤或路堑。

反坦克炮掩体构工合理，隐蔽良好，三三两两摆好阵势，纵深布置在整个团的防御区域。选定的单门反坦克炮可在最大射程处开始选择射击的目标坦克，但大多数目标保持控制在 300 至 150 米的射程内射击。近战小组袭击到达德军战斗阵地的坦克。一旦敌人的坦克进攻被击退，反坦克炮就转移到其他阵地。

德国人明白，大面积雷区铺设的巨大努力是徒劳的，因为它们很容易被突破。他们主要在沿路和阵地内设置小面积拖延式雷区，以摧毁敌方以

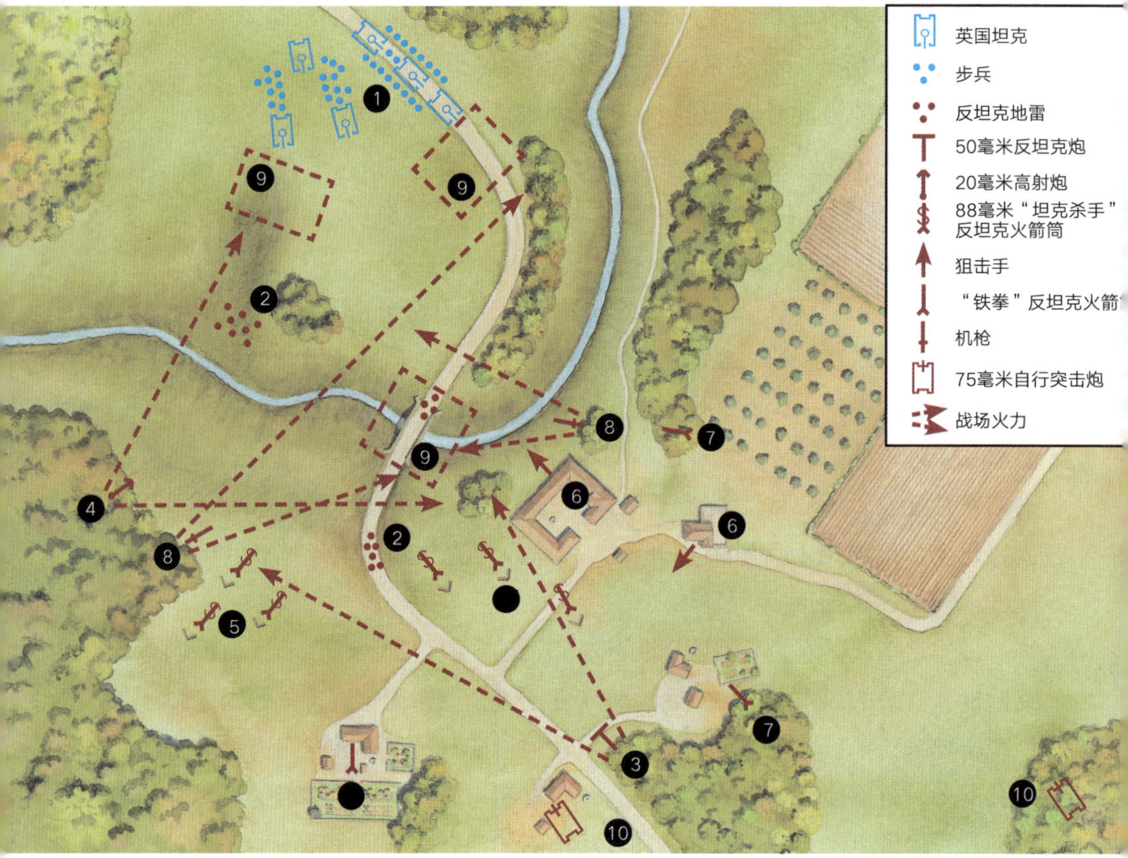

1944—1945 年，德军装甲战斗群处于掩护位置。这支小型装甲战斗群的任务是拖延（1）英国坦克从次要路线进入一个被防守的村庄。在阻塞点（2）设置了反坦克雷场，与反步兵地雷组成混合雷场。当时可用的几门反坦克炮通常是单独使用的，比如这门 50 毫米 PaK38 型反坦克炮（3），而不是组队使用；20 毫米高射炮被安置在侧翼（4），以帮助弥补反坦克炮的缺乏。一具 88 毫米 RP54 型“坦克杀手”反坦克火箭筒以一种典型模式占领阵地（5）。虽然该地区有农场建筑，但只安排了少数狙击手（6）占领。建筑物吸引了压制性的火力，使敌人能够迅速确定德军的位置。分散的几组（每组两人）配备了“铁拳”反坦克火箭筒（7）的掷弹兵隐蔽在坦克路线上，随时准备对付可能从他们身边溜过的坦克。随着许多掷弹兵部队的步枪兵人数下降，为了增加火力，他们增配了 MG34 和 MG42 通用机枪（8）。当敌人接近阵地时，主要战斗阵地的 80 毫米和 120 毫米迫击炮会向预先标定的阻击火网（9）开火。突击炮（10）可能被部署在后方，通常在掩体内，或者隐藏在建筑物内，以阻止敌人进一步前进。（Steve Noon © Osprey）

在西线，一名配备了“铁拳”反坦克火箭筒的武装党卫军士兵监视着盟军的飞机。“铁拳”反坦克火箭筒射程有限，约为 30 米，这意味着使用它需要很大的勇气，特别是如果敌人步兵在场。

猎杀为目的的突击坦克。在前线，不再精心构筑反坦克壕沟，因为它们可以为敌军步兵在发起进攻前提供掩护。他们现在转而在战斗阵地的前方构筑反坦克壕。装甲防御抵抗中心集中了各种武器，建在可疑的坦克接近路线上。

装甲猎兵小组由一名士官和至少三名在反坦克近战技术方面训练有素的人员组成，装备有“致盲、阻止和摧毁”坦克的武器。这些小组只是在没有反坦克炮作战或阵地被占领时，作为万不得已的最后手段使用。机枪和迫击炮集火于从坦克中逃离出来的敌军步兵。小型武器瞄准坦克的视觉端口，装甲猎兵小组在烟雾弹的掩护下行动。如果可能的话，他们会埋伏起来，等坦克接近到 20 米之内后再进攻。在部队装备“铁拳”反坦克火箭筒后，新火箭筒是首选的攻击方式，从多个方向发射，形成火力网。装甲猎兵小组会机动到坦克后面或侧面靠近攻击。近距离伏击通常设置在树林和建筑物密集的地区。掩护近距离攻击的步枪兵如果妨碍了攻击就会及时停火，但如果坦克乘员打开舱门以保护坦克，就要随时准备开火。一旦坦克被摧毁并被俘获，它的炮闩就会被拆除，坦克就会被点燃。

1943 年，德国人在苏联开发了前线装甲防御火炮战术。这是将反坦克炮部署在前方阵地后方的延伸，以便在敌方坦克突破后与之交战。当时的情况是坦克的战斗队形散乱，可能与其支援步兵分开，而且苏联坦克经常大量突破。其构想是让师属反坦克营（也使用军和集团军属反坦克营）在一名指挥官指挥下，部署 6 至 10 门或更多的 75 毫米火炮，隐蔽在掩体中，在有利的地形上封锁主要坦克路线。他们的牵引车隐藏在附近，随时准备重新部署或迅速撤走火炮。实际上，前线装甲防御火炮战术在近距离伏击坦克时，所有的火炮同时开火。火炮和火箭发射器支援前线装甲防御火炮，同时可用的预备队和装甲分队加入反击。

尽管反坦克单位的重要性日益增加，但在 1943—1944 年装甲师的重组中，反坦克单位的损失最大。1943 年 11 月，它仍然像年初一样，由三个自行式装甲猎兵连组成，总共装备 45 辆黄鼠狼 II 或 III 坦克歼击车，得到营部连下辖的轻型防空排 3 门 20 毫米自行式高射炮的支援。随着“1944 型装甲师”编制的引入，装甲猎兵营只剩下两个自行式装甲猎兵连，而第三个连恢复到原来的摩托化牵引炮连，结果是共计 31 辆自行式装甲猎兵装甲战斗车辆和 12 辆牵引式 75 毫米 PaK 型反坦克炮。与此同时，所有的反坦克炮都从师里的其他单位全部抽出，造成该师内 12 门反坦克炮编配的不平衡，总数从 24 门减少到 12 门，全部编入装甲猎兵营。由于新的战时编制表没有列出“坦克杀手”反坦克火箭筒的可用数（从 1944 年 11 月 1 日起，它们的数量回到了以前，总数从 1943 年 11 月的 174 具下降到 1944 年 11 月 1 日的实际数字 93 具），显然装甲部门损失

1944 年 3 月，一门 150 毫米榴弹炮在蒙特卡西诺开火，炮手手拉下可见的挂绳。这种大炮构成了德国陆军师火炮的重头。蒙特卡西诺周围地势较高的炮兵观察点使德军能够非常精准地向盟军开火。

了大量的反坦克能力，只能部分通过广泛应用的便携式“铁拳”反坦克火箭筒来弥补。1944 年 11 月，情况进一步恶化，因为不仅每个排都抽走一辆装甲猎兵坦克歼击车，而且营部也遭到大幅削减，不再有营部连，营部只剩下一辆装甲猎兵坦克歼击车，因此全营总共只有 21 门自行火炮。这样的改组并不能帮助一支为了生存而正在同重装甲部队的对手进行作战的军队。

托特组织

我们将在接下来的章节看到，第三帝国在最后的日子里，国防军越来越依赖各种平民和准军事支援部队来完成从工程到实际战斗的各种任务。

一个重要的组织可以追溯到战前，即托特组织，它与德国在西线的防御有着密不可分的关系。

1938年5月28日，希特勒命令，自1933年6月起担任德国公路主管的弗里茨·托特（Fritz Todt），负责沿着与荷兰、比利时、卢森堡和法国接壤的边境，修建一条由5000个混凝土碉堡组成的“西墙”。为了回应希特勒入侵捷克斯洛伐克的计划，法国可能组织反击。因此完工日期定在1938年10月1日，以便及时击退法国的反击。从1938年6月22日起，托特动员了1000家私营建筑公司，并将之组成22个旅级单位的建筑工程编队。在7月18日的一次演讲中，希特勒将他们命名为托特组织。

法国的进攻从未变成现实。截至11月下旬，共有34万名托特组织人员、9万名陆军工兵和300个帝国劳工团参与了“西墙”工事，在驻地威斯巴登的托特组织总部的协调下，有9000个铁路货运车皮，9.6万辆卡车和4100辆邮政巴士负责运送工人和材料（该项目使用了水泥行业年产量的51%）。工程一直持续到1940年6月法国投降。

1938年12月9日，托特被任命为建筑工业总监。1939年9月4日，他宣布托特组织将在战时作为堡垒建设组织发挥作用，雇用建筑公司，在军事战线上开展工程作业，由克萨韦尔·多施（Xaver Dorsch）担任行动指挥官。大约4万名托特组织的人员在波兰的道路建设部队和桥梁建设连服役，修复和升级在战斗中受损的通信设备。托特组织还利用从波兰犹太人委员会（Polish Jewish Council）招募的犹太人营，为德国占领军清理场地，并修建行政管理区和生活区。

1940年3月7日，托特被任命为军备部长，获得了更大的权力。在为期7周的西线战役中，西墙建筑工程组织被改造为前线机动单位，并被分配到野战军工程参谋部。A集团军群下属的8个单位共有1.35万名前线工人，在法国北部建造了324座桥梁，修复了3000公里的公路，雇用了1600名法国工人（每天3个德国马克）。在法国东部，C集团群下属的5个单位共有8650名前线工人，经常冒着炮火在马其诺防线上建造了157座桥梁，并替换了被撤退的法国部队毁坏的道路标识。

托特组织主要在被占领土内活动，负责前线后方的所有建设项目，从

1943 年 8 月起，也在战斗区域工作。成员被指定为“武装部队辅助队”，直到 1942 年 11 月他们被授予完全武装部队的地位。

1942 年 2 月 8 日，托特在一次飞行事故中神秘死亡，希特勒的心腹、建筑师阿尔贝特 · 施佩尔（Albert Speer）接替了托特。他让托特组织直接对希特勒负责，从而避免了被国家工会——德国劳工阵线接管。1943 年 8 月 19 日，为避免转入托特组织，军队建设部队作为建筑工兵转成工兵部队。但是施佩尔坚持野战陆军和陆军集团军的机构需要纳入一名托特组织的总工程师，通常是当地托特组织的军指挥官，来协调所有的建设项目。

托特组织架构非常灵活，1943 年，最大的单位是军级工程突击部队，在一名中将或者少将的领导下，控制着多个旅级工程管理部队，人数在 5000 至 15000 人之间，每个旅由一名上校或者中校负责，有时组成师级工程突击部队。一个旅级规模的工程管理部队包括团级工程管理部队，人数 3000 人，每个团由一名中校或者少校领导，下面有几个营级规模的建筑工地或者建筑工程营地，人数 1000 人左右，由一名候补军官负责，有时也组成工程区段。一个营级的建筑工地被划分为连级规模的分队，大概 150 人左右，在一名候补军官或者后来由高级士官负责，再下面分为由低

大西洋壁垒的一个海岸炮兵连，由托特组织的人员管理。德国的海岸火炮从小型的 37 毫米高射炮，到安装在混凝土炮台上巨大的 406 毫米火炮怪兽，射程超过 54 公里。

三名托特组织的士兵，穿着 1940—1944 年间配发的典型制服。从 1938 年 6 月起，托特组织人员经常穿便服，但 1939 年 9 月，开始给士官和列兵配发棕色制服，以表明他们的军事身份。(Simon McCouaig © Osprey)

级士官负责的排和分排。

托特组织包括德国志愿人员和被征召的人员，加上与托特组织签订合同的私营公司的平民工人。随着男性被征召武装部队，托特组织接受了年龄较大的新兵：1942 年 3 月，主要是 35 至 55 岁，1943 年年中开始，接收 43 至 58 岁，1944 年 4 月以后，接收 45 岁及以上。为了更好地弥补现有人力的不足，征召了境外日耳曼族群（主要来自罗马尼亚、南斯拉夫和匈牙利）、军事拘留营的犯人、轻罪平民和政治罪犯；从 1943 年中期开始，接受妇女志愿人员担任信号和秘书职务；从 1944 年 4 月起，开始接受部分犹太血统的男性。

外国人作为志愿者加入托特组织，通常是为了避免被驱逐到德国，在军队的受罚单位服役，或者，特别是对犹太人来说，避免在集中营里被囚禁和死亡。在托特组织合同下的公司雇员，从 1941 年的受强迫劳工，以及从 1943 年的一些盟军战俘，被转交并接受托特组织指挥。“日耳曼民族”——荷兰人、丹麦人、佛兰德人、瓦隆人、芬兰人、挪威人和日耳曼人得到了德国人的工资和工作条件。东欧人也被大量使用，俄罗斯人是最大的外国群体。1942 年 9 月，希特勒下令，诸如搬运水泥、开山破石等卑贱的工作应该由外国人来做。事实上，到 1944 年，托特组织中的大多数德国人都担任了监管职位。

托特组织的人数在 1944 年 11 月达到顶峰 136 万人，包括 4.45 万名德国人和 1.28 万名外国人员，0.4 万名德国妇女，另有 31.3 万名德国人和 68.07 万名外国人在签约公司工作，以及 16.5 万名战俘和 14 万名轻罪人员（包括犹太人）。它遍及战争中的每一个战场，建造防御工事、机场、道路和大西洋壁垒防御工事，铺设铁路，修理损坏的炸弹，并进行没完没了的工程和劳工项目。这支国防军的辅助力量经常在战争前线的阴影下工作，对提升国防军的进攻和防御能力作出了重大努力。

托特组织是整个德国人群体向外延伸的例子，许多外国人群体被动员起来为第三帝国服务。然而，无论国防军如何重组其部队和架构，或依赖临时人力资源，到 1944 年年底，德国人大势已去。希特勒开始了最后的撤退，进入了一个他自认为仍然胜利在望的幻想世界，然而他指挥的军队

1944 年，在安齐奥—内图诺，德国炮兵准备向盟军滩头阵地开火。火炮是从 1936 开始配发的 210 毫米 Mrs18 重型榴弹炮，它有优秀的双后坐力系统，使之能稳定射击，精确射程达到 16 公里。

正在节节败退。正如书末所示，事实却将证明，德国陆军仍然是与盟军战斗到底的顽固敌人，甚至战斗到柏林的街道。

注释

[1] 1942 年 12 月 8 日，第 5 装甲集团军正式建立，与意大利的第 1 集团军一起，隶属于非洲集团军群。但第 5 装甲集团军最终在盟军 1943 年 4 月 19 日发动的总攻中败下阵来，并于 1943 年 5 月 9 日在突尼斯正式投降，第一次成立的第 5 装甲集团军也在同年 6 月 30 日宣告解散。因此，这一次是第二次成立第 5 装甲集团军。

[2] 指加挂边三轮的摩托车。

[3] “土是要被移走的”可能难以理解。通常情况下，挖出的土会被拍打在四周并以草皮伪装，但文中似乎没有此意，而是指多余的土应该移到远离单兵掩体甚至堑壕，避免被对方地面部队所目视侦察和发现。

[4] 德文 Jagdpanzer，直译为“驱逐坦克”，文中多处提到的装甲猎兵（Panzerjäger）则可能有两种含义，要么是专指打击对方装甲车辆的一种加装履带的坦克歼击车，要么则是指反坦克部队。

第三帝国更多的志愿者，一名拉脱维亚的党卫军士兵正在接受狙击训练。战争期间专门成立了两个拉脱维亚师：武装党卫军第 15 掷弹兵师（拉脱维亚第 1 师）和武装党卫军第 19 掷弹兵师（拉脱维亚第 2 师）。

第五章 最后的战败：撤回本土（1943—1945）

二战最后两年的战争给欧洲带来了难以想象的创伤。随着第三帝国的崩溃，德国国防军面临着几年前无法想象的局面——在德国本土作战。特别是在东线，德军竭力阻止复仇心重的苏联军队向其城镇进攻，战斗异常激烈。然而，此时，由于同样强大的盟军从西面向德国逼近，德军陷入了两线作战不能自拔，战争只能以失败告终。

希特勒的军队在这一时期从崩溃走向毁灭、失败，到 1944 年年末和 1945 年，国防军已不再像 1939 年或 1940 年。由于伤亡人数的增加和对替补部队需求的增速，德国步兵部队的质量随着战争的进行而不断下降。从 1943 年起，越来越多的步兵招募自德国本土的周边地区，即所谓的德意志裔，或者德意志种族的人。许多高级指挥官对这些部队的作战质量感到担忧，因为即使是在德国境内组建的部队中，也有越来越多的阿尔萨斯人、波兰人和其他少数民族，他们可能并不热衷于为第三帝国而死。

在这些问题方面，德国装甲部队并没有受到同等程度的影响，但他们自己也面临着机动性方面的挑战，因为燃料日益短缺，最后由于无法进入罗马尼亚和匈牙利的油田而雪上加霜。这也导致训练的减少，并对装甲部队的质量产生越来越严重的影响。尽管德国军队总体上仍优于苏联军队，但德国在苏德冲突初期所享有的巨大质量优势已经受到严重侵蚀。

德国坦克的产量在 1943 年和 1944 年有了显著的增长，但仍然落后于苏联的工业产量。尽管 1943 年阿尔贝特·施佩尔进行了改革，德国的军工工业仍然是其主要弱点之一。德国在二战前的重工业产出上无疑超过了苏联，1939 年和 1940 年的胜利使欧洲的工业能力纳入德国的控制之下，1941 年的入侵使苏联丧失了许多工业潜力。尽管如此，德国仍未能跟上苏联的步伐，部分原因是盟军轰炸的影响，但也因为大多数领导人没有充分认识到经济在现代工业化战争中的重要性。德国直到很晚才动员工业全面生产战争物资。一战中人力消耗巨大，但二战物资消耗更甚，这是德国

1944—1945 年冬天的德国攻势行动中，德军的一辆五号豹式坦克穿越阿登森林。此役约 400 辆豹式参与进攻行动，但不是所有豹式都在作战，到 1 月 15 日，只有 98 辆还在战斗，总共将近 200 辆坦克失踪。

1943—1944 年东线步兵。图中所示的大衣、雪地迷彩服、加衬垫的双面可穿迷彩服都是 M1942 式制服。左侧少尉还携带 3 公斤的反坦克攻击炸药。（Stephen Andrew © Osprey）

人无法应付的挑战。一旦美国这个工业强国加入这场冲突，随着战争接近最后阶段，这个重大的战略性错误就变得极其明显。

然而，德国军队固执己见，直到柏林的最后一声枪响，仍在给盟军造成数千人的伤亡。他们也能制造一些意外之事，正如在 1944—1945 年冬天阿登地区所证明的那样。因此，德国陆军溃败的故事，就是夹杂着一连串小胜利的一场大规模全面失败。

东线

1943 年 2 月 2 日，斯大林格勒驻军的投降，标志着转折点的到来。1941 年 6—12 月，1942 年 6—11 月的高加索地区，德国的集团军群推进到苏联，采用闪电战战术，使用装甲师和德国空军的轰炸机，穿透苏联防线，攻击苏军指挥中心。步兵师和装甲师摧毁由于“决定性行动”的穿插包围而形成的口袋。这种双轨战略需要享有战术独立和机动空间的机动部队，必须个人装具全面、武装装备精良、后勤保障有力；但是到了 1943 年 2 月，所有这些优势都丧失了。此后，德军各师守着固定的阵地，他们逐渐被在武器和人力上占压倒性优势的苏军所驱逐。

德军在 1941—1942 年的推进，付出了惨重的代价。到 1943 年 2 月，300 万人的军队已经减少到 230 万人。希特勒坚持重新组建被摧毁的部队，发展新型师，建立武装党卫军和德国空军部队，但所有这些都会占用大量资源。其结果是作战师的实际数字增加了，但潜在的前线部队被转为支援单位，以完成师的组织编制表，导致现有的师实力严重下降，但仍期望能完成他们原来的任务。名义上 3000 人的团，往往以不到 30% 的兵力作战；下级军官的大量损失，意味着由上尉指挥的连队通常由经验不足的中尉或者少尉，有时甚至是由一名上士或者中士指挥。然而，上士或者中士在连长岗位只待几天就死亡或者因伤离职。坦克的损失同样巨大，装甲战斗车辆的产量很容易就被苏联巨大的工业能力超过。正如我们看到，德国装甲部队现在经常被部署用作步兵支援，模仿早期波兰、法国和英国军队的灾难性战术，反而给苏联红军主动采用闪电战战术的机会。不断配发

德国陆军部队在一个陌生地点布置了一个防御堑壕网，等待敌人的必然进攻。注意堑壕的Z字形结构，可以防止敌人沿着一条长而直的战壕向己方开火，同时也有助于减少遭受敌人炮火袭击的伤亡。

1943 年库尔斯克会战中的装甲部队。到战争的这个时候，苏联的反坦克武器和反坦克战术都得到极大的改善。反坦克武器方面包括 76.2 毫米 ZiS3 反坦克炮，由于炮弹速度高，德国人对其戏称“陨石坠地”，从射击到击中之间几乎没有明显的间隔。

的自动武器的使单个单位拥有更强的火力，但是这并不足以弥补人力和重型武器的短缺。

正如我们在本书开头时看到，一个德国师传统上从一个特定的军事区招募人员，培养出一种基于地域特征的密切关系，使其具有极大的凝聚力和高昂的士气。到 1943 年，这种征兵体制因为不断增加的兵员损失而破裂了，新兵被调整到最需要的部队，破坏了部队凝聚力的关键因素。由于纳粹日益尖锐地宣传“保卫德国文明不受布尔什维克游牧民族的侵略”的最高需要，以及对苏联红军最终报复的恐惧，而这种报复源自红军当初对德国针对苏联平民暴行的广泛隐忍，这种宣传和恐惧在一定程度上强化了战斗精神。然而，这种绝望的境地很难回到 1939—1941 年期间高昂的士气，开小差和违纪事件与日俱增。随着东线战事不断地向德国腹地推移，兵力不足的师带着个人英雄主义，作战勇猛，但到 1945 年春季，随着战

1943 年夏天，在东线的一名坦克乘员（左）和两名步兵。中间的燧发枪手除了扛着“铁拳”反坦克火箭筒外，还有不受欢迎的瓦尔特 7.92 毫米 Gew41W 半自动步枪。请注意坦克兵的 M1942 式装甲夹克，没有粉红色的领口配边，但有 M1934 式粉红色边的骷髅领章和肩带。（Stephen Andrew © Osprey）

争的失败无可挽回，越来越多的部队为了向西方盟国投降而试图撤退到西部前线，从而期望能够在囚禁中得到合理待遇。这就是一支军队瓦解的总体情况。

堡垒行动

纵观斯大林格勒战役失败后东线的发展，我们可以看到德国的瓦解，其原因既有苏联的优势，也有德国的弱点。在斯大林格勒战役溃败之后，曼斯泰因于 2 月 15 日发起的反攻取得了完全出乎意料的结果，收复了包括哈尔科夫在内的大部分失地，并迫使苏联撤退到北顿涅茨河。春天的冰雪消融使战争迎来了短暂的平静。

苏联的撤退形成了一个巨大的突出部，集中在库尔斯克城镇，希特勒 1943 年夏天的计划是摧毁保卫库尔斯克的两个苏联方面军（中央方面军和沃罗涅日方面军）。他渴望尽可能多的新型虎式重型坦克和豹式中型坦克，以及斐迪南象式自行反坦克炮用于进攻，代号“堡垒行动”，这导致他的计划推迟了好几次，最终定于 7 月 5 日。希特勒对战争计划的干涉现在已成为德国国防军的一个核心问题，5 月 4 日在慕尼黑开会时，受命执行该计划的将军们对“堡垒行动”的反应褒贬不一。莫德尔质疑可分配资源的充足性，而克鲁格和曼斯泰因希望计划能在 7 月之前执行，那时苏联红军的实力还没有进一步增强。古德里安现在是机动部队总监，他完全反对在东部发动任何进攻。北非轴心国部队离投降只有 9 天了；英美联军进军欧洲是不可避免的，而且可能迫在眉睫。古德里安想节省坦克，而不是把它们浪费在大草原上。希特勒对所有人都不满意。莫德尔只得到了他想要的部分额外资源，同时克鲁格和曼斯泰因没有得到授权迅速采取行动，因为希特勒一直要等到更多坦克列装。古德里安将于 7 月 12 日在普罗霍洛夫卡看到他想要得到的大部分坦克被摧毁。此外，苏联增援了中央方面军和沃罗涅日方面军的防区，在近 560 公里的战线上部署了 127.27 万人、3306 辆坦克和突击炮、1.93 万门大炮和迫击炮，还有 920 门著名的被苏联红军称为“喀秋莎”、被德国人称为“斯大林的管风琴”的多管火箭炮。在他们后面的预备部队是草原方面军，有 40 万人和另一支坦克部队。这大大超过了中央集团军群和南方集团军群的 90 万人、2700 辆坦克和 1 万门大炮。

7 月 5 日上午 5 时 30 分，主攻开始，由 3 个装甲师开路，5 个步兵师提供支援。当天莫德尔的部队在 32 公里的防线正面前进了约 10 公里；但罗科索夫斯基的部队仅仅退回到第二防御地带。德军几乎没有取得更多的阵地，但在人员和坦克方面遭受了重大损失，两天之内就止步不前。

南方集团军群最初的遭遇也好不到哪里去。夜间和第二天大部分时间的大雨使河流和小溪难以架桥渡河，减缓了坦克和步兵的速度。然而，第 48 装甲军和党卫军第 2 装甲军突破了苏联的第一道防线，到第二天夜幕降临时，他们前进了大约 11 公里。

7 月 12 日，在这场战争中规模最大的坦克大战中，苏联近卫坦克第 5 集团军（Soviet 5th Guards Tank Army）下辖的 850 辆坦克和自行火炮，在普罗霍洛夫卡村附近与党卫军第 2 装甲军的约 600 辆装甲战斗车爆发了战争中最大的坦克会战。双方都损失惨重，但德国人撤退了，从此以后在总体上苏联坦克占了上风。

库尔斯克会战恶化为一场无法控制的消耗战，最终德军不得不中断战斗，到 8 月底，德军再次撤退。国防军的人力净损失为 44.8 万人，几乎是斯大林格勒战役损失 22.6 万人的两倍。库尔斯克会战实际上比斯大林格勒战役更具决定性。这是苏联红军第一次大规模的夏季攻势，也是德军最后一次。斯大林格勒战役后，曼斯泰因发动了一次成功的大规模反攻；在库尔斯克会战之后，没有哪一位德国将军能做到这一点。从现在起，苏联红军在人员、坦克、大炮和飞机上都具有压倒性优势，他们从一条河突进到另一条河，从第聂伯河冲到维斯图拉河，从奥德河冲到易北河，去与英国人和美国人会师。

苏联的第一次“突进”是在第聂伯河。中央方面军、沃罗涅日方面军和草原方面军投入了大量资源，向只有 37 个步兵师和 17 个装甲掷弹兵师的南方集团军群发起进攻。南方集团军群的所有部队的兵力都严重不足，装甲师和装甲掷弹兵师只有 257 辆坦克和 220 门突击炮，每个师平均只有 15 辆坦克和 13 门突击炮。11 月初苏联进攻并占领了基辅，尽管遭遇局部

1943 年，武装党卫军帝国师的一名士兵在库尔斯克作战，装备一支 MP40 冲锋枪。枪口下的突起是为钩住装甲车辆孔的边缘，以提供更稳定的射击。

这三名步兵在 1945 年柏林战役中使用的武器种类，反映了战争后期武器的短缺和配发问题。中间的士兵装备有“铁拳”反坦克火箭筒，而左边的人手持一枚 PWM 反坦克手榴弹。右边的装甲掷弹兵手持一把缴获的苏联 7.62 毫米 PPS43 冲锋枪。（Stephen Andrew © Osprey）

挫折，但苏联的推进仍在继续，直到 11 月 26 日，秋雨和泥泞使双方暂时陷入胶着。

巴格拉季昂行动

尽管德军勇猛的局部进攻取得了短暂而艰难的进展，但德军控制第聂伯河的战斗是徒劳的。12 月下旬的一次苏军进攻包括 188 个师、19 个军、13 个旅，240.61 万人分布在 5 条战线，这个兵力已经接近国防军东线的总兵力（195 个师、285 万人）。在坦克和火炮方面，他们的数量是德军的三倍之多，而且在 1300 多公里广阔的前线正面展开攻击，标志着日益增长的优势。

苏联在南方的推进持续了 116 天。从 1943 年 12 月开始到 1944 年 4 月 17 日推进结束时，前线已向西推移了 480 公里。尽管从西欧调来了 34 个德国师，苏联红军还是到达了喀尔巴阡山东部，并通过越境进入罗马尼亚从而把战争带进了敌方领土。1 月 14 日，南方的推进达到了一次高潮，苏联又发动了一次进攻，这次是对北方集团军群。这场战争一直持续到 3 月 1 日，终结了列宁格勒的包围，迫使德军在 595 公里长的战线上后退 280 公里，这也是自 1941 年以来苏联军队首次进入爱沙尼亚。尽管如此，德国人的防守技术仍然可圈可点，给对手造成了 76686 人的伤亡。

中央集团军群留下来控制一个突出部，苏联人把它命名为“白俄罗斯阳台”。是年 2 月，苏联总参谋部开始计划消灭它和尽可能多的德国守军。代号为“巴格拉季昂行动”（Operation Bagration）的苏联计划，将成为中央集团军群的葬礼。6 月 19 日，苏联游击队在白俄罗斯开始了为期 7 天的扫荡，攻击中央集团军群的通信和补给线。他们炸毁了近 1100 座铁路和公路桥梁，致使许多火车出轨，摧毁或损坏了数千辆铁路机车和铁路货车。6 月 21 日，苏联红军的空军轰炸机也参与了摧毁行动。23 日，步兵从 3.1 万门大炮形成的滚动屏障墙后向前推进，几乎是车轮挨着车轮地排列着，前线平均每英里就有 270 门大炮或“喀秋莎”火箭炮。

面对苏联的 168 个师、12 个坦克军和 20 个旅，中央集团军群只有 2 个装甲军和 36 个步兵师，其艰难可想而知。希特勒的做法更是火上浇油，

1943 年的库尔斯克会战中，武装党卫军的步兵们和虎式坦克乘员暂停休整。国防军和武装党卫军在库尔斯克出动了近 3000 辆装甲战斗车。

他下令把许多城镇变成堡垒，像防波堤一样抵御苏联的进攻浪潮。但是进攻的浪潮仅仅只是绕过了他们，而希特勒所做的一切只是让潜在的机动部队保持静止。这方面的一个例子是第 3 装甲集团军。这是一支有名无实的部队，没有坦克，只有一个旅的突击炮和一个营的“大黄蜂”88 毫米坦克歼击车，加上 11 个步兵师。这还不足以对付来自波罗的海沿岸第 1 方面军的 1 个坦克军和 24 个步兵师，以及来自白俄罗斯第 3 方面军的另一个坦克军和 11 个步兵师。然而希特勒命令 4 个师进驻维特伯斯克。

苏联的主宰性力量势如破竹。6 月 27 日红军占领维特伯斯克、6 月 28 日占领莫吉廖夫、6 月 29 日占领博布鲁伊斯克、7 月 4 日占领明斯克，造成 30 万人伤亡，几乎消灭了这一集团军群。到 7 月中旬，红军已清除白俄罗斯，挺进立陶宛东部，7 月 12 日占领维尔纳，30 日占领考纳斯。他们继续跃进波兰东部，于 7 月底占领了布列斯特—利托夫斯克、比亚韦

在两名装甲掷弹兵的护卫下，中间第 454 保安师的少将身穿 1939 年以来几乎没有改变的将军制服，包括 M1935 式军官军服和 M1935 式灰色长裤，上面有将军制服的滚边和条纹。(Stephen Andrew © Osprey)

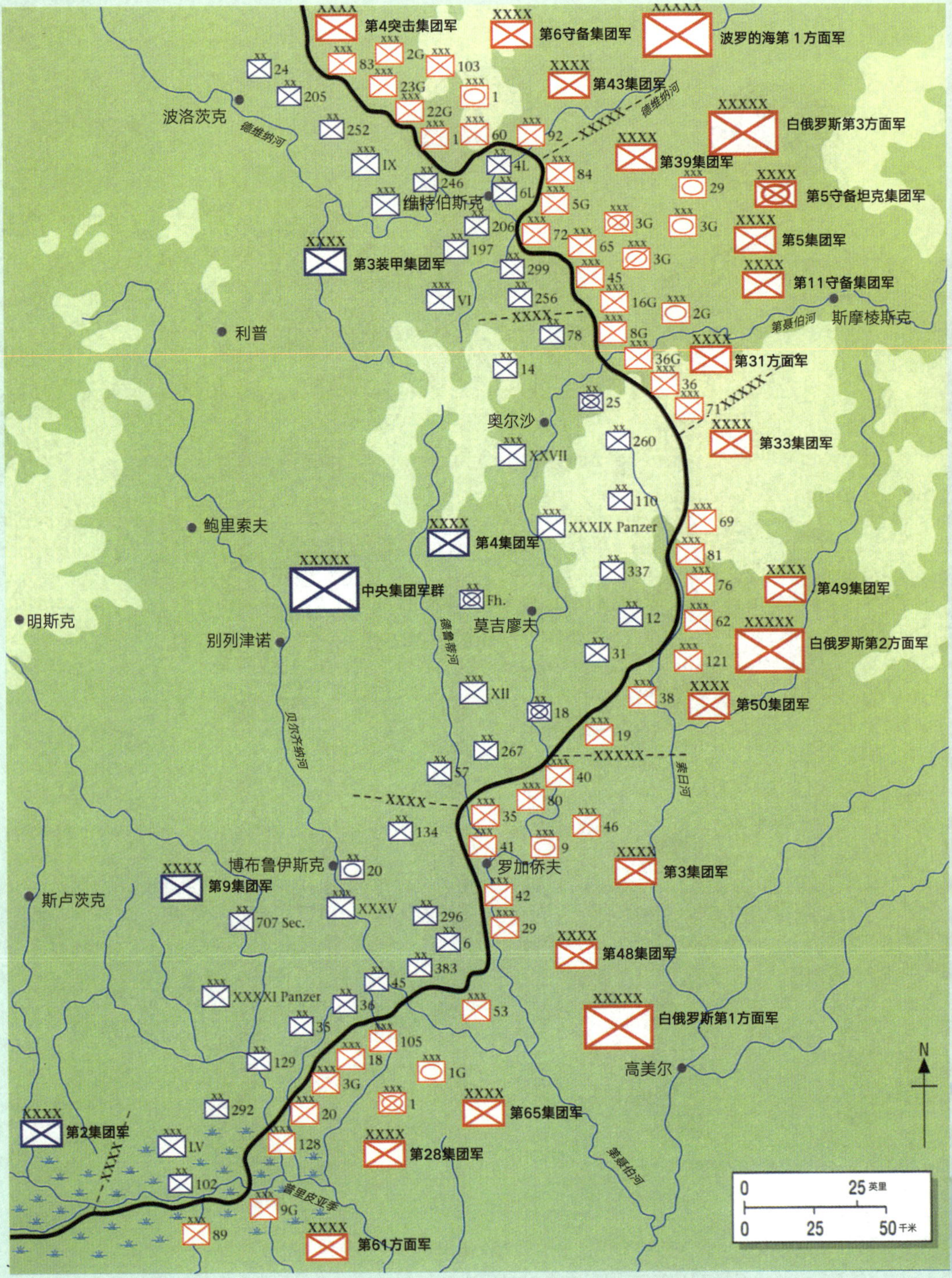

1944年6月23日，“巴格拉季昂行动”中的两军态势图（左为德军，右为苏军）。

斯托克和华沙东部。随后，苏联军队在维斯瓦河上停下来，时值德国镇压华沙起义（1944 年 8 月 1 日—10 月 2 日）。1944 年 8 月，莱因哈特上将接管了支离破碎的中央集团军群的指挥权。

东线溃败

8 月 29 日“巴格拉季昂行动”完成后的间歇期非常短暂。随着英美联军部队逼近德国西部边境，在意大利境内向前推进，并于 6 月 15 日在法国南部登陆，德国此时同时在四条战线作战。7 月 31 日，当波罗的海沿岸第 1 方面军到达里加湾时，北方集团军群一度被孤立，但在希特勒解雇了其指挥官后，继任者费迪南德·舍尔纳（Ferdinand Schörner）发动了反攻，到 8 月 21 日，这一反攻重新打开了与中央集团军群的走廊。然而，它只有 19 公里宽，苏联把关闭它作为孤立和摧毁北方集团军群的重中之重。来自波罗的海舰队和五个方面军的部队参加了行动。他们拥有 156 个师和 11 个旅共计 154.64 万人，人数比北方集团军多三倍，武器方面更甚。

进攻于 9 月 14 日开始，距离“巴格拉季昂行动”结束仅有 16 天。在最初的 3 天里，波罗的海沿岸第 1 方面军向前推进了 48 公里，距离里加不到 26 公里，但是德国强大的防御使得来自波罗的海沿岸第 2 和第 3 方面军的部队行动十分困难，进展缓慢。然而，列宁格勒方面军的部队于 9 月 17 日加入战斗，于 22 日占领了塔林，然后向南转入第 16 和第 18 集团军的侧翼，这两支部队正准备从纳尔瓦撤退到里加以北的阵地。同样在 22 日，来自波罗的海沿岸第 2 和第 3 方面军的士兵取得突破，到 27 日，他们已经到达里加东北方向，与锡古尔达防线的北部防区形成对峙。锡古尔达防线是里加外围的一个半圆形防线，距里加约 40 至 48 公里。驻守这条战线的 31 个德国师击退试图突破的敌人，因此两个方面军重新集结，准备发起一场精心策划的进攻。波罗的海沿岸第 1 方面军的部队试图从南方突破的尝试也失败了，苏联最高统帅部命令他们转而向梅梅尔进发。他们于 10 月 5 日出发，5 天后到达了梅梅尔以北的帕兰加海岸。

梅梅尔直到 1945 年 1 月才陷落，但到 10 月底，来自波罗的海沿岸第 1 方面军的部队已将库尔兰半岛北方集团军群的大部分孤立起来。波罗的海沿岸第 3 方面军也到达了梅梅尔以南的海岸，并在东普鲁士，离其首都哥尼斯堡只有 100 公里。列宁格勒方面军和波罗的海沿岸第 3 方面军把德国人赶出了爱沙尼亚，除白俄罗斯第 3 方面军外，其余 5 个方面军都在 10 月初前沿着锡古尔达防线行进。

尽管舍尔纳受命“坚守阵地”，但他很快意识到，如果北方集团军不撤退到东普鲁士，就会被切断。9 月初，他寻求希特勒允许他这样做，但当希特勒在 9 月中旬批准时，红军已经使这成为不可能。

在 1944 年 9 月以后的所有战役中，由于缺乏燃料，德军的机动性非常低。普罗斯特油田的损失，以及英美联军对用煤炭生产石油的氢化工厂发动的空袭，使得德国 9 月的汽油产量仅为 4 月水平的 8%。1941 年，国防军的机动性比红军更强，但到了 1944 年，情况发生了逆转。拥有本土石油供应和美国制造的卡车车队的红军，可以在机动性和补给方面比德国陆军更快，而且安全能够得到保障，因为燃料短缺让德国空军的大部分人

在陌生森林区域的一处 MG42 通用机枪掩体。MG42 机枪的射速高达 1200 发 / 分，耗弹量惊人。因此，枪管需要每隔几百发就更换一次。

员都留在了地面上。

与波罗的海行动的同时（9 月 14 日—11 月 24 日），苏联在喀尔巴阡山东部（9 月 8 日—10 月 28 日）、南斯拉夫（9 月 28 日—10 月 20 日）和匈牙利（1944 年 10 月 29 日—1945 年 2 月 13 日）发动攻势。1944 年 9—10 月同时发动进攻的部队有 295 个师和 26 个旅，超过了德国全部的西线和东线部队，德国师名义上是 276 个师，但许多师名不符实。

匈牙利是下一个遭受苏联重击的德国盟友。其统治者霍尔蒂（Horthy）海军上将于 10 月 1 日派出密使到莫斯科寻求停战，但德国人得知此事后，占领了匈牙利所有的主要通信中心。10 月 15 日，霍尔蒂广播称匈牙利战争已经结束，但德国支持的政变却建立了亲纳粹政府。它命令军队继续战斗，但是和其他地方一样，匈牙利为注定要失败的事业而牺牲的热情正在消退，大规模的逃兵开始了。

继续战斗的唯一原因是得知苏联军队在被占领土上的行径。对即将发生事情的恐惧促使轴心国部队在东线拼命战斗，而在西线这样做的意愿却开始消失。古德里安甚至提议在继续与苏联作战的同时，与英美联军达成和平，但希特勒拒绝考虑。相反，他的反击是试图重现 1940 年在阿登高地的决定性突破，同时要求挨家挨户保卫布达佩斯，并在多瑙河以西的匈牙利巴拉顿湖地区发动进攻。

1945 年初，德国的东线部队由北至南由 5 个集团军群组成：

北方集团军群（第 16 和第 18 集团军）——被围困在库尔兰。

中央集团军群（第 3 装甲集团军，第 4 和第 2 集团军）——驻防东普鲁士和波兰北部。

A 集团军群（第 9 集团军和第 4 装甲集团军，第 7 集团军和第 1 装甲集团军）——驻防波兰南部到喀尔巴阡山北部。

南方集团军群（德国第 6、第 8 集团军，匈牙利第 1、2、3 集团军）——驻防匈牙利。

F 集团军群（第 2 装甲集团军）——驻防匈牙利和南斯拉夫。

武装党卫军第 1 装甲掷弹兵团的士兵在阿登进攻中休整。他们使用缴获的美国给养和香烟，右边的士兵还将美国 M1 卡宾枪据为己有。（James R. Arnold © Osprey）

1 月 26 日，北方集团军群更名为库尔兰集团军群，中央集团军群更名为北方集团军群，A 集团军群更名为中央集团军群。

苏联对更名后的中央集团军群（由莱因哈特指挥）和北方集团军群（由舍尔纳指挥）的最大攻势，将为最终进军柏林奠定基础。它从维斯瓦河上的三个桥头堡发起进攻，目的是向奥德河推进，并占领其对面离柏林只有 100 公里的桥头堡。在 1 月 13 日发动的两次进攻中，东普鲁士的规模要大得多，共有 157 个师和 10 个旅的 167 万人参与。然而，北方集团军群比中央集团军群的抵抗更为坚决；德军在 103 天的行动中撤退的速度平均每天只有 2 公里左右，他们在该地区给苏军造成了 12.6464 万人的伤亡。然而，撤退是持续不断的，到 2 月初，苏联人已经到达奥德河了。

身着迷彩服的党卫军士兵注视着一辆半履带车牵引着一门 PaK40 型反坦克炮驶过。SdKfz251 型半履带式车生产了各种改型，但基本的装甲运兵车型号能运送 12 名士兵。

武装党卫军士兵在挨家挨户的战斗中小心前进。在撤退到德意志帝国的过程中，德国军队将城市作战技能提高到先进水平，在街道上覆盖相互交错的火力，并在使用饵雷方面展示出独创性。

1945年，军队在大德意志帝国的废墟中撤退。注意，到这个时候绝大多数人仍然拥有防毒面具容器，这时的金属桶更常用于存放个人物品，而非放防毒面具。

在对维斯瓦河—奥德河的攻势中，苏联的一个新对手是新近成立的维斯瓦河集团军群，由各单位拼凑而成的杂牌军性质的第2、第9集团军，以及缺乏大部分必备军需品的第11集团军组成。他们的指挥官不是职业军人（希特勒越来越不信任他们的撤军建议，或者甚至是投降），而是海因里希·希姆莱。维斯瓦河集团军群被部署至中央集团军群北面，这两个集团军群负责掩护德国的东部通道，同时匈牙利境内的南方集团军群、意大利境内的部队和E集团军群（从希腊撤退到南斯拉夫）负责南面和东南面。希特勒和希姆莱此时是如此脱离现实，以至于期望维斯瓦河集团军群发动反攻，从而决定对德国有利的整个战局。

反攻于2月16日发起，迫使白俄罗斯第1方面军后退了大约11公里，这本身就很不容易，但是到20日它被迫停止，当初推进的6个师于3月1日遭到6个集团军的反击。一些部队坚持到战争结束，但另一些部队则仓皇而逃，因为一个有组织的实体维斯瓦河集团军群已不复存在。3月20日，职业军人戈特哈德·海因里希（Gotthard Heinrici）上将接替希姆莱，但他能指挥的部队已所剩无几。格丁尼亚于3月28日被攻陷，但泽于3月30日陷落。苏联声称俘虏囚犯9.1万人；这次行动消除了白俄罗斯第1方面军计划进攻柏林时侧翼受到攻击的任何风险，并解困10多个集团军。

希特勒对战略现实的把握已不复存在。当来自白俄罗斯第1方面军和乌克兰第1方面军的士兵聚集在一起准备向柏林发起最后冲锋时，他下令在匈牙利发动进攻，目的是夺回布达佩斯，保卫匈牙利和奥地利的小型产油区。武装党卫军第6集团军作为先锋部队，从巴拉顿湖东面发起攻击，而第6集团军和一支匈牙

德军在萨尔河上的防御阵地，以一门轻型加农炮为中心，一名士兵监视着从西面而来的盟军部队。战壕里的泥土堆积起来放在阵地前方，以提供额外的保护，免受轻武器和炮弹碎片的伤害。

利部队在它的左翼向南推进，第 2 装甲集团军在巴拉顿湖和德拉瓦河之间向正东面发起攻击，E 集团军群攻击保加利亚第 1 集团军和南斯拉夫第 3 集团军，而这两个集团军正保护着乌克兰第 3 方面军的左翼。

西线

正如我们所见，希特勒对进攻性力量的信念甚至在战争的最后几天也没有减弱。在西线，就像东线一样，这种观点最终将导致数以万计的德国军队无谓的灾难。尽管如此，这些局部进攻仍然体现了 1939—1942 年德军取得重大胜利的许多因素。阿登战役就是一个很好的例子。

阿登战役时期的燃料供应

在阿登战役中，燃料问题一直贯穿始终。在战役开始时，各师携带的燃料足够他们在正常情况下行进 100 公里。但在进攻发起前几天从集结区向前线机动的过程中，各师发现，因地形和司机缺乏经验，导致了高油耗，仅用剩余的燃料只能机动 50 至 60 公里。1944 年 12 月 16 日上午，又补充了 100 公里行程的油料补给。虽然已经为这次进攻储备了大量燃料，但距离前线仍然很远，很难继续向前机动。使用豹式和虎王等坦克使燃料情况更加恶化，它们通过公路机动，每 100 公里分别消耗 350 升和 500 升燃料。相比之下，四号坦克只消耗 200 至 210 升的燃料，占豹式或虎王坦克燃料消耗的 40% 到 60%。

从突出部到雷马根

早在 1944 年 9 月 16 日，希特勒就决定在西面发动反攻，以夺取战略主动权，并决定性地改变战争的进程。尽管战场形势不利，希特勒还是希望通过阿登高地发起突袭，夺取重要港口安特卫普。然而，德国人深知盟军的空中优势阻碍了他们的机动性，因此决定只在预计有长时间恶劣天气期间才发动攻击，这段时间将使强大的盟军战术空军停飞。

在10月和11月期间，德国人疯狂地为进攻做准备，当时计划在12月中旬开始，同时用复杂的欺骗手段掩盖他们的活动。这些准备工作包括重建7个被打散的装甲师，这些师被确定为这次行动的先头部队，还包括加强德国步兵的力量，扩编12个国民掷弹兵师，通过新近从海军新兵、空军地勤人员和康复人员抽组动员来组建。

德军指定莫德尔B集团军群的3个集团军负责此次攻势行动，其中党卫军总指挥约瑟夫·迪特里希（Joseph Dietrich）指挥的第6装甲集团军和哈索·冯·曼陀菲尔（Hassovon Manteuffel）指挥的第5装甲集团军分别在北面和南面一马当先，弱小的第7集团军仅仅只是保护南部侧翼安全。除了预备队以外，这支部队包括8个机械化师和14个步兵师，装备950辆装甲战斗车辆。

德军的预定作战区域是阿登高地的丘陵地带，植被茂密，一条河流一分为二，由于这一地区显然不适合装甲作战，美军仅部署4个师用于防御。因此，尽管阿登高地的地形并不适合，但它为德军进攻提供了局部获胜的机会。然而，希特勒把赌注押在了一场雄心勃勃的战略胜利上，他试图占领153公里外的安特卫普，切断英国人蒙哥马利对部署在其南部的美国军队的指挥。

尽管德国做了疯狂的准备，但相对于德国集结的有限兵力和西方盟国可调动的巨大资源，此次进攻的目标更显示出德军心有余而力不足。事实上，许多德国指挥官认为他们的军队太弱了，无法占领安特卫普，但希特勒依然我行我素。德国计划的最大缺陷是，他们的后勤基础仍然完全不足以支持如此大规模进攻。德国军队仍然缺乏燃料，一些指挥官计划利用缴获的盟军燃料储备来维持进攻。与高级指挥官们的专业建议相反，希特勒坚持认为，西部陆军冒着以消耗最后宝贵的装甲预备队为代价的风险，向盟军的弱点发起几乎不可持续的突然打击，从而取得胜利。希特勒没有考虑到如果赌博失败将会产生什么样的后果。

1944年12月16日黎明前，第6装甲集团军的国民掷弹兵突破了盟军的防御，先于党卫军第1装甲军向西进攻列日以南的默兹桥。党卫军一

级突击队大队长约阿希姆·派普（Joachim Peiper）指挥的装甲战斗群混编四号坦克和豹式坦克，外加 30 辆动作迟缓的虎王坦克全拼命追赶，在该军的部队中担任先锋。派普的任务是利用任何可能的成功，在盟军作出反应之前飞速向安特卫普推进。考虑到派普的任务和地形，他的虎王坦克在进攻中只起到很小的作用，这与大众普遍的看法相反，人们认为这次行动是由这些庞然大物主导的。

12 月 18—19 日，派普的部队在斯图蒙受阻，因为美国人摧毁了该地区仅有的几座桥梁，而侧翼部队未能保护派普部队的补给线。到 12 月 22 日，由于此前 6 天使盟军飞机停飞的浓雾已经消散，盟军在战斗轰炸机的支援下进行了反击战，包围了派普在拉格雷泽的部队。12 月 23 日和 24 日晚上，在劫难逃的派普战斗群由于燃料和弹药耗尽，摧毁了自己的车辆，剩下 800 名未受伤的士兵步行溜回德军防线。

派普战斗群的失败迫使迪特里希在 12 月 22 日派遣武装党卫军第 2 装甲军来拯救正在崩溃的北部穿插行动，但到 12 月 26 日，这一计划也在马奈附近陷入停滞。总的来说，事实证明，迪特里希军队的穿插行动不仅失败了，而且代价高昂。12 月 16 日，在迪特里希部队的南面，第 5 装甲集团军突袭了毫无防备的盟军防线。12 月

豹式坦克通过铁路输送到达，参加阿登战役。在开阔地带，豹式坦克证明了自己优于几乎所有的盟军主战坦克，特别是在远程射击水准上。

16—17日，尽管美国人在圣维斯的顽强抵抗减缓了冯·曼陀菲尔步兵的突进速度，但在更远的南方，迪特里希的两支先锋装甲军向胡法利兹和巴斯托涅推进了32公里。12月18—22日，这些部队在巴斯托涅包围了美国第101空降师，并进一步向西推进，距关键的默兹桥仅6.4公里。当德国人要求被包围的巴斯托涅的卫戍部队指挥官投降时，后者简短地回答："呸！"遭到拒绝后，由于美国的激烈抵抗、大量盟军后备力量的迅速投入，以及德国严重的后勤短缺，德国人逐渐失去了主动权。

12月23日美国人开始反攻，12月26日向东北方向急驰，去解救巴斯托涅，并在默兹河附近击退了德军的先头部队。尽管西线总司令冯·伦德施泰特断定这次行动已经失败，但是元首仍然坚持要再做一次努力来突破盟军的防御。因此，1945年元旦，冯·曼陀菲尔的军队在巴斯托涅附近发动了新的进攻。1944年最后一天晚上，为了帮助他们从溃败的绝境中组织最后一搏从而夺取胜利，西部陆军在阿尔萨斯—洛林发动了一次牵制性的佯攻——"北风行动"(Operation Northwind)。科尔马口袋是德国控制下的一个向西越过莱茵河进入法国的突出部，德国人打算从科尔马口袋向北推进，在斯特拉斯堡把部队连接起来，集中6个师从萨尔河向南发起进攻。尽管希特勒希望这次进攻能把敌人的增援部队从阿登高地转移

1944 年圣诞节前，伯姆战斗群向默兹河进发。这支战斗群以第 2 装甲师的侦察营为基础，但其战斗力得到了装甲师的装甲团中几辆豹式坦克的加强。这种加强是必要的，因为侦察营的装备在阿登行动之前只进行了部分改装。（Peter Dennis © Osprey）

1945 年，仅仅因为燃料耗尽，一辆豹式坦克被遗弃在卢森堡的一个村庄里。盟军的战略轰炸，加上 1944 年罗马尼亚普罗斯特油田的损失，意味着德国不得不依赖合成石油生产，但产量永远赶不上需求。

开，但实际上“北风行动”损失惨重，只取得了有限的成功，从阿登高地吸引走的部队也屈指可数。

因此，面对盟军不断增强的兵力，德军重新发起的阿登攻击很快被迫中止。最后，在 1945 年 1 月 3 日，盟军袭击了德国突出部的北部侧翼和南部侧翼，将其赶尽杀绝。接下来的 13 天，西部陆军并没有立即撤退，而是在希特勒的坚持下进行了代价高昂的边打边撤，撤回到原来的位置。

在为期 4 周的突出部战役中，莫德尔的部队失去了 12 万人和 600 辆宝贵的装甲战斗车辆。因此，到 1945 年 1 月中旬，在盟军和另一支成功地跨越莱茵河向帝国推进的部队之间，只剩下虚弱的德国军队。事后来看，阿登高地的反攻是希特勒最严重的战略失误之一。这是一场徒劳的、代价高昂的、战略上灾难性的赌博，将德国最后的装甲预

1944 年年末，德国士兵从在突出部战役中阵亡的美国士兵身上剥下了所有有价值的东西。到了战争的这个阶段，美国的单兵装备和某些制服比饱受战争摧残的德国经济提供的大部分装备和服装都要好。

备队白白浪费。此外，德国人千方百计试图集结足够的力量来组织反击，是以牺牲了东线部队急需的增援部队为代价。因此，当苏联在 1945 年 1 月中旬恢复进攻时，他们能够轻松地粉碎德国在波兰的防线。因此，到 1 月下旬，德国在东线和西线的失败，确保了纳粹帝国的投降只是几个月的时间问题。

在盟军进一步的进攻下，德军节节败退。一直到 3 月中旬，盟军已经封锁了莱茵河的全部河段。总体来说，1945 年 2 月 10 日—3 月 23 日期间，5 支盟军集团军为清除莱茵河西岸进行了艰苦的战斗，俘虏了 28 万名德国人，盟军付出了 9.6 万人伤亡的代价。

在莱茵河东岸，从北到南由 H 集团军群、B 集团军群和 G 集团军群防御。尽管美国第 1 集团军向莱茵河迅速推进，德国人还是成功地破坏了这一区域莱茵河上的所有桥梁，除了科隆和科布伦茨之间位于雷马根的鲁登道夫铁路大桥之外。3 月 7 日，霍奇斯的部队占领了损坏严重但仍然完整的雷马根桥，对希特勒来说，这是致命一击。霍奇斯意识到这一好运带来的战机，大胆地把援军推向河对岸，以便在德国人调集他们所有的预备役军队之前扩大桥头堡。

希特勒对丢失雷马根桥极为愤怒：他下令处死 5 名德国军官，并解除了西线总司令冯·伦德施泰特的职务，并任命了从意大利前线调来的阿尔贝特·凯塞林予以替代。然而，凯塞林却无法关闭洪水闸门。到 3 月底，渡过莱茵河的盟军部队已经从北部的奈梅亨向南部的曼海姆推进。

B 集团军群的指挥官莫德尔，推测谨慎的敌人在深入德意志帝国

1944 年 12 月 17 日，派普战斗群在阿登的进攻。突出部战役中出现的可能最生动的景象是，庞大的虎王坦克通过阿登高地的松林雪地。一名德国战地摄影师于 12 月 17 日上午在德国与比利时边境附近拍摄的一系列照片而使其不朽传世。那一刻在这幅战场油画中得以重现。(Howard Gerrard © Osprey)

腹地之前会转向内部清理鲁尔区（鲁尔仍然是德国人控制下的经济重镇）。因此，他组织已经精疲力竭的正规地面部队，并得到国民突击队和德国空军高炮部队的支援，准备在鲁尔区进行一场旷日持久的城市战，将德国人在斯大林格勒的可怕经历强加给美国人。美国人意识到在鲁尔区的废墟中进行一场消耗战可能要付出的沉重代价，将计就计，设法将该地区包围进一个大口袋。然而，3 月 29 日，莫德尔觉察到布拉德利将军的意图，倾尽掌握的弱小的预备队，绝望地在帕德博恩组织了一次局部还击。尽管还击近似疯狂，这些临时部队依旧未能阻止 1945 年 4 月 1 日美国第 1 和第 9 集团军在利普施塔特联合起来包围鲁尔区的 35 万名军人，这支部队的规模比被困在斯大林格勒的部队还要大。

一辆虎王坦克从美军俘虏身边驶过，他们大多来自第 99 师，在 12 月 17 日的战斗中被俘。背景是梅尔沙伊德村，虎王坦克正向派普战斗群的起点兰策拉特进发。（NARA）

1944年年末的进攻中，德国摩托车手试图穿越危险的阿登高地。东线的经历意味着国防军能够很好地应对寒冷和泥泞的挑战，但阿登高地的局限仍然限制了前进。

雷马根大桥

1945年3月6日，在雷马根，随着美国人迅速逼近鲁登道夫大桥，德国守军指挥官的焦虑是可以理解的。如果敌人占领了这座桥，他将面临死刑；如果他过早炸毁桥梁，将德国军队困在莱茵河西岸，他也将面临死刑。指挥官决定在第二天早上之前不炸毁这座建筑，以便让友军通过，但出乎意料的是，以强大的新型潘兴坦克为首的美国装甲部队出现并猛攻这座大桥。德国人启动了爆破装药，但没有爆炸，然后点燃了备用炸药，爆炸只损坏了桥梁，却没有完全摧毁。几个小时之内，大量的美军越过了莱茵河，在东岸建立了桥头堡。令人难以理解的是，完好无缺的莱茵河大桥落入巴顿之手，西部陆军在莱茵河阻止西方盟军的希望破灭了。

希特勒禁止莫德尔的部队突围，并承诺由第11和第12集团军发起奇迹般的救援行动，然后从德国最后一批接受过部分训练的新兵中招募补充，因为德国人在绝望中关闭了他们剩余的训练学校，把这些部队当作炮灰推向战场。然而，莫德尔却对希特勒的这种幻想不为所动，于是在4月15日，为了避免成为历史上第二位被活捉的德国陆军元帅（在斯大林格勒战役中冯·保卢斯被活捉），莫德尔解散了他的部队并自杀身亡。到4月18日，德国在鲁尔区的抵抗结束时，31.6万名士兵被俘虏。西方盟军在西线的正中间打开一个缺口，而在北方和南方，西部陆军也正在迅速瓦解。

对最近在各防线遭受的灾难性挫折以及日益增长的失败主义迹象，希特勒作出回应，进一步强化德国士兵长期忍受的无以复加的严酷纪律。例如，在4月2日，希特勒下令立即处决所有鼓吹投降或撤退等表现出失败主义的士兵。甚至凯塞林现在也提醒他的士兵，有尊严的死亡是德国士兵的责任。尽管这些苛政确实助长了持续不断的抵抗，但这些努力背后的主

一名美国士兵若有所思地凝视着雷马根的鲁登道夫大桥。希特勒对德国守军未能摧毁莱茵河上的桥梁并任由其落入盟军手中感到愤怒。四名军官被逮捕和处决，一名缺席被判处死刑。

要动机仍然是许多德国军队所表现出的高度专业精神，这种品质使前线部队在战场上损失惨重的情况下仍然保持着凝聚力。然而，现在希特勒又一次表现出他对陆军职业军官队伍的蔑视，将德国城市的防卫权从国民突击队的手里，交给了缺乏军事经验的纳粹党官员。

在绝望中，希特勒敦促德国全体人民在敌人占领的德国领土上进行“狼人”游击战，从而执行对盟军的“全面战争”。尽管宣传力度很大，但实际上只有几百名训练有素的纳粹狂热分子进行了狼人行动，毫无疑问收效甚微。通过宣布在巴伐利亚东南部和奥地利西部山区建立被盟军称为“国家堡垒”的坚固的防御阵地，纳粹的宣传也在寻求增强

1945 年，西线的德国国防军士兵。从左至右：1945 年 3 月，在科隆的第 2106 装甲掷弹兵营的一名中尉；1945 年 4 月，被包围在鲁尔的第 48 掷弹兵团的一名豁免兵；1945 年 2 月，在芮斯华森林的第 156 装甲掷弹兵团的装甲掷弹兵。（Stephen Andrew © Osprey）

德国的防御弹性。实际上，这一坚固的地区只存在于纸面上，当 4 月 22 日希特勒决定留在柏林面对他的命运时，保卫这一神秘堡垒的所有倾向都消失了。庆幸的是，对于盟军来说，在这个山区最后没有狂热的纳粹分子存在。

正如现在所知的历史，最后占领第三帝国的大本营柏林留给了苏联人。尽管如此，西方盟国还是将战线推进到距柏林和布拉格约 100 公里的地方，德国军队在 4 月底像纸牌一样溃散。希特勒的国防军即将进入最后时刻。

柏林

帝国的最后一战发生在以希特勒为中心的指挥机构完全解体的背景下。与苏联指挥系统的集中统一形成鲜明对比的是，德国国防军已经变得混乱而恐慌。阿道夫・希特勒把军事行动的绝对控制权收到了自己手上，但却在地理位置偏僻的指挥掩体之间转移，逐渐脱离了现实。他的直接部属在幕后为权力和影响力而战，却没有试图为正在发生的事情注入一种现实感。

1945 年 1 月 16 日，希特勒终于在帝国总理府下的元首地堡安顿下来。这个地堡长期缺乏通信设备，而且没有按照战争期间在欧洲各地使用的指挥部标准设置。它配备了一个单人交换机、一个无线电发信机和一个无线电话，而无线电话则依赖于通过气球升起天线。

压力、过度劳累、前一年 7 月的未遂暗杀以及每况愈下的健康状况，都在不断恶化着希特勒的精神状态。1941 年 12 月后，他接管指挥国防军和陆军，并只通过国防军陆军总司令部对东线战场发布行动指示，而对其他战场则通过国防军最高统帅部，迫使二者为了各自地区的责任引发稀缺资源的竞争，从而使指挥结构复杂化。此外，希特勒对总参谋部的态度是产生摩擦的主要原因，因为他的绝对服从命令的制度与他们相互信任和思想交流的制度发生了冲突。

希特勒的指挥体系反映在 1945 年德国武装力量的状态和组成上。一种令人困惑的做法是，使用从前线撤出的集团军和军的指挥部作为后备指

虎式 II 型坦克在瑟内拉格训练场上列队。瑟内拉格训练场位于托伊托堡森林边缘，特别适合装甲车辆演练，从 19 世纪后期开始，德国军队就在那里进行训练。

挥机关，以控制重建或新建的部队，而不论这些部队来自哪个军种或其主要职能是什么。例如，党卫军第 5 山地军只编配了一个武装党卫军师，没有山地部队，而党卫军第 6 装甲军主要由普通步兵部队组成。

尽管 1944 年 7 月的未遂政变导致了对陆军军官的大清洗，政治官员被任命到各大部队指挥部，以确保纳粹精神，但德国地面部队仍然主要以陆军编成。希姆莱已经接管了后备部队或者说本土陆军，这个职位具有相当的影响力，所有新招募的人员都被分配到新成立的国民掷弹兵部队下属的“国民军”和“国民炮兵部队”。他们被认为具有更大的政治可靠性，因此在人员和装备方面享有优先权。

1945 年柏林战役中许多德国士兵的命运就是如此。要得出这场战役准确的伤亡数字极其困难，但德军的总伤亡人数可能在 10 万到 100 万之间（包括战俘）。

阿登战役的一名伞兵少尉，携带个人装备和一些战争后期的武器：FG42 突击步枪、“铁拳”和“坦克杀手”（右）反坦克武器。（Velimir Vuksic © Osprey）

1945 年 4 月 16 日，苏联军队袭击了柏林以东的西洛高地。进攻以惊人的炮火轰击开始，但苏联坦克和步兵的第一波攻势越过河谷时十分困难，因为该地区已被德国人故意淹没。(Peter Dennis © Osprey)

在陆军之后，派遣地面部队的主要组织是武装党卫军，也是在希姆莱的领导下。这些部队也比陆军享有装备优先权，并有自己的兵员补给来源，主要是苦役劳工营。由于无法在征兵法方面与国防军竞争，他们转而求助于其他人力资源。因此，在组成上与法国外籍军团相似。到 1945 年，甚至是武装党卫军的将军们也对希特勒的信心发生了动摇，他们不再相信最后的胜利。

最后，还有柏林卫戍部队，其总部在菩提树下大街上兵工厂对面。这个指挥部管理着各种各样的部队，包括宪兵、正规卫戍部队、数以千计的战俘和奴隶劳工的刑罚部队、一个工兵营和大德意志警卫团。卫戍部队组成了第 3 军事区的一部分，在和平时期由第 3 军司令部管理。当第 3 军参战时，保留了一个代理司令部，隶属于后备部队或本土陆军。

德国空军野战师

德国空军野战师起源于1942年，当时德国国防军开始寻找新的人力资源，为东线战场提供催化剂。他们也是因为赫尔曼·戈林试图通过分享地面战役的果实从而扩大他在战争中的影响而出现的。最初的团，最终是成建制师，由德国空军从各种来源的人员抽组而成，如地勤人员、警察、空军管理人员和机场建设人员。在战争期间，德军空军总共组建了22个野战师，因为战争改变着德国空军的方方面面，导致人数不断增加，比如轰炸机兵种，到1944年实际上人数是过剩了。师的兵力可以在4000到12000之间广泛浮动（核心的战斗单位由两个步枪团组成），各师编组成军，按序号从第1到第4军。总的来说，空军野战师的价值值得怀疑，而这些经常缺乏训练的军人在苏联的攻击下通常表现不佳。

一名炮兵将火箭弹装入一门150毫米Wurfgranate41火箭炮。最初的发射装置使用的是6管安装，但在战争后期10管半履带型号也投入作战。这些火箭炮可以进行涟漪式单发连射，能对7000米左右的区域实施打击，令人印象深刻。

德国空军不仅对里特尔·冯·格赖姆（Ritter von Greim）上将的第6航空队有所助益，而且还编设并投入了3种类型的地面编队。首先是伞兵，德国的精锐伞兵部队。许多早期的替补人员来自空军的非飞行部队，但是按照空军的精英传统接受灌输和培训，因为这些部队经常被作为奇袭部队与陆军的编队并肩作战。但是，后来的替补人员，包括多余的机组人员，因没有接受这种训练，也就没有受益于此。第二类部队是德国的高射炮部队，该部队提供了德国90%左右的防空人员，并向下配属直到师一级部队。德国空军的这一兵种一开始是一支精英部队并贯穿战争始终，高射炮兵连经常担任机动炮兵，作战英勇，直到被击溃。

这幅场景描绘了1945年4月柏林城市战争的混乱。苏联坦克排成纵队行进，是装备有“铁拳”或“坦克杀手”反坦克武器小组的绝佳目标。特别是苏联坦克被当地志愿者建造的路障挡住时，这些小组摧毁第一辆和最后一辆坦克。（Peter Dennis © Osprey）

直到1945年年初，柏林的主要防御力量一直集中在与盟军轰炸行动有关的防空能力上。主要由柏林第1高射炮师负责，集中在弗里德里希斯海因、洪堡海因和动物园的公园里建造的3座巨大的高射炮塔周围，每座高射炮塔都是一座堡垒，城墙约有2米厚，每个出入洞都有钢门。城市周围还有十几个永久性防空阵地，通常设在结构稳定的大型建筑的平屋顶上。所有这些都有望对地面战斗提供宝贵的支援，并可作为指挥所或防御阵地。第三类部队，德国空军的野战师最初是在1942年从训练组织、高射炮和其他地面部队中抽调的人员组建的，作为步兵使用。

1944年1—2月，武装党卫军维京师（背景为三号坦克在机动）的士兵在科尔逊—契尔卡塞包围战中令人印象深刻的画面。大约三分之二被围困的德国人最终设法得以逃脱。这些士兵全身穿着冬季制服，前景中的人肩扛一具“铁拳”反坦克火箭筒。

在柏林战役中，德国人有各种各样的坦克、自行火炮和坦克歼击车可用，但他们发现自己身处绝境，这意味着他们组建和装备部队只能利用一切现有资源。由于缺乏燃料，德国装甲部队也是“武功尽废”，而燃料的生产是盟军轰炸的主要目标。

在柏林战役中，德国国防军的残余部队充分证明了其凶猛残暴。1945 年 4 月 16 日柏林战役正式发起，成为历史上规模最大的城市战役之一。来自苏联三个方面军的士兵在狂风暴雨般的炮火掩护下涌进这座城市，然后为争夺每一条街道和每一栋建筑展开厮杀。30 万德国人面对 250 万苏联军队，以及大量的苏联大炮和装甲车，但在最后不可避免的结局出现之前，柏林守卫者仍想方设法杀死了 7 万多名苏联士兵。在希特勒于 4 月 30 日自杀后，到 5 月第一个周末，国防军全部投降。

部队结构发展

从前文描述中我们可以看出，在战争的最后几个月，国防军同时展现了土崩瓦解和卓越能力的两个方面。德国陆军主要的持续性优势之一在于其战术技能、指挥系统的灵活性和迅速重组的能力，特别是在防御方面。德军的野战指挥部规模很小，能够很好地与下级指挥部保持密切的联系。军官们训练有素，能够迅速做出决定。

一份值得详细引用的有趣文件是以东线作战经验为基础的训练通告，以简单的卡通风格形式发行。文件列出了 30 条规则，主要针对初级军官。以下内容并不是准确的翻译，而是一个要点总结，它完美说明了国防军如何保留和传授战术知识，直到战争的最后：

1. 亲自熟悉地形，并与下属分享这些信息。
2. 始终让下属了解战术情况、任务和其他相关信息。
3. 像保护正面一样保护侧面。
4. 时刻洞察不断变化的形势。
5. 保持严格的无线电纪律。

1945 年 2 月 11 日午后，第 53 韦尔什师向位于芮斯华森林的德国机枪掩体发起进攻。守军已经连续战斗了三天，但他们只是尽可能拖延盟军进攻而战斗。(Tony Bryan © Osprey)

6. 用力量领导！至少有两辆装甲车向前。第一分钟的火力越强，敌人被击溃的速度就越快。

7. 当从掩体中冲出时，动作要迅速而一致。同一时间敌人面对的目标越多，他就越难以控制自己的火力，你就拥有更多的火力来对其实施打击。

8. 在进攻期间，机动要尽可能迅速。速度越慢，你越有可能被击中。只有两种速度：慢速移动射击和全速冲刺。

9. 当在远距离或中距离遭遇反坦克武器时，第一时间向敌军还击。停下组织有效还击，让连队主力对抗，同时一个排提供火力支援。

10. 如果近距离遭遇反坦克武器，停下就是自杀！只有在开足马力、火力全开的情况下，立即发动积极攻击，才能取得成功，减少损失。

11. 在对抗反坦克炮的行动中，永远不要让一个排单独攻击，即使有强大的火力掩护。反坦克炮并非单独部署。记住，在苏联，独行坦克意味着死亡！

12. 车辆之间要保持恰当的距离，这样将分散敌人的防御火力。不惜一切代价避免车辆之间的间隙过窄。

13. 如遇到雷区或堑壕等不可逾越的障碍物，应立即撤进遮蔽物。静止站在户外会让你丧命，从安全的掩体内考虑问题。

14. 如果要通过敌人潜在的坦克阵地，通过时要么在他们的最小射程之内很近的距离，要么远到他们的最大射程之外。

15. 不要直接攻击敌人的坦克，他们会了解你的实力并在你杀死他们之前做出反应。等到你处于有利的位置，从侧翼或后方进攻，精神抖擞地追击一切撤退的敌人。

16. 如果可能的话，应该从多个不同方向同时向敌人的据点发起攻击。防御性火力将被分割，你攻击的真正来源和方向将被隐藏。如此，突破会更容易，伤亡也会更少。

17. 时刻准备好构筑掩体并做好伪装以防空袭或炮袭。因上

1944年10月，在荷兰的国防军部队在战斗结束后休息。到战争的这个阶段，军队编成中有越来越多人怯马弱的部队或后方梯队，陆军总司令部为了维持防御所需，在德国到处搜罗可用人力。

述原因造成的损失，没有任何借口。

18. 在决定性时刻，不要试图节省弹药。在这种情况下，以极高的速度使用弹药以尽量减少伤亡是可以接受的。

19. 永远不要让你的连队以不能互相支援的两种方式进行部署。如果有两个目标，依次全力攻击。

20. 即刻利用支援炮兵或俯冲轰炸机的攻击，不要等到这种攻击停止。它们只是具有压制作用，而没有破坏作用。冒着友军炮火的危险，总比冲进主动反坦克防御要好。

21. 不要滥用配属兵种。例如不要把工兵分队当步兵分队用，不要用装甲步兵代替坦克。

22. 保护任何隶属于你的非装甲或轻型装甲部队，在他们执行规定的配属任务之前，免受不必要的损失。

23. 配属分队不是你的仆人，乃是你的贵客，保障他们的供给并与他们分享。不要只是让其负责警卫工作！

24. 在联合作战中，要密切协同，互相帮助。你的战斗口号将是“保护步兵！”他们的目的则是“保护装甲兵！”

25. 始终专注于你的任务，不要被转移到攻击敌人的侧翼阵地，除非他们威胁到你任务的完成。

26. 在一次胜利之后，一定要做好应对反击的准备。

27. 在防御阵地，只留下少量装甲车在静态射击位置；其余的处于机动状态，保持活力，发挥行动迅速而高效的优势。坦克应该积极防御。

28. 在遇到异常强大的抵抗时，中断进攻。继续下去只会造成更多的伤亡。当你集结力量准备从另一个方向发起突然袭击时，最好是用最少的兵力来牵制敌人。

29. 永远不要忘记：你的士兵不属于你，而属于德国。荣耀性的狩猎很少成功，但总会付出血的代价。用判断力和机智来锻炼你的勇气，同时运用直觉和战术能力，这样你就会赢得士兵的忠诚和尊重。

30. 装甲师相当于现代的骑兵部队。装甲部队的军官必须继承骑兵的传统和战斗精神。记住布吕歇尔元帅的格言："前进并穿过（但要明智地）。"

即使在今天看来，大部分的观点都与步兵战术有关，而这些核心指导准则甚至在战争的最后一周也帮助德国士兵保持了相对有效的防御。

然而，当整个前线部队解体时，结构变化是不可避免的，而且往往是迅速的。从大的方面来看，1943—1945 年东线的军队分成四部分，后来变成 5 个集团军群，而第 6 个集团军群占据巴尔干半岛。这些集团军群一共包括 9 个步兵集团军和 4 个装甲集团军，以及在北极战线的一个独立山地集团军。每个集团军控制着 2 至 5 个步兵军、装甲军、山地军、骑兵军、预备役军，或者相当于军的集团军编队，每一个编队下都有不同数量的德国及其盟国的师。1944 年秋，第 24 装甲军、大德意志军、"统帅堂"军按照武装党卫军的编制类型，组建成一个强大而完整的攻击编队，每个军都有 2 个师和支援兵种，于 1945 年在德国东部作战。

步兵师仍然是德国陆军的骨干力量，约占所有师的 82%。1944 年 12 月 10 日，所有的步兵师被命令改编为"M1945 师"，每个师都有 11211 名德国士兵和 698 名协军人员，师的后勤单位改编为 1 个补给团，下辖 1 个摩托化运输连，2 个军马运输连，1 个军火连，1 个机械修理排，1 个行政管理连，1 个医疗连，1 个兽医连和 1 个野战邮局。1945 年 3 月，人力进一步减少到 10728 名德国人和 642 名协军人员。

1945 年 1 月 25 日，希特勒下令将所有可用的单位改编为步兵师，企图阻止红军持续的推进。预备役师、训练师和替补师重新编组为替补集团军的普通编号师。1945 年 2 月，由地方学校和卫戍部队组建的"名义"上的步兵师和装甲师成立。由陆军和国民突击队管辖的 12 个镇的卫戍部队重组，作为最后防线的堡垒单位。布雷斯劳变成了一支堡垒军；但泽、奥德河畔法兰克福、哥德哈芬、什切青、斯维内明德[1]和华沙成为堡垒师；科尔贝格、库斯特林[2]、波森[3]、舍德穆尔和加利茨成为"堡垒"。（1945 年 5 月以后，除了奥德河畔法兰克福外，所有城镇都成为波兰的一部分。）

德国坑道工兵在白俄罗斯格罗多诺外准备拆除一座桥。这种企图拖延苏军越过白俄罗斯的进攻基本上是徒劳的，1944 年 6 月红军发起的“巴格拉季昂行动”不仅把德国军队从白俄罗斯清除出去，而且在这个过程中几乎完全摧毁了德国的中央集团军群。

1945 年 4 月，一辆猎虎（Jagdtiger）坦克歼击车停在德国一个街道的拐弯处，这是一个正在崩溃政权的有力武器。猎虎坦克歼击车由虎式 II 型坦克改造而来，装备一门 128 毫米 PaK44 型反坦克炮和一挺 MG34 通用机枪。

德国军队和装甲兵以及匈牙利步兵从布达佩斯撤退。1944 年 12 月，4 个德国师被苏联军队围困在城内，希特勒宣布不惜一切代价保卫这座城市。德国人做到了，希特勒的军队为此付出了大约 15 万人伤亡的代价。

到1945年，国防军的装甲部队也经历了另一次剧变。日益恶化的局势并没有妨碍装甲师组织的改编和更新，虽然这种做法往往只是意味着兵力、武器、车辆和装备的进一步裁减。1945年1月22日，师级部队配发的卡车降至约1200辆，而师级单位的补给和后勤单位降至只有279辆卡车。此外，1945年3月25日发布命令，按照新的1945年编制，改编所有的装甲师和装甲掷弹兵师（第232装甲师除外）。在其总框架中，新的师现在包括一个装甲团（下辖一个单独的装甲营，第2装甲营由装甲掷弹兵营代替），外加两个摩托化（仅仅停留在纸面上，因为只有重型单位才打算配发摩托化运输装备）装甲掷弹兵团，装甲侦察营和装甲猎兵营，装甲炮兵团，高炮营和工程营，情报营和野战替补营。总兵力定为11422人，配备54辆装甲车、90辆装甲运兵车、16辆轮式装甲车、22辆装甲猎兵坦克歼击车、同样数量的大炮和2171辆车辆（其中1080辆是卡车）。

鉴于那些单位的当前状态，无法按照这种大纲要求进行编组，不得不转而按照“1945年装甲师战斗群”的组织结构表进行重组。表中的装甲师战斗群由一个护卫连，混编装甲团，一个单独的摩托化装甲掷弹兵团，一个削减到两个连的装甲侦察营，一个装甲猎兵营，一个只有第1营和第3营的装甲炮兵团，一个高炮营，一个装甲工程营和一个单独的情报连，加上一个野战替补营以及补给和后勤单位。一个战斗群的总兵力定在8602人，不过车辆（包括战斗车辆）配发与1945年装甲师相同。从理论上讲，所有的指挥部都必须在5月1日之前报告其下属单位的情况，尽管可能从来没有这样做过。看来，只有部分而非全

1945 年的两辆豹式坦克，在盟军的空袭和炮火打击的联合行动中被困。一辆坦克被直接击中，并被完全摧毁。第二辆被击中发动机舱并起火。幸存的坦克乘员要么在大火中丧生，要么在试图逃跑时被敌人的轻武器击中身亡。（Velimir Vuksic © Osprey）

一名炮兵观察员观察潜在的目标。他正在使用 SF14Z 剪式炮队镜，该潜望镜放大倍数为 10 倍，并使用立体原理提供非常清晰的战场视图，具有令人印象深刻的景深。

部的师属单位可以根据新的编制表进行真正的改编。

尽管1945年希特勒被击溃的军队中，正规军仍占大多数，但越来越明显的是，更多的人力被需要来遏制盟军进攻的浪潮。由于这些原因，希特勒寻求其他来源来弥补战斗力量。年轻人和老年人将被拖进最后的冲突。

希特勒青年团

希特勒青年团是希特勒最后一搏的力量来源之一，但它本质上并不是一个军事组织。希特勒青年团起源于棕色衬衫冲锋队的青年分支，后来扩大成为纳粹德国的一个包罗万象的机构，目的是向德国儿童灌输纳粹的意识形态，并使他们在身体上和意识形态上为服务于民族共同体而做好准备。

1939年战争爆发时，各种纳粹青年组织的成员已经控制了所有10至18岁德国儿童的生活。对男孩来说，这意味着需要在10至14岁加入德国少年团，在14至18岁加入希特勒青年团。与之相当的女子组织是青少女联盟和德国少女联盟。这些男孩到18岁的时候，在帝国劳工团接受义务劳役，然后被征入国防军或武装党卫军。

纳粹的意识形态将士兵作为男性阳刚力量来尊崇，因此希特勒青年团从一开始就带有鲜明的准军事色彩也就不足为奇了。年轻的德国男子从希特勒青年团加入德国国防军，也带来了他们在希特勒青年团学到的技能和态度。

1943年2月18日，斯大林格勒战役后，约瑟夫·戈培尔在柏林体育广场发表了著名演讲，呼吁德国人民拥抱"全面战争"。对年轻的德国儿童来说，"全面战争"意味着他们发现自己越来越多地被动员起来参与真正的战斗。从1943年2月起，15岁和16岁的少年作为德国空军助手，承担了帝国对空防御的主要任务。1943年，在党卫军的支持下，希特勒青年团成立了武装党卫军希特勒青年团装甲师，人员仅是从希特勒青年团的高年级和新近毕业的学生中招募的。盟军诺曼底登陆后，这支部队作为武装党卫军第12装甲师，在卡昂附近与英国和加拿大军队进行了战斗，且在此役中被大量消灭。

新加入希特勒青年团的男孩或女孩成为按照军事路线组织的单位成员。一个具体群体的成员是由地理位置决定的，来自同一地区或街道的男孩或女孩被分组在一起，而不是按学校班级分组。加入希特勒青年团时，1 个男孩与其他 9 个男孩被分配到一个班。（这里省略了英语翻译，因为字面翻译往往不能充分唤起德语的感觉。）4 个班组成一个小队，四个小队组成一个中队。三至五个中队构成一个分队，其行政控制区域称为下级旗队。四个或者五个下级旗队共同组成一个旗队，其中大约 40 个旗队属于一个区，一个相当于纳粹党大区的行政区域。希特勒青年团成员在他们的左上肩佩戴的三角形贴片确定了他们所属的区。在 1938 年与

一群希特勒青年团的士兵紧张地看着俘虏他们的美国兵。他们是幸运的，成千上万的人在战斗中丧生，特别是在东线，在那里许多人选择自杀而不想落入苏联之手。

奥地利的德奥合并之后，这个名字出现在大德意志帝国北部、南部、西部、东部、中部和东南部中的六个上级区[4]之一。希特勒青年团的所有四个分支都按照相似的方式组织，尽管单位的名称各不相同。

二战爆发时，世界上可能没有其他青少年像德国的青少年一样，为服兵役做好了充分的准备。20世纪30年代，德国社会对他们进行了高度的社会化，以适应他们未来的士兵角色。1935年9月，希特勒在纽伦堡纳粹党集会的演讲中，提出他对德国青年的想法 ：“在我们看来，未来的德国青年必须体态优雅，体形修长，敏捷如灰狗，坚韧如皮革，坚硬如克虏伯钢铁。”

与这一想法相一致，艰苦的体育运动和竞技活动是希特勒青年团的重

一名年轻男子在声明上签字，表明自己种族“纯正”，能够在希特勒青年团服役。根据他的年龄和战争年代，他可能发现自己未来将很快身处真正的战场。

点，即使是 10 岁的孩子也是如此。强调对竞技体能的挑战，贯穿希特勒青年团男孩的始终。田径、足球、掷铁饼等运动，特别是拳击这类能够激发斗志的运动，所有男生全部参加，并在各个地方级别和全国层面组织年度比赛。徒步旅行和露营也广泛开展。希特勒青年团对好斗性竞争运动的关注，带来一个潜在后果：所有弱点都被有力鄙视。那些不能达到严格身体标准的人经常受到残酷的对待。例如，不会游泳的人有时会被扔进深水池里学习游泳，只有在快淹死的时候才会得救。德国武装部队对战俘犯下的暴行，比如党卫军希特勒青年团师级部队在诺曼底处决加拿大囚犯，在很大程度上要归因于这种训练的残酷效果。

除重视体能训练外，希特勒青年团还成立了专门的训练单位，为武装部队的不同部门提供针对性训练。1933 年，成立了希特勒青年团摩托队，专门迎合对摩托化车辆有特殊兴趣的希特勒青年团成员。1937 年以后，随着对军事训练的日益重视，希特勒青年团内军事训练专业化的趋势继续发展。1937 年成立了希特勒青年团飞行队，为未来的德国空军学员提供训练。成员学习了滑翔机实用飞行的基本知识，以及航行等技能。希特勒青年团飞行队的男孩和附近德国空军机场的人员之间经常建立起密切的联系。希特勒青年团海军队组织开展海上训练，为海军提供兵员准备，而德国少年团和希特勒青年团其他较小的专业化组织则专注于军事技能，比如马术、信号和空袭防御。

在 1935 年 3 月 16 日重新实行征兵制度后，公开的军事训练成为希特勒青年团生活中一个更为必然的方面。自 20 世纪 20 年代末以来，用气步枪和小口径火器进行操练和射击一直是活动内容的一部分。然而，从 1935 年开始，国防军和党卫军开始向希特勒青年团提供资源和教官，提供军事前训练，以设法为其部队招募最优秀的新兵。1937 年，隆美尔试图将希特勒青年团置于军队控制之下，但这种努力遭到了希特勒青年团领袖巴尔杜尔·冯·席拉赫（Baldur von Schirach）的强烈抵制，但前者在建立军队和希特勒青年团之间的正式联系方面仍然发挥了主导作用。希特勒青年团的成员现在能够利用军队的内行教官来教授枪法和野战技能，并到军队体验访问。在整个德国，军队和希特勒青年团之间这种关系的结

一名希特勒青年团成员带领由 150 名男孩组成的中队使用体操用的瓶状棒进行训练，这种瓶状棒与德国手榴弹非常相似。他穿着标准的夏季希特勒青年团制服，棕色衬衫配黑色短裤和围巾。肩带上有三颗银星，显示出他作为一名中队长的地位。图中展示希特勒青年团的皮带扣（1）；设计得像军用刺刀的匕首，上刻着“血与荣誉”（2）；男孩佩戴着的专长证章（3）；枪法证章（4）；授予德国少年团的熟练等级证章，带有纳粹符文（5）。另外两个徽章：来自德国少女联盟，用白色字体制作（6）；带金色条线的传统三角臂章（银色是德国少女联盟，7），这表明佩戴者所属的旗队组建于 1933 年之前。（Elizabeth Sharp © Osprey）

果，反映在希特勒青年团成员枪法水平的提高上。到 1939 年初，150 万男孩在国防军的监督下定期在步枪射击靶场接受训练，5.15 万名男孩获得了希特勒青年团射击奖章。

训练游戏

在希特勒青年团的入伍前军事训练中，特别流行的是地形游戏。这个典型的游戏向所有人开放，一个由大约 10 个男孩组成的“班”，在森林里花费一天的时间，试图定位找出敌对组织的总部。他们的目标是，当发现对手的总部时，把对手的旗拿掉。每个男孩的胳膊上都缠着毛线，以表示他们生命状态是“活的”。当他们不可避免地与敌对组织的男孩发生冲突时，他们在森林中不知不觉的一天混战游戏达到了高潮，他们不得不撕毁对手手臂上“活着”的标识。通过这些游戏，德国男孩从很小的时候就学会了野战作业、地图判读和伪装的技能，以及攻击性的态度，这对他们中的许多人在国防军中都很有用。

意识到潜在的招募机会，从 1936 年开始，希姆莱也着手从党卫军中抽调人员，为希特勒青年团安排党卫军的训练人员。早在 1934 年，党卫军和希特勒青年团之间的关系就得到积极发展，创建了希特勒青年团的安全部门希特勒青年团巡逻队，与党卫军和盖世太保[5]建立了密切的联系。曾经的希特勒青年团巡逻队成员，显然是盖世太保和党卫军骷髅队的招募对象，这两个组织为集中营提供警卫。到 1938 年年末时，党卫军还积极从希特勒青年团土地服务队招募士兵，这是希姆莱设想方案的一部分，目的是为东欧占领区的殖民化创建兵民。

1935 年 3 月，随着征兵制度的重新引入，党卫军特别机动部队的建立，对德国国防军招募希特勒青年团精英的特权提出了更直接的挑战。1940 年春季，党卫军特别机动部队被普遍称为武装党卫军。在战争初期，这支部队对许多希特勒青年团的成员颇具吸引力，因为感觉自己加

这张著名的照片拍摄于阿道夫·希特勒自杀的几天前，他给希特勒青年团的男孩们颁发了勋章，感谢他们在与苏联的战斗中作出的努力。与他握手的 12 岁男孩即将获得二等铁十字勋章，以表彰其冒着炮火营救德国士兵。

入了精英兄弟会。另一些人则认为党卫军的高标准令人望而却步，或者对其成员典型的教会附属关系怀有敌意。人们也普遍知道，武装党卫军在战斗中赢得的令人敬畏的声誉是以大大高于其他部队的伤亡为代价取得的。

战争爆发后，希特勒青年团在为军队提供入伍前军事训练方面的作用变得更加明显。到 1940 年，希特勒青年团成员预计每周将花 4 小时参加“为国防而准备”的活动，例如射击和根据步兵训练手册进行的野战演习，每个月还有 6 个小时专门用于体育运动。一种不祥的趋势向前发展，1941 年 1 月，希特勒青年团领导层将“体育教育处”改名为“军事训练处”，试图更有效地协调准军事教育。

战争期间，希特勒青年团试图使德国儿童恢复 1933 年以前运动的特点，即培养迫切的责任感。德国青年又一次经历了“斗争时期”，他们的职责是做好准备，等待元首召唤他们从事重要工作。对于德国男孩来说，这当然意味着成为士兵，而希特勒青年团的领导层则花费了大量的资源来美化武装部队，使其成为一种令人激动向往的生活，值得热切期待。事例之一是“前线士兵寄语希特勒青年团”项目，组织与休假或从创伤中恢复的士兵进行令人兴奋的对话。

战时工作

1939 年 9 月二战爆发时，席拉赫号召希特勒青年团为胜利作出努力。因此，对其成员从事战时工作的要求不断提高。1939 年以前，诸如参与土地管理（包括在农场的无偿工作）和为冬季救济募捐呼吁筹集资金等一类的任务，已经是希特勒青年团活动的一部分。然而，随着战争的爆发，希特勒青年团的重点从意识形态教育和体育运动转向在战争经济中的服务和使用，最终导致让男孩们至少在 1945 年被当作士兵。

希特勒青年团的成员被要求履行一系列职责，而他们的父母和学校对这些职责几乎没有控制权。男孩们会挨家挨户为战争收集物资，挨家挨户敲门，询问这家人是否有多余的衣服、废纸或废金属。他们甚至收集了用来制造炸药的旧骨头。青少女联盟和德国少女联盟的女孩们被动员起来，在森林和田野里寻找蘑菇、草药和鲜花，用于茶叶和药品的生产。

希特勒青年团的男孩和女孩也被要求接管以前由成年人担任的工作。为了把前线的人员从大量的工作解放出来，希特勒青年团和德国少女联盟的成员扮演了大量的角色，包括电车售票员、道路工人、邮差、接线员和文书。例如，在战争第一年，德国少女联盟有 6.4 万名女孩为德国红十字会工作，6 万多人在军事医院照顾伤员，有 1.1 万人在警察单位从事文书工作，1500 人为紧急消防部门工作，并且有多达 10 万人在火车站工作。

年轻的德国人发现自己肩负重任的另一种方式是“儿童下乡运动”项目。该项目最初构思于 1934 年，目的是让健康状况不佳的城市儿童在空气新鲜的乡村中生活。1941 年，在席拉赫的指示下，项目转变为一个疏散计划，使 10 到 16 岁的儿童能够逃离受到空袭威胁的城市。这对希特勒

1944 年，在东线作战期间，德国伞兵部队隐蔽在一辆虎式坦克后面。注意，防磁装甲涂层已经应用到坦克车身，为了防止敌方士兵在坦克外壳贴上磁性地雷。

青年团领导层内的一些人尤为有吸引力，因为它提供了能够全面控制儿童教育的机会，在这种情况下儿童脱离了父母和学校的监管。许多家长认识到这一事实，但面对让孩子留在城市的危险以及整个学校同时被疏散的事实，他们在权衡之下，不得不默许“儿童下乡运动”的控制。毕竟，留下来的孩子没有朋友，也没有接受教育的机会。

截至 1944 年，整个大德意志帝国有 3500 个“儿童下乡运动”营地，80 万名儿童参加了该项目。在这些营地中，许多领导职责落在了希特勒青年团和德国少女联盟高级成员身上。例如，一个 16 岁的女孩担任一个容纳 130 名 10 至 13 岁女孩的营地负责人，这并非闻所未闻，而是希特勒

希特勒受到德国少女联盟成员的热烈欢迎。希特勒对妇女的态度是家长式的和传统的，但这并未阻止在 1944—1945 年德国滑向战败的深渊时，成千上万的德国女孩冒着危险服役。

青年团整体趋势的一部分，战争期间，越来越年轻的成员担任领导职务，因为年纪较大的成员被征召入伍。由于从小就被灌输了希特勒青年团价值观，例如蔑视软弱，营地的年轻领导人建立的管理体制往往很严厉。例如，尿床的孩子会受到严厉惩罚，会挨打或受到其他惩罚。在营地，通过把孩子锁在一个熏制火腿的屋子里直到昏厥，以此来纠正轻微的不轨行为。这些营地的年轻领导人也经常面临着与营地周围带有敌意的当地人民打交道的问题。与土地管理一样，“儿童下乡运动”营地也经常作为殖民化的一种形式设在占领区。待在营地的孩子们受到袭击的情况并不少见，尤其是在 1944—1945 年德军即将战败的情况下。

军事训练营

到 1942 年初，东线的艰苦战争使人认为，希特勒青年团的训练设施需要扩大。1942 年 3 月 13 日，希特勒颁布法令，授权在整个帝国建立希特勒青年团的军事能力训练营。建立军事能力训练营的目的是，向希特勒青年团内 16 到 18 岁的成员提供超过三个星期的步兵集中训练课程。男孩们应该利用每年的学校假期或工作年假来参加培训。到 1943 年底，已设立 226 个这样的营地，为 51.5 万名希特勒青年团成员提供服务。这些营地由拥有国防军军官军衔的希特勒青年团领导人管理，他们与国防军或党卫军的培训人员协同工作。不出所料，武装党卫军把军事能力训练营视为挖走最优秀新兵的黄金机会，并利用与全国青年领袖阿图尔·阿克斯曼（Artur Axmann）的亲密关系，在训练营里尽可能提高自己的知名度。到 1943 年，武装党卫军的教官已不少于 42 个，这是一项了不起的结果，因为武装党卫军只占武装部队总人力的 5% 左右。

营地里的训练充斥着诸如“我们战斗”“我们牺牲”“我们胜利”之类的口号。男孩们接受了大量围绕这些口号的思想意识形态的训练，目的是把暴力斗争描绘成他们对德国人民命运使然的光荣贡献。在军事能力训练营，他们还接受了使用高能武器的训练，如毛瑟 98k 卡宾枪、MG42 机枪、手榴弹和“铁拳”反坦克火箭筒。最重要的是，“铁拳”反坦克火箭筒给希特勒青年团的领导层提供了机会，在 1944 年和 1945 年的战斗中经常部署给极年幼的儿童。由于没有后坐力，即使是 10 岁的孩子也能使用，而步枪或机关枪的后坐力会将其掀翻。

不同于其他国防军和武装党卫军的训练，武装党卫军希特勒青年团装甲师的训练反映了希特勒青年团的许多核心价值观。特别是，青年必须由青年领导的思想，反映在前希特勒青年团的干部相对年轻的年龄上，这些干部为该师提供了许多军官和士官。整个师都很年轻，这反映在他们配发的是糖果而非香烟，后者让他们很反感。尽管希姆莱对把德国孩子送上战场没有什么良心不安，但他始终担心他们最终不会吸烟的习惯。

尽管第三帝国的领导人尽了一切努力，确保年轻人尽可能地接受最大

武装党卫军希特勒青年团装甲师的豹式坦克。部署在诺曼底的豹式坦克是A型。注意高度倾斜的炮塔装甲，提高了对反坦克炮弹的抵抗力。

限度的入伍前军事训练，但纳粹官僚政治下的地方党派主义意味着，这种做法收效甚微。在希特勒青年团、军事能力训练营、帝国劳工团，以及最后在武装部队中，年轻的新兵被反复操练，没有尝试在不同的组织之间协调这种训练。对于希特勒青年团的领导人来说，有一件事通常十分令人沮丧，他们有时教几百个小男孩练习技能，结果后者的技能被帝国劳工团和国防军的教官所蔑视。

征兵年龄

武装党卫军和国防军在争夺希特勒青年团内最优秀兵员方面非常激烈，随着战争的进展，甚至争夺所有新兵。随着战争期间征兵年龄的不断下降，越来越多的新兵从希特勒青年团直接进入军队，而绕开了帝国劳工团。1940 年的征兵年龄是 19 岁，1943 年降到 17 岁。1944 年秋，一项重大的尝试是 1928 年出生的男孩自愿参军入伍，其余的于 1945 年 2 月应征入伍。最终，1929 年出生的人被 1945 年 3 月 5 日的命令征召入伍。1944 年 10 月 7 日，希特勒以“自豪和喜悦”的心情宣布，1928 年出生的新兵登记为“战争志愿者”，理由是他们在战斗中已经表现出“不可动摇的胜利意志”。

同样重要的是要注意到，到战争结束时，对经过训练的希特勒青年团成员的多方面过度需求而最终走向崩溃的边缘。许多男孩在训练不足的情况下被投入战斗。例如，德国空军辅助单位，提供了明显的人力资源储备，一旦对空防御不再需要这些人力，就可用于地面战斗，但其中大多数人没有全面接受过甚至从未接受过军事能力训练营的基本步兵训练。取而代之的是，他们可能会在军事能力训练营接受为期四天的武器训练，然后被投入到与美国或苏联军队的战斗，通常会被打死、打伤或俘虏。

1944 年 3 月，几名德国空军助手在一个高射炮掩体内。高炮连的“大脑”是它的火控系统，以“B1”为人所知，配置在距火炮阵地 100 米左右的地方。在能见度允许的情况下，炮兵使用长的 Em 4m R40 立体测距仪来确定目标飞机的高度、速度和航线。（Elizabeth Sharp © Osprey）

防空助手

虽然在 1945 年 15 岁的少年被正式征召入伍，但正如上文所述，许多与他们同龄的德国男孩从 1943 年春天起就作为防空辅助部队，经历了频繁而痛苦的战斗。随着希特勒青年团装甲师的成立，希特勒青年团和后来的德国少女联盟的成员被征召加入防空部队，以此作为对斯大林格勒惨败的回应。1943 年初，戈林勉强得到了德国教育部长伯恩哈德·鲁斯特

（Bernhard Rust）的许可，允许德国空军从德国学校招募辅助人员。根据这项法律的规定，15 至 17 岁的所有班级男生都加入了德国空军。高射炮辅助部队可能没有服役期限，从理论上讲，当他们 18 岁时就进入帝国劳工团和国防军。尽管最初保证这些男孩将被安置在离家很近的地方，但他们经常随军事形势的变化而转移，其中大多数被送往柏林、汉堡、鲁尔或波罗的海沿岸。到战争结束时，大约有 20 万德国青少年以这种途径服役。以这种方式召集的辅助人员的官方名称是“希特勒青年团德国空军助手”，简称“德国空军助手”，对女性来说，叫“德国空军女助手”。虽然这个名字是非官方的，但“德国空军助手”却普遍被称为“防空助手”。

被强制征召进入高射炮防空的男孩们发现自己过着一种奇怪的假成年生活。按照官方的说法，他们仍然是希特勒青年团的成员，并且应该继续接受学校的教育。高中学生每周应该上 18 个小时的课，是正常学校课时的一半。课程将由正规教师讲授，他们将前往高射炮阵地现场指导学生。希特勒青年团仍然保持着对这些年轻防空助手的期望。直到 1944 年 9 月，希特勒青年团的领导人还敦促地区领导人要更加努力，去这些男孩的驻地去看望他们，并确保希特勒青年团的正常活动，如训练、体育和射击能够如期进行。

这些期望是完全不现实的，源于纳粹领导层的虚构，即试图坚持认为德国空军助手只是辅助人员或学员，而不是真正的战斗人员。在英国皇家空军夜间和美国陆军航空队白天的攻击压力下，任何假装上课的做法通常都会被搁置一边。即使空袭并非迫在眉睫，男孩们也常常在与英国皇家空军战斗到凌晨时分后精疲力竭，惶恐不安，对拉丁语或者地理毫无兴趣。他们的老师也常常不能或不愿去高射炮阵地开展有时危险的行程，尤其是自从 1943 年后，他们中的大多数人都是退休的老人，被征召来代替那些到前线的人。

希特勒青年团试图保持对防空助手的控制也没有成功。防空助手在希特勒青年团和国防军两种组织之间所处的模糊身份，以及在童年和成年之间所处的模糊年代，常常导致他们对自己的身份有一种独特的感觉。那些不断将自己的生命置于危险之中，并使用高能武器的男孩，把自己视为士

1944 年秋季在柏林郊外，一具 1500 毫米 Flakscheinwerfer 34 高炮探照灯在执行任务，其中两名班组成员是来自德国少女联盟的 17 岁志愿者。不像他们在希特勒青年团的男性同伴，德国少女联盟的女孩不被官方认为是防空助手，而且没有自己的制服。（Elizabeth Sharp © Osprey）

兵，而非希特勒青年团的成员。防空助手往往在其空军指挥官的支持下，抵制当地希特勒青年团领导人试图重申对他们控制的权威。

纳粹意识形态强调士兵的生活是人的自然命运。相反，对希特勒个人来说，他对妇女携带武器的想法深恶痛绝，完全违背了纳粹把妇女当作被动的儿童抚养者和家庭主妇来对待的价值观。然而，从 1940 年起，妇女被征召参加辅助工作，例如文书和通信。德国少女联盟和帝国劳工团的高年级毕业生被征召为军队辅助人员，加入陆军、海军、空军和党卫军。到 1945 年，大约有 50 万国防军助手。虽然官方禁止他们参加战斗，但考虑到德国国防军的服役环境，这一禁令往往是不切实际的。例如，在占领区服役使她们容易受到游击队的攻击。

德国少女联盟的成员从来没有像希特勒青年团的成员那样被正式征召到本土防空服役。然而到 1944 年，德国空军助手招收成员扩充到来自帝国劳工团 17 岁和 18 岁的女孩，或者招收来自德国少女联盟 16 岁和 17 岁的女孩。通常，这些年轻女性负责探照灯、消防和声音探测设备的工作。然而，到战争结束时，德国空军女助手能够自己组成班组操作高射炮。无论如何，纳粹的意识形态永远不会接受以如此军事角色使用妇女。例如，德国空军女助手接受训练时，被鼓励把营房看作是家，从而保持了妇女的作用属于家庭领域的官方立场。同样，当一些年轻妇女在 1945 年接受高射炮兵的训练时，这一点没有得到官方承认。

从 1942 年起，希特勒青年团成员通常被用于各种各样的防空角色。例如，许多大城市都有由希特勒青年团成员组成的消防队。1943 年，汉堡，一个前希特勒青年团成员还是小男孩的时候，就在一个防空袭的掩体里担任信使。在电话系统被破坏的情况下，即使是在空袭期间，他的工作也是把信息从一个掩体传送到另一个掩体。他每天要在学校 6 个小时，每周两次在希特勒青年团服役，下午收集废品，除此之外，他还履行了这项职责。和许多同龄人一样，他从小就面对战争的恐惧，要求在袭击后帮助堆积尸体。来自青少女联盟和德国少女联盟的女孩也经常被赋予在灾难行动中的职责，照顾和帮助无家可归者，她们为空袭后的惨状所震惊。就这样，德国的年轻人维持着帝国的防御，而与此同时也对战争的恐怖感受颇深。

1944年，武装党卫军第12希特勒青年团装甲师的人员在诺曼底。这个师以抵抗顽强而出名。1944年6—9月期间，该师有8500多名士兵在西线死亡、受伤或失踪。

“狼人”

在战争结束时，希特勒青年团的孩子们成为战士的最后一种方式是成为“狼人”。1944 年 11 月，希姆莱最初的设想是，把狼人组织为一支游击队，负责在盟军前进队列后方进行破坏和袭击。当时纳粹党的区负责人建议选取合适的新兵，在莱茵兰和柏林的秘密地点接受训练。德国西部最重要的训练中心是惠查特城堡，靠近埃尔克伦茨的莱茵河镇，在 1945 年早期训练了大约 200 名新兵，其中大部分来自希特勒青年团。

狼人最著名的成就是刺杀了弗朗兹·奥本霍夫（Franz Oppenhoff）博士，美国军队任命他为被占领的亚琛市市长。1945 年 3 月 20 日，由 5 名男子和 1 名女子组成的一组狼人突击队从一架缴获的美国 B17 轰炸机上空降到盟军防线后方。其中最小的是一个 16 岁的男孩，名叫埃里希·莫根施魏斯（Erich Morgenschweiss）。3 月 25 日，狼人突击队到达目的地，在奥本霍夫的家外枪杀了他。直到 1945 年 7 月，一小撮受过党卫军训练的狼人还进行了许多其他的破坏和谋杀行为。然而，戈培尔利用刺杀奥本霍夫作为宣传，在被占的德国领土上大规模抵抗盟军。许多零星的抵抗行动是由希特勒青年团成员和其他自认为是狼人的成员进行的，这与戈培尔的宣传相符，但他们与真正的狼人组织没有任何关系。例如，面对渐行渐近的美军，一名希特勒青年团下属单位的负责军官要求志愿者以狼人的身份与他并肩战斗。当只有一个男孩走上前来时，这名军官还是决定投降。

制服和外观

1922 年后，新成立的纳粹党青年兵种的成员模仿冲锋队的制服。这是两个组织之间产生一些摩擦的根源。1926 年 7 月库尔特·格鲁贝尔（Kurt Gruber）被任命为“帝国青年领袖”后，有关方面共同努力，将希特勒青年团的制服标准化，并将其与冲锋队的制服区分开来。

从 20 世纪 30 年代中期到战争结束，希特勒青年团男孩的基本制服变化不大。理论上，夏季制服包括一件棕色衬衫、一条黑色短裤和一双棕色或灰色的长袜子。脖子上围黑色的围巾，腰间系着黑色的腰带，使用规定的希特勒青年团皮带扣。帽子为棕色侧边帽，取代了之前的尖顶帽，前面有菱形的希特勒青年团徽章。M1937 式冬季制服由蓝黑色长裤和及腰衬衫组成，外搭一件棕色衬衫和黑色围巾。蓝黑色的 M1935 式尖顶野战军帽与冬季制服一起穿戴。在夏季和冬季的制服上都佩戴同样表明组织的徽章，其中最引人注目的特征是纳粹万字符袖章，佩戴在左臂上方。刻意与冲锋队的袖章形成对比的是，黑色的纳粹万字符在白色的菱形内，红色袖章被一条白色条纹一分为二。

青少女联盟和德国少女联盟的女孩们穿了一件白衬衫和一条海军蓝裙子。在转到德国少女联盟时，14 岁的女孩配发一条黑色的围巾，戴在衣领下面，用一根编织的皮扣固定。在天气较冷的月份，女孩们会在基本制服外面套上一件带有 4 个口袋的棕色仿小山羊皮夹克，绰号“猴皮”。左袖上戴着一块菱形的希特勒青年团缀饰贴。流行制服的完整搭配是黑色鞋子、白色短袜和海军蓝帽子或黑色贝雷帽。男孩和女孩都要自备制服，这可能会造成尴尬的后果。例如，德国少女联盟的一位前成员记得，她不得不穿母亲做的海军蓝裙子，这条裙子远不如商店里买的漂亮。

德国少年团 10 至 14 岁男孩所穿的制服与希特勒青年团的制服相似，但也有一些明显的差异。例如，德国少年团的新兵经常穿短裤搭配冬季制服。最值得注意的是，德国少年团的成员没有佩戴希特勒青年团的袖章，而是在他们的左臂上佩戴一个圆形的黑色标识，上面只有一个胜利卢恩字母。这一独特的标识提醒人们，在 20 世纪 30 年代初被希特勒青年团吸收之前，德国少年团的起源与希特勒青年团不同，而是起源于奥地利和苏台德的德国人。

德国少女联盟的袖章、神秘的胜利卢恩字母或者菱形徽章，所有希特勒青年团的成员都戴着三角形的布徽章，以识别他们所属的区和大区。蓝黑色或黑色肩带在理论上可与夏装和冬装搭配使用，但在夏装上通常会出现棕色肩带。肩带会带有颜色的滚边，以确定希特勒青年团成员所属的分支部门。例如，希特勒青年团的普通成员会镶上明亮的炮兵红，而希特勒青年团飞行队是蓝色的，希特勒青年团摩托队是粉色的，希特勒青年团海军队是黄色的。肩带上的阿拉伯数字标明了男孩所在的中队和旗队，如果带有罗马数字，则表示他所属的下级旗队。等级由肩带上的星、条和橡树叶组成。例如，一颗星表示班长，两颗星表示小队长，三颗星表示中队长，分别领导 10 个、40 个和 160 个男孩。不同颜色的勋带表示领导职责，与级别不同。右臂上方有徽章，由 V 形和星组成，表示级别。希特勒青年团的肩带上增加一根细窄的红绳，表明它的佩戴者是一名战争志愿者。

希特勒青年团的专业队伍亦有自己独特的制服。例如，希特勒青年团海军队穿的制服模仿海军学员，再加上希特勒青年团的组织标识。制服的区别，比如袖标，则确定其属于其他特殊队伍，比如希特勒青年团巡逻队。

战争初期，希特勒青年团引入了一套野战训练服。这套制服包括一件有两个胸袋且带下翻领子的齐腰夹克，一条裤子，带绑腿的黑色短靴和一顶侧边帽。这套制服的颜色有很多变化，从棕色到橄榄色再到田野灰。通常这套制服上配戴的唯一样式的组织标识，是希特勒青年团袖章或者帽子上的希特勒青年团徽章。在战争的最后几个月里，另一种作为战斗制服流行的是 M1942 式希特勒青年团消防队专业制服。这套实用而结实的制服包括一件四口袋的橄榄色束腰外衣。

希特勒青年团唯一的一套专业作战制服是 1943 年 2 月以后为高射炮部队设计的。这套作战制服在剪裁上类似于 M1937 式希特勒青年团的冬季制服，包括长裤和一件有两个胸袋的齐腰衬衫。帽子是一顶尖顶帽，类似于步兵所戴的 M1943 式野战帽，或者侧边帽，并提供一件带有两个胸袋的独特大衣。制服颜色是德国空军灰。希特勒青年团的袖章和帽子的组织标识应该与制服一起穿戴，尽管许多防空助手在任何情况下都没有佩戴这些徽章。取而代之的是，许多帽子上都非正式地印有一只德国空军鹰。右胸还佩戴了独特的三角形徽章，上面用哥特式字体写着“德国空军之鹰”环绕半圈。战争快结束时，德国少女联盟的成员被迫以防空助手的身份服役，她们没有自己的制服，因为官方认为她们不应该履行这些职责。

那些服役的人可能穿着和 18 岁以上的防空女助手相同的制服。

在战争的最后几个月里，许多德国空军助手发现自己被迫以地面部队的身份投入战斗，而且通常穿着特色鲜明的制服作战。希特勒青年团和德国少年团的其他成员穿着各种令人眼花缭乱的制服，以士兵的身份被卷进战斗中。1944 年 9 月 25 日国民突击队成立后，他们则作为成员参加战斗。国民突击队没有自己的制服，要求成员自己提供军服或党服。国民突击队最显著的标志是左臂上佩戴的袖章，样式多种多样，上面有两行文字“德意志国防军—国民突击队”。

由于希特勒青年团的成员拥有自己的制服，所以他们的外表往往比国民突击队的老成员更为标准，而国民突击队的成员穿着五花八门的平民服装、冲锋队服装或帝国劳工团的制服，以及年代并不久远的一战时期的军装。在国民突击队的营内部，希特勒青年团成员单独建连的倾向，进一步强化了国民突击队内部希特勒青年团的统一性。这些连队的许多成员只穿希特勒青年团的制服，或是希特勒青年团制服物品的组合。他们经常穿蓝黑色的 M1937 式冬季制服，尽管因颜色原因使其并没有成为最实用的战斗制服。更合适的是 M1942 式消防制服或野战工作服。当供应充足时，一些希特勒青年团的单位配发军装。例如，一个在罗滕堡组建的希特勒青年团近距离战斗旅装备了库存中剩余的沙漠制服。实际上，希特勒青年团、德国少年团和德国少女联盟的成员经常尽其可能地装备自己，多样化是他们的规则。一些目击者甚至回忆起在柏林看到德国少年团的成员穿着短裤战斗的情景，如果结局不是那么悲惨的话，这一幕将是滑稽可笑的。

国民突击队

希特勒青年团只是被卷入第三帝国最后崩溃时不幸中的一部分。对于那些成为国民突击队的战斗人员来说，他们处于一个由成千上万个体组成的年轻的一端，这些人在面对盟军的联合力量时没有立足之地。

1944 年 7 月 25 日，希特勒刚刚逃脱了 7 月 20 日的暗杀，彼时盟军正大规模集结在德国西部和东部边境，希特勒颁布了“全面战争令”。9

月 25 日，他宣布所有 16 至 60 岁的德国人，只要不是犹太人、吉卜赛人、罪犯或法国人、波兰人或斯洛文尼亚少数民族的成员，也不是已经加入武装部队或帝国劳工团的人，都将加入新的国民民兵组织——德意志国民突击队（Deutscher Volkssturm）。这支 600 万人的部队将拥有大约 10180 个营，但相关工作的组织协调人员和后方梯队保障设施有限，而且武器缺乏标准化，这使得营成为最大的战术单位，分四期征兵：

第一期征兵：1850 个营（边境地区 400 个营）120 万人。所有 20 至 60 岁身体健康的人，没有必要的战争豁免，被分配到前线营，住在营房，负责在其家乡所在行政区以外的地区服役，包括所有可派遣的纳粹党的政治官员、普通党卫军成员、国民突击队成员、国家社会主义汽车军团成员和纳粹航空队的成员。

第二期征兵：4860 个营（边境地区 1050 个营）280 万人。所有身体健康的 20 至 60 岁享有基本战争豁免的人，通常以工厂营的形式组织，住在家里，负责在自己所在的县服役。

第三期征兵：60 万名 16 至 19 岁的青年，加上一些 15 岁的志愿人员，约 1040 个营；大部分参加过军事能力训练营的 16 岁的希特勒青年团成员。

第四期征兵：140 万名 20 至 60 岁不适合服现役的人，加上 60 岁以上的志愿者，大约 2430 个营，执行警卫任务，包括看守集中营。纳粹妇女联盟提供后方梯队的支援，并于 1945 年 3 月 23 日配发轻武器。

并不是所有计划组建的营都成立了，但至少有 700 个营确实参与作战，其中绝大多数是从东部边境地区招募的，他们和来自东南部的应征者一样，发现自己面对的是苏联军队。从西部招募而组建的部队面

1944 年 6 月，希特勒青年团装甲师在卡昂附近进行反击。士兵们身穿 M1943 式党卫军迷彩服，里面是田野灰制服。该师第一次进攻取得了成功，但并没有持续太久，在接下来的几个星期里，这支部队在没有任何救援的情况下陷入了激烈的防御战。（Elizabeth Sharp © Osprey）

对的是西方盟国。

纳粹党领袖、纳粹党总部办公室主任、希特勒的副手马丁·鲍曼（Martin Bormann）代表元首指挥民兵。他得到两名参谋长的协助：负责组织和政治事务的高级指挥领袖赫尔穆特·弗里德里希斯（Helmut Friedrichs），以及党卫军总部办公室主任（SS Main Office Chief）戈特洛布·贝格尔（Gottlob Berger），代表党卫军和替补集团军的指挥官海因里希·希姆莱。在汉斯·基塞尔（Hans Kissel）上校的领导下，有一名军官负责装备、武器和训练。

德国的 42 个行政区，每个区都组建了一个相应的国民突击队行政区，每个区都在一名纳粹党的区级负责人的领导下，由一名冲锋队将军或者纳粹党高级官员协助。一个区平均包含 21 个县，每个县由一名纳粹党的县级负责人领导，在当地县领导的协助下，需要组建大约 12 个营。贝格尔和弗里德里希斯建立了良好的工作关系，但鲍曼和希姆莱经常为争夺对国民突击队的控制权而发生冲突，混乱的指挥链加剧了这一局面，导致纳粹党的官员和冲锋队的军官对党卫军占上风心怀不满。

考虑到新兵的性质，国民突击队被赋予了一系列雄心勃勃的任务：包围并控制大量海上登陆场和空降着陆区；消灭间谍和小型破坏集团；保卫桥梁、街道和重要建筑物；增援减员严重的部队；在敌人突破后堵住前线的突破口，并向安静地带集结兵力；镇压大约 1000 万战俘和外国工人在德国发起的暴动。

第一期征兵营有 649 人，有一个 27 人的工作机构：下辖 1 到 3 个连队，每个连队有 3 到 4 个排，每个排包括 3 到 4 个 10 人的分排，第 4 连为步兵榴弹炮连。其他各期征兵的营有 576 人。每个连队建议组建 3 个五人组的坦克近战班，每个连有 10 具“铁拳”反坦克火箭筒，通常由希特勒青年团的志愿者操作。每个营在其行政区内连续编号，例如：第 25/97 营就是第 25 区（东普鲁士）第 97 营（哥尼斯堡总部）。

1945 年期间，国民突击队帮助在替补集团军内部组建格奈森瑙部队。1 月，26 个巴登营加入了第 1 到第 15 上莱茵河步兵团，这些团后来被分到绰号为“第 19 国民突击队集团军”的第 19 集团军第 805 师、第 905 师

携带多枚“铁拳”反坦克武器的国民突击队装甲猎兵士兵骑着自行车准备战斗。左上方显示的是武器操作的卡通形式说明。（Seán Ó Brógáin © Osprey）

国民突击队的士兵在战争的最后几个月建起了战壕系统，主要装备了一战时期的老式步枪。国民突击队为保卫帝国的最后防线付出的代价尚不清楚，但被杀或被俘的人数可能达到 17.5 万人。

国民突击队新兵接受一些基本的步枪训练。因为在第三帝国，劳动力需求仍然是首要任务，所以国民突击队的训练被限制在只有每周日的几个小时。

在战争的最后几个月里，希特勒的公民军队包揽了所有的职责。这里我们看到了一名装备了“铁拳”反坦克武器的国民突击队的战斗人员（左）、一名陆军负责信号辅助工作的女性士兵（中）和一名希特勒青年团巡逻队队员，后者协助安全部队维持秩序。（Malcolm McGregor © Osprey）

和第1005旅。第303、309、324、325、328师和巴尔瓦尔德师都包括国民突击队营，希姆莱建立的国民掷弹兵师也是如此。其他的国民突击队接收者包括16个掷弹兵团以及党卫军掷弹兵团，该团后成为武装党卫军“1月30日”志愿掷弹兵师的一部。同样在1945年，德国陆军从拥有军队参谋的国民突击队连中组建了冲锋队，肩负守卫东部防线的艰巨任务。

许多国民突击队的新兵已经在战时紧急情况工作周工作了72小时，武装部队的教官还要指导他们开展48小时的训练计划，要求他们掌握步枪、“铁拳”反坦克火箭筒、榴弹发射器和“坦克杀手”反坦克火箭筒的操作，以及要学会在紧急情况下使用手枪、冲锋枪和地雷。事实上，第一期征兵和第二期征兵人员所需的武器根本不够，许多民兵被派去战斗时没有携带武器。第三期征兵没有发放武器，第四期征兵甚至需要使用猎枪或缴获的枪支。部队通常只发放自卫用的战壕铲。

在1944年7月以后的战争暂停期间，东部边境的纳粹党地方长官开始建立一系列的防线。成千上万名当地人、希特勒青年团、帝国劳工团、战俘和被强迫的外国劳工建造了坦克陷阱、大炮和反坦克阵地，这些工事由土建工程保护并通过战壕相连。东普鲁士边境构筑了8条防线，其中3条在沃斯兰，两条在上西里西亚。其

国民突击队的某班在伊塞尔堡防守路障。正如图中所示，为了隐藏路障不被敌人发现，德国人经常把路障设置在两幢建筑物之间的一个转弯处。(Seán Ó Brógáin © Osprey)

希特勒青年团士兵等着上火车。战前的全面训练将意味着他们将在帝国的本土防御中发挥重要作用。

他3条防线面对捷克边境。到1944年12月，这些防线由武装部队和国民突击队驻守，从1945年1月这些部队许多开始编成堡垒营。

在战斗中，国民突击队作为最后的步兵付出了沉重的代价。1944年秋季，在苏联的进攻下，他们从东普鲁士出发，护送着300万难民沿着拥挤的覆盖积雪的道路向西行进，途中受到波兰游击队的袭扰。大约有75万人死于途中，或死于苏联或波兰的追军，或死于因苏联空袭或潜艇袭击击沉的疏散船上，或死于1945年2月13—14日的德累斯顿空袭。意识到苏联作家伊利亚·爱伦堡鼓励苏联红军杀死德国人，一些国民突击队的士兵坚持自己的立场，为难民的逃跑争取时间，另一些人则害怕俘虏后被当作游击队员枪毙，加入大规模撤退。

国民突击队最后大规模的防守是在德国首都。1945 年 4 月 16 日，苏联发动了最后一次进攻。奥德河防线被攻破，到 25 日，柏林保卫者包括 2.4 万人的国民突击队（其中 1.8 万人是第二期征兵的“克劳塞维茨征募”部队，6 小时之内集结到位）。战斗令人绝望。由于受到党卫军警察分队时刻高悬在他们头上以怯懦为名而处罚的威胁，那些国民突击队员会利用他们对城市布局的了解，使用“铁拳”反坦克火箭筒近距离攻击苏联坦克。如果确认有效命中，他们可能会摧毁坦克，但苏联的激烈反击经常导致他们死亡。尽管如此，还是有许多国民突击队个人抓住机会、挺身一搏，保卫城市。在柏林以及布雷斯劳（拥有 4.5 万名守军，其中包括 38 个营的 2.5 万名国民突击队队员），第 21 区第 41 营和第三期征兵的两个希特勒青年团的营在战斗中表现突出。

1945 年 2 月 8 日，西方盟国以三个集团军群挺进德国西部。12 日，当地的国民突击队被动员起来，派往防守西墙，但是他们丝毫没有表现出东部那般拼命的决心。许多人无视征召令；另一些人一有机会就投降，或者扔掉臂章，躲在树林里或者回家。西墙很快被攻破，5 月 7 日西方盟国在德国中部与苏联军队会师。

注释

[1] 即今天波兰境内的斯未诺契（Świnoujście）。

[2] 德语 Küstrin，也就是今天的奥德河畔科斯琴（波兰语：Kostrzyn nad Odrą），是位于波兰卢布斯卡省奥德河与瓦尔塔河交汇处的一座城市，二战后波茨坦会议决定将其划归波兰，德国人随后被驱逐出境。

[3] 即今天的波兰境内波兹南（Poznan）的旧称。

[4] 每个上级区（Obergebiete）下辖若干个区（Gebiet）。区相当于一个省级区域，上级区相当于若干个省级区域的大区。

[5] 盖世太保（Gestapo），为德国的秘密警察。

希特勒对战争中战略战术的干涉，最终对国防军产生了灾难性的影响，造成了数十万人的伤亡；如果有更能干的人来控制局面，伤亡人数可能会更多。

第六章 终局

二战在欧洲得以结束的关键事件可能发生在1945年4月30日凌晨3时。那时，德国元首阿道夫·希特勒在柏林帝国总理府的地堡中自杀身亡，而地面上胜利的苏联军队已挺进到距离这座建筑不到几百米的地方。早在4月22日，当苏联的先头部队开始包围德国首都时，希特勒已经放弃逃到巴伐利亚的贝希特斯加登继续领导德国战争的想法，而是决定留在柏林，迎接自己的命运。

即使在他生命的最后几个小时，希特勒仍然决心，不管德国民族承受的损失有多大，国防军将继续对盟军的进攻进行固执抵抗，如果必要，直至最后一个人，最后一发子弹。但随着他的死亡，坚定组织继续战争的铁血决心也烟消云散；而对于这场战争，几乎每一个德国人都已经意识到失败了。战争在许多地方又持续了几天，5月8日，陆军元帅凯特尔被迫正式签署了德国的投降书。到5月15日，所有留在东部的德国军队都停止反抗，在国防军的6年战争之后放下了武器。

自二战以来，历史学家一直试图解开德国军队战败的复杂原因。在战术层面上，尽管从1943年开始，德国陆军和党卫军的人力和训练明显减少，但直到战斗的最后几天他们依然令人生畏，这使得这个问题更加复杂。因此，击败纳粹军队绝不是一件容易或迅速的事。德国的守军得益于丰富的战斗经验，以及经过多年战争提炼出来的一套经过实践检验的军事学说和战术。在极权主义政权下运作，军方掌控国家的所有资源。此外，德国人是一个尚武的族群，有着悠久而自豪的军事历史。

然而，纳粹的战争机器绝不是不可战胜的，其士兵也不是纳粹种族主义者宣传中所赞美的“超人”。事实上，德国军队在严格的约束下作战。东线的残酷消耗已经把国防军的家底掏空了，到1944年，国防军的人力和资源已经被消耗得所剩无几。但它最大的不足在后勤方面，持续的战斗使德国人长期缺乏胜利所必需的物资。在后来的东线、西线、意大利前线的战役中，他们依靠少量的后勤供应特别是液体燃料保持作战。此外，德国战时经济长期以来效率低下，管理不善。尽管最终通过无情的合理化实现了产量的急剧增加，但德国的战时经济从 1943 年开始就受制于盟军重型轰炸机的惩罚性攻击，无法满足三线作战的需要。

因此，德国军队始终缺乏进行现代化战争的手段。到最后它也很少能与盟军争夺制空权，这阻碍了德国所有的地面行动，也让他们无法获得敌人的信息。德军指挥官对敌人的行动和意图一无所知，这阻碍了德军制定有效的对策。消耗也严重侵蚀了德国地面部队的车辆，降低了战略机动性，而这种机动性能够免使德国部队被数量占优势的敌人歼灭。这种日

1945 年 5 月 8 日，德国国防军总司令威廉·凯特尔陆军元帅代表德国军队签署了经批准的德军投降条约，正式结束了欧洲的战争。凯特尔随后被捕，接受审判，后来因战争罪被处决。

益降低的机动性逐渐增加了德军部队被机动性更强的敌人包围和摧毁的脆弱性。这些不足之处导致德国军队无法进行必要的联合兵种防御以取得胜利，相反，它将在残酷的消耗战中慢慢被击退。

尽管如此，德国军队的果断和指挥官的决心，他们的专业精神，以及科学的军事学说、战术和训练，使之能够进行持久而顽强的抵抗，也使盟军付出了沉重的代价。受纳粹种族主义和宣传的影响，以及自我保护的本能，德国军队继续战斗。即使他们不能取胜，至少也可以尽可能地拖延不可避免的战争结果的到来，增加敌人胜利的代价。总之，希特勒的军队被他们的元首所做的糟糕的战略决策、军工生产不足的现实以及盟军强大的压倒性力量打败了。尽管他们所服务的政权令人憎恶，但是他们在战场上的表现一直令人印象深刻。

附　录

本书的信息和艺术作品均来自以下 Osprey 出版社的书目。要获取关于二战期间德国军队的全部书籍列表，请访问 www.ospreypublishing.com。

BATTLE ORDERS SERIES

BTO 15 *German Airborne Divisions: Mediterranean Theatre 1942–45,* Bruce Quarrie (2005)
BTO 20 *Rommel's Afrika Korps: Tobruk to El Alamein*, Pier Paolo Battistelli (2006)
BTO 23 *Desert Raiders: Allied and Axis Special Forces*, Andrea Molinari (2007)
BTO 32 *Panzer Divisions: The Blitzkrieg Years 1939–40*, Pier Paolo Battistelli (2007)
BTO 35 *Panzer Divisions: The Eastern Front 1942–43*, Pier Paolo Battistelli (2008)
BTO 38 *Panzer Divisions: 1944–45*, Pier Paolo Battistelli (2009)

BATTLE ORDERS SERIES

CAM 3 *France 1940*, Alan Shepperd (1990)
CAM 5 *Ardennes 1944*, James Arnold (1990)
CAM 42 *Bagration 1944*, Steven Zaloga (1996)
CAM 74 *The Rhineland 1945*, Ken Ford (2000)
CAM 80 *Tobruk 1941*, Jon Latimer (2001)
CAM 100 *D-Day 1944 (1)*, Steven Zaloga (2003)
CAM 107 *Poland 1939*, Steven Zaloga (2002)
CAM 112 *D-Day 1944 (4)*, Ken Ford (2002)
CAM 115 *Battle of the Bulge (1)*, Steven Zaloga (2003)
CAM 129 *Operation Barbarossa 1941 (1)*, Robert Kirchubel (2003)
CAM 134 *Cassino 1944*, Ken Ford (2004)
CAM 143 *Caen 1944*, Ken Ford (2004)
CAM 145 *Battle of the Bulge (2)*, Steven Zaloga (2004)
CAM 147 *Crete 1941*, Peter Antill (2005)
CAM 152 *Kasserine Pass 1943*, Steven Zaloga (2005)
CAM 158 *El Alamein 1942*, Ken Ford (2005)
CAM 159 *Berlin 1945*, Peter Antill (2005)
CAM 183 *Denmark and Norway 1940*, Doug Dildy (2007)
CAM 184 *Stalingrad 1942*, Peter Antill (2007)
CAM 186 *Operation Barbarossa 1941 (3)*, Robert Kirchubel (2007)
CAM 215 *Leningrad 1941–44*, Robert Forczyk (2009)

ELITE SERIES

ELI 34 *Afrika Korps 1941–43*, Gordon Williamson (1991)
ELI 63 *German Mountain and Ski Troops 1942–45*, Gordon Williamson (1996)
ELI 100 *Axis Booby Traps and Sabotage Devices*, Gordon Rottman (2009)
ELI 105 *World War II Infantry Tactics: Squad and Platoon*, Stephen Bull (2004)
ELI 106 *Wehrmacht Combat Helmets 1933–45*, Brian C. Bell (2004)
ELI 114 *Knight's Cross and Oak-Leaves Recipients 1939–40*, Gordon Williamson (2004)
ELI 123 *Knight's Cross and Oak-Leaves Recipients 1941–45*, Gordon Williamson (2005)
ELI 124 *World War II Anti-Tank Tactics*, Gordon Rottman (2005)

ELI 133 *Knight's Cross, Oak-Leaves and Swords Recipients 1941–45*, Gordon Williamson (2005)
ELI 139 *Knight's Cross with Diamond Recipients 1941–45*, Gordon Williamson (2006)
ELI 156 *World War II Combat Reconnaissance Tactics*, Gordon Rottman (2007)
ELI 157 *The German Home Front*, Brian L. Davis (2007)
ELI 177 *German Special Forces of World War II*, Gordon Williamson (2009)

ESSENTIAL HISTORIES SERIES
ESP 3 *The Second World War: A World in Flames*, Max Hastings, Geoffrey Jukes, Russell Hart and Stephen A. Hart (2004)

FORTRESS SERIES
FOR 23 *German Field Fortifications 1939–45*, Gordon Rottman (2004)

MEN-AT-ARMS SERIES
MAA 22 *The Luftwaffe Airborne and Field Units*, Martin Windrow (1972)
MAA 24 *The Panzer Divisions*, Martin Windrow (1982)
MAA 34 The *Waffen-SS*, Martin Windrow (1982)
MAA 53 *Rommel's Desert Army*, Martin Windrow (1976)
MAA 124 *German Commanders of World War II*, Anthony Kemp (1982)
MAA 139 *German Airborne Troops 1939–45*, Bruce Quarrie (1983)
MAA 147 *Foreign Volunteers of the Wehrmacht 1941–45*, Carlos Cabellero Jurado (1983)
MAA 213 *German Military Police Units*, Gordon Williamson (1989)
MAA 220 *The SA 1921–45: Hitler's Stormtroopers,* David Littlejohn (1990)
MAA 229 *The Luftwaffe Field Divisions 1941–45*, Kevin Conley Ruffner (1990)
MAA 234 *German Combat Equipments 1939–45*, Gordon Rottman (1991)
MAA 254 *Wehrmacht Auxiliary Forces*, Nigel Thomas (1992)
MAA 266 *The Allgemeine-SS*, Robin Lumsden (1993)
MAA 274 *Flags of the Third Reich (2)*, Brian L. Davis (1994)
MAA 311 *The German Army 1939–45 (1) Blitzkrieg*, Nigel Thomas (1997)
MAA 316 *The German Army 1939–45 (2) North Africa and the Balkans*, Nigel Thomas (1998)
MAA 326 *The German Army 1939–45 (3) Eastern Front 1941–43*, Nigel Thomas (1999)
MAA 330 *The German Army 1939–45 (4) Eastern Front 1943–45*, Nigel Thomas (1999)
MAA 336 *The German Army 1939–45 (5) Western Front 1943–45*, Nigel Thomas (2000)
MAA 363 *Germany's Eastern Front Allies (2) Baltic Forces*, Nigel Thomas and Carlos Cabellero Jurado (2002)
MAA 365 *World War II German Battle Insignia*, Gordon Williamson (2002)
MAA 380 *Germany Army Elite Units 1939–45*, Gordon Williamson (2002)
MAA 385 *The Herman Göring Division*, Gordon Williamson (2003)
MAA 401 *The Waffen-SS (1)*, Gordon Williamson (2003)
MAA 404 *The Waffen-SS (2)*, Gordon Williamson (2004)
MAA 415 *The Waffen-SS (3)*, Gordon Williamson (2004)
MAA 420 *The Waffen-SS (4)*, Gordon Williamson (2004)
MAA 434 *World War II German Police Units*, Gordon Williamson (2006)

NEW VANGUARD SERIES
NVG 1 *Kingtiger Heavy Tank 1942–45*, Tom Jentz and Hilary Doyle (1993)
NVG 22 *Panther Variants 1942–45*, Tom Jentz and Hilary Doyle (1987)

WARRIOR SERIES
WAR 2 *Waffen-SS Soldier 1940–45*, Bruce Quarrie (1993)
WAR 38 *Fallschirmjäger: German Paratrooper 1939–45*, Bruce Quarrie (2001)
WAR 46 *Panzer Crewman 1939–45*, Gordon Williamson (2002)
WAR 59 *German Infantryman (1) 1933–45*, David Westwood (2002)
WAR 61 *German Security and Police Soldier 1939–45*, Gordon Williamson (2002)
WAR 74 *Gebirgsjäger: German Mountain Trooper 1939–45*, Gordon Williamson (2003)
WAR 76 *German Infantryman (2) Eastern Front 1941–43*, David Westwood (2003)
WAR 93 *German Infantryman (3) Eastern Front 1943–45*, David Westwood (2005)
WAR 102 *The Hitler Youth 1933–45*, Alan Dearn (2006)
WAR 110 *Hitler's Home Guard*, David Yelton (2006)
WAR 146 *German Pionier 1939–45*, Gordon Rottman (2010)
WAR 149 *Afrika Korps*, Pier Paolo Battistelli (2010)

译名对照表

主要军事术语表

英文	德文	中文
15th Motorcyle Battalion		第15摩托车营
2nd Class ribbon badge		二级铁十字勋章绶带
accidental firing		走火
active force		现役部队
advanced command detachment	Führungs Staffel	前进指挥分遣队/指挥梯队
advanced command echelon		前进指挥所
aerial reconnaissance		空中侦察
aiming disk		瞄准检查圆靶
air force auxiliaries	Luftwaffenhelfer auxiliaries	德国空军助手
airborne radio troop		机载无线电分队
air-cooled weapon		气冷武器
airlanding troop		机降部队
all-arms		联合兵种
American Ranger		美国游骑兵
ammunition supply		弹药补给
amphibious assault tactics		两栖进攻战术
anchor cable		开伞拉绳连接索
Anglo-American expeditionary force		英美远征军
anti-aircraft		防空
Anti-Partisan Regiment		反游击队团
anti-personnel mine		反步兵地雷
anti-tank assault-gun batteries		反坦克突击炮连
anti-tank grenade rifle		反坦克榴弹枪

英文	德文	中文
anti-tank minefield		反坦克雷场
anti-tank rifle		反坦克枪
armour defence gun	Panzerabwehr Kanone (PaK)	反坦克炮
armour hunter	Panzerjäger	装甲猎兵
armoured car,		轮式装甲式
armoured division	Panzerdivision	装甲师
armoured personnel carrier		装甲运兵车
armour-piercing round		穿甲弹
armour-piercing tracer shell		穿甲曳光弹
army dump		集团军中转站
Army Group South		南方集团军群
back-blast		火炮尾焰
backpack		背包
barleycorn		凹状准星
barracks training		兵营训练
Barrage areas		狙击火网
base-detonating fuse		弹底起爆引信
basic load of ammunition		弹药基数
basic training		基础训练
battle trench		战壕
battlegroup		战斗群
bayonet-frog		刺刀套箍
beachhead		滩头阵地
bearing		方位；支架
beaten zone		打击区
belt starter		弹带启动装置
belt-fed		弹带供弹
Berlin Garrison		柏林卫戍部队
binoculars		双筒望远镜
bipod-mounted		双脚架底座
black powder		黑火药
bolt		螺栓
booby trap		饵雷
branch colour arm of service colour		兵种色
break through	Einbruch	突破
breast eagle		胸标鹰

英文	德文	中文
breech		后膛
breech-loading		后膛装填式
British Commando		英国突击队
bunker		地堡
butt		枪托
calibre		口径
call-up year		入伍年龄
cart		两轮马车
cartridge box		弹药盒
Cavalry Brigade		骑兵旅
Close Combat Package		近战餐包
close-quarter fighting		近距离战斗
coastal artillery regiment		岸炮团
cockade		帽徽
Combat Package		战斗餐包
combined-arms		联合兵种
Command Detachment		指挥分遣队
command Panzer engines	Befehlspanzer	指挥坦克
company clerk		连队文书
component		组件
connecting trench		交通壕
covering troop	Deckungstrupp	掩护分队
crawl trench		匍匐式堑壕
crawling		匍匐前进
Crete Fortress Division		克利特堡垒师
Crew-served weapons position		重武器掩体
D-DAY		诺曼底登陆日
Dead ground		射击盲区
defence budgets		国防预算
defence-in-depth		纵深防御
deflection		水平角
delay fuse		延时引信
delay pellet		延迟装药
depth		纵深
detonating fuse well		导爆索管
detonator well plug		雷管插头

英文	德文	中文
dial sight		瞄准盘
Direct-fire		直瞄火力
Diversionary attack		佯攻
divisional services		师属勤务队
double charge	Doppel-Ladung	双份装药
draft horses		劳力马
drum		弹鼓
dummy positions		假阵地
effective range		有效射程
electrical command firing system		电子指令点火系统
elevation		高低射角
embrasures		炮眼、射击孔
engine compartment		发动机舱
establishment		编制
fabric belt		纤维弹带
Falaise Pocket		法莱斯包围圈
Fallschirm Panzergrenadier Division		伞兵装甲掷弹兵师
Fallschirmpanzer Division Hermann Göring		赫尔曼·戈林伞兵装甲师
Feldgendarmerie		战地宪兵
field cap		野战帽
field craft		野战技能
field exercises		野战训练
Field firing with live ammunition		战场实弹射击
field officer		校级军官
field tunics		野战外套
field-stripped		（枪）分解的
fighting in the deep zone	Kampf in der Tiefenzone	纵深战斗
fighting spirit		战斗精神
filler box		压弹盒
fin-stabilized		尾翼稳定式
fire brigade		消防队
fire control		火力控制
firing port (FP)		射击口
FJR		伞兵团
Flak gun		防空炮

英文	德文	中文
flank		侧翼
flank attacks	Umfassener Angriff	迂回进攻
flat twin engines		水平双引擎
folding assault ladder		折叠式突击梯
Fortress Engineer		要塞工兵
forward position		前沿阵地
four-wheel drive		四驱
foxhole		散兵坑
fragmentation sleeve		碎片套
friction-ignited		摩擦点火
frontage		防线正面
frontal armour plate		正面装甲钢板
frontal attack	Frontaler Angriff	正面进攻
frontal protection		正面防护
full kit		全副武装
Full ration		全要素口粮
fully jacketed round		全被甲子弹
fuse		保险丝
gas cape		防毒斗篷
gas mask		防毒面具
gas-operated mechanism		气动机制
general-purpose machine gun (GPMG)		通用机枪
German Labour Service	Reichsarbeitsdienst (RAD)	帝国劳工团
glider		滑翔机
gravity-operated knife		重力刀
ground-attack aircraft		对地攻击机
gun commander		炮长
gun layer		火炮瞄准手
gun mantlet		火炮防盾
hand grenade		手榴弹
handgun		手枪
hand-to-hand combat		肉搏战
handy ammunition store		便捷弹药所
hardened steel		硬化钢
heavy machine guns (HMGs)		重机枪
helmet		头盔

英文	德文	中文
high-explosive rocket shell		高爆火箭弹
high-explosive(HE) bomb		高爆弹
Hitler Youth	Hitlerjugend (HJ)	希特勒青年团
hollow-charge		空心装药
homogeneous armour		均质装甲
horse handler		马夫
horse-drawn wagon		马拉货车
HQ Company	Stabskompanien	连部
hunter division		猎兵师
illumination bomb		照明弹
impact angle		碰撞角度
in full field gear		（个人）全副武装
incendiary bullet		燃烧弹
indicating stake		指示杆
infantry/armour co-operation		步坦协同
Inspector General of Armoured Troops		装甲部队总监察长
instruction		教范；指导
Intelligence Battalion		情报营
IR(Inf. Regts.)		步兵团
Iron Cross	Ritterkreuz	铁十字勋章
Iron Cross 1st Class medal		一级铁十字勋章
iron half—ration		应急军用口粮
Iron ration	Eiserne Portion	军用口粮
jump badge		跳伞徽章
junior NCOs		初级士官
Kampfgruppe Pellengahr		佩伦加尔战斗群
land battle		陆地战斗
lead from the front		靠前指挥
lead-cored		铅芯
League of German Girls	Bund Deutscher Mädel	德国少女联盟
light division	leichte division	轻型师
light machine gun (LMG)		轻机枪
light tractor		轻型牵引车
light-grenade-launcher		轻型榴弹发射器
lightly armoured vehicle		轻型装甲车
Line infantry		线列步兵

英文	德文	中文
listening post		监听站
loader		装弹手
loading		装弹
logistics		后勤
long handle		长手柄
Luftwaffe		德国空军
lying down with the rifle supported		卧姿有依托
machine gun (MG)		机枪
machine-gun nest	MG-Stellung	机枪掩体
magazine		弹匣
magazine follower		托弹板
main battle tank		主战坦克
map case		地图盒
map plotting		地图标定
map-reading		识图
March ration	Alarmverpflegung	行军口粮
marching boot		行军靴
Marder III tank destroyers		黄鼠狼III坦克歼击车
master plot		主图板
Mauser Company		毛瑟公司
mechanized troop		机械化部队
mess kit		餐具
mild steel frog		低碳钢制枪刺套
military districts	Wehrkreise	军事区
Mills bomb		卵形手榴弹
minefield marker flags		雷区标识旗
Minister of the Interior		普鲁士内政部长
mission command		任务指挥
Model 40 flamethrower		40型火炮喷射器
mortar		迫击炮
motorized division		摩托化师
mountain division	Gebirgsdivision	山地师
movement across country		越野跑
muster parades		阅兵、会操
Muzzle velocity		枪（炮）口初速
National Socialist Flying Corps	NS-Fliegerkorps(NSFK)	国家社会主义飞行队

英文	德文	中文
National Socialist German Workers' Party	Nationalsozialistische Deutsche Arbeiterpartei(NSDAP)	国家社会主义德国工人党
National Socialist Motor Corps(NSKK)	Nationalsozialistisches Kraftfahrkorps	国家社会主义摩托化军
NCOs without the sword-knot		无剑穗士官
Occupation of a position		占领阵地
on site		在场
Operation Barbarossa		巴巴罗萨行动
ordnance		军械
organization Todt		托特组织
other ranks		普通士兵
overlapping wheels		交错式负重轮
Panther tank		豹式坦克
Panzer training establishment		装甲兵训练基地
Panzergrenadier		装甲掷弹兵
para troop		伞降部队
parade		队列
parade handling		持枪队列
paratroopers	Fallschirmjäger	伞兵
paratroopers battalion	Fallschirmjäger battalion	伞兵营
peaked service cap		尖顶军种帽
pillbox		碉堡
pincer movement		钳形机动
piping		滚边
pith helmet		遮阳帽
platoon sergeant		副排长
portable range-finder		便携式测距仪
POW		战俘
pressure fuse		压力引信
pressure igniter		压力触发器
protective pad		保护垫
pull fuse		拉力引信
Quartiermeister		军需官
radio communication		无线电通信
Radio Monitoring Company		无线电监测连
ramrod		推弹杆
range		靶场

英文	德文	中文
range		射程；靶场等
range estimation		目测距离
ration allowance		定量配给
rear command echelon		后方指挥所
rear-echelon		后方梯队
rechambered		可更换弹仓的
reconnoitre the land		勘察地形
regimental artillery		团属炮兵
Reich Labour Service	Reichsarbeitsdienst	帝国劳工团
Reichsheer	Imperial Army	帝国陆军
reinforcement battalion		加强营
reserve		预备队
Rex Party		法西斯国王党
Rheinmetall—Borsig		莱茵金属—博尔西格公司
rifle company	Schützenkompanie	步枪连
rifle division	Jäger division	步枪师
rifle pit	Schützenloch	单兵射击掩体
rocking trigger		摆动扳机
rod aerial		杆状天线
round		子弹
rpm		每分钟射速
safety margin		安全边际
Safety mechanism		保险装置
scissor periscope		炮队镜
scorched earth		焦土政策
second-line division		二线师
section	Korporalschaft	分排
section commander		分排长
security division	Sicherungs Divisionen	保安师
self-loading		自动装弹
self-propelled gun		自行火炮
semi-automatic weapon		半自动武器
senior NCOs		高级士官
sergeant–major		军士长
Service color		军种色
service tunics		军种常服外套

英文	德文	中文
shaped charge		聚能装药
shear plate		剪力板
shelter-quarter		遮蔽具
shock troop	Stosstrupp	突击分队
shoulder board		肩章
sidearm		随身武器
side-lacing jump boot		侧面系带的跳伞靴
sight		瞄准具
signal pistol		信号手枪
silver battle badge		银质战斗徽章
single-file formation		一列纵队
skirmish line	Schützenkette	散兵线
slit trench		狭长堑壕
sloping pistol grip		倾斜的手枪式握把
small-unit tactics		小分队战术
smoke bomb		烟雾弹
smoke cylinder		发烟罐
smoke troop	Nebeltrupp	发烟分队
soft-skinned vehicle		非装甲车辆
Soviet 5th Guards Tank Army		苏联近卫坦克第5集团军
SP assault gun		自行式突击炮
spare barrel		备用枪管
spigot-type launcher		栓式发射器
spit and polish		仪容
spring		弹簧
squad tactics		班战术
sS		重型尖头弹
SS Leadership Main Office		党卫军领导总部
SS—Dispositional Troop	SS—Verfügungstruppe(SS—VT)	党卫队特别机动部队
staff car		勤务车
staging area		集结区
static division		静态师
static line		强制开伞拉绳
stick hand grenade	Stielhandgranate	柄式手榴弹
storage bin		存储箱
Storm Detachment	Sturmabteilung	冲锋队

英文	德文	中文
striker		击针
submachine gun (SMG)		冲锋枪
suspension		车辆悬挂
sword-knot NCOs		“剑穗士官”
tactical handling		战术动作
tank chassis		坦克底盘
Tank commander		坦克车长
tapered gun		锥膛炮
technical NCOs		技术士官
Third Reich		第三帝国
three-way adapter		三通适配器
Tiger tank		虎式坦克
top—down command		自上而下命令式指挥
Totenkopf Division		武装党卫军骷髅师
tracer round		曳光弹
tracked vehicle		履带式车辆
tripod-mounted		三脚架底座
turreted gun		炮塔火炮
turretless type		无炮塔型
unloading		退弹
unsupported firing		无依托射击
Veterinary Corps		兽医队
Vorposten (outposts)	Vorposten (outposts	前哨
War establishment chart	Kriegsstärke Nachweisung (KStN)	战时编制表
Water Column	Wasserkolonne	水塔
Water Distillation Company	Kompanie für Wasserdestillation	水蒸馏连
water-cooled machine gun		水冷机枪
wheeled conveyance		轮式运输车
	blitzkrieg	闪电战
	Firefight	交火
	Grossdeutschland	大德意志步兵团
	Hilfswillige	协军
	Kesselschlacht	包围战
	Oberbauleitungen formation	建筑工程编队
	Panzergrenadier Division Grossdeutschland	大德意志装甲掷弹兵师

英文	德文	中文
	Pour la Mérite	功勋勋章
	Reichsfuhrer-SS	帝国党卫军元首
	Reichswehr	防卫军
	Schwerpunkt	战术攻击
	strong point	据点
	The Leibstandarte SS Adolf Hitler	党卫军阿道夫·希特勒警卫旗队
	Vernichtungsschlacht	歼灭战
	Waffen-SS	武装党卫军
	Wehrmacht	国防军

纳粹德国陆军军衔对照表

英文	德文	中文
	Generalfeldmarschall	元帅
	Generaloberst	上将
	Generalleutnant	中将
	Generalmajor	少将
General of the Infantry（Brigadier General）	General der Infanterie	准将
	Oberst	上校
	Oberstleutnant	中校
	Major	少校
	Hauptmann/Rittmeister	上尉/骑兵上尉
	Oberleutnant	中尉
	Leutnant	少尉
General SS	Allgemeine-SS	普通党卫军
	SS-Oberstgruppenführer	党卫军总指挥
	SS-Gruppeführer	党卫军地区总队长、中将
	SS-Brigadeführer	党卫军旅队长、少将
	SS-Standartenführer	党卫军旗队长、上校
	SS-Obersturmbannführer	党卫军一级突击队大队长、中校
	SS-Sturmbannführer	党卫军二级突击队大队长、少校
	SS-Hauptsturmführer	党卫军一级突击队中队长、上尉
	SS-Sturmführer	党卫军突击队长
	SS-Oberscharführer	党卫军二级小队长
	SS-Scharführer	党卫军三级小队长

英文	德文	中文
	SS-Rottenführer	党卫军分队长
	SS-Sturmmann	党卫军突击队员
Non-Commissioned Officer（NCO）	Unteroffizier	士官（或单指下士）
	Hauptfeldwebel	连队行政军士长
	Stabsfeldwebel	参谋军士长
acting company sergeant major	Hauptfeldwebeldiensttuer	代理连队行政军士长
	Oberfeldwebel	上士
	Oberwachtmeister	炮兵上士
	Feldwebel	中士
	Unterfeldwebel	下士
	Oberjäger	上级猎兵
	Stabsgefreiter	资深豁免兵
	Obergefreiter	高级豁免兵
	Gefreiter	豁免兵
	Obersoldat	上级列兵
	Oberschütze	上级步枪列兵
private	Soldat	列兵
	Schütze	步兵列兵

上表中仅列出了本书中出现的全部士官和士兵军衔，总体上按从高到低排列（但不完全是）。二战时期，德军军衔的复杂程度，应为全世界之最。由于二战期间德军军衔制度设计的初衷，在兼顾荣誉和责任的同时更侧重职责，历经多次调整，且各军种军衔互有差异，加之译者学识、能力所限，文中翻译定有错误和不妥之处。如觉不妥，请参考其他相关专业书籍，在此真诚致歉。